Thomas Wilhelm Albrecht

DIE RHETORIK DES SEBASTIAN KURZ

Was steckt dahinter?

GOLDEGG VERLAG

Fotorechte Umschlag: Mit freundlicher Genehmigung der Neuen Volkspartei:
© Neue Volkspartei/Jakob Glaser
Fotorechte Autorenfoto: Picture People
Umschlaggesteltung: Alexandra Schepelmann/donaugrafik.at

ISBN: 978-3-99060-143-3

Friedrichstraße 191 • D-10117 Berlin
Telefon: +49 800 505 43 76-0

Goldegg Verlag GmbH, Österreich
Mommsengasse 4/2 • A-1040 Wien
Telefon: +43 1 505 43 76-0

E-Mail: office@goldegg-verlag.com
www.goldegg-verlag.com

Layout, Satz und Herstellung: Goldegg Verlag GmbH, Wien
Printed in the EU

Inhaltsverzeichnis

Warum Sie dieses Buch lesen sollten

Sebastian Kurz ist mit knapp 33 Jahren der jüngste Alt-Bundeskanzler in der Geschichte Österreichs. Wie konnte ein so junger Mann bereits im Alter von 31 Jahren die österreichische Regierung führen? Wie ist es ihm gelungen, die ÖVP als Bundesparteivorsitzender zu übernehmen? Was hat er gemacht, um seine Partei, die knapp vor dem Zusammenbruch schien, wieder an die Spitze zu führen?

Während Pamela Rendi-Wagner als mutige Frau und promovierte Medizinerin die Geschicke der SPÖ übernommen hat, wird Sebastian Kurz vorgeworfen, er sei zu clean und aalglatt und hätte nicht einmal eine Berufsausbildung abgeschlossen. Dennoch ist sie es, die um Wählerstimmen und um Anerkennung in ihrer Partei kämpfen muss, während er scheinbar alles im Griff hat. Bei der FPÖ ist es nach dem Ibiza-Skandalvideo die Familie Strache, die im Mittelpunkt des Medieninteresses steht, weder Hofer noch Kickl erregen auch nur annähernd so stark das Interesse der Öffentlichkeit.

Es muss bei Sebastian Kurz wohl etwas sein, was andere nicht machen. Sie machen es vielleicht nicht, weil sie es nicht wissen, oder nicht können. An seinem jugendlichen Alter liegt es wohl nicht, dass er so breite Unterstützung in der Partei wie in der Bevölkerung fand. Ganz im Gegenteil. Hierzulande herrschte ja bis vor Kurzem die Meinung, dass nur Menschen mit Erfahrung eine Führungsrolle einnehmen können. Ein Großteil meinte ernsthaft, dass viel Erfahrung gleichzusetzen sei mit: etwas gut zu können. Doch viel Erfahrung zu haben, kann genauso gut bedeuten, viel falsch und viele Fehler gemacht zu haben. Viel Erfahrung ist kein Gütesiegel.

Es könnte zudem vermutet werden, Sebastian Kurz sei ein »NLPler«, oder jemand, der versucht, andere Menschen zu beeinflussen. Hand aufs Herz, wir alle wollen tagtäglich, dass andere Menschen Dinge tun, die wir wollen, oder? Kommunikation zielt oftmals daraufhin, anderen unsere Meinung und unsere Erfahrungen mitzuteilen oder andere von unserer eigenen Meinung zu überzeugen. Und das geht in einer zivilisierten Gesellschaft am ehesten mit Sprache. Besser gesagt, mit der Kunst zu reden – mit Rhetorik. Ja, und NLP, Neuro-Linguistisches Programmieren, beschäftigt sich natürlich massiv mit der Verwendung von Sprache und wie wir durch Sprache unsere Welt und unsere Realität beschreiben.

Ist Sebastian Kurz' Art und Weise zu kommunizieren nun ganz natürlich, wurde es ihm gleichsam in die Wiege gelegt? Ist es antrainiert und seinem Beraterstab zuzuschreiben? Will er uns bloß täuschen? Warum verhalten sich seine politischen Mitbewerber und Mitbewerberinnen so anders? Haben diese keinen Beraterstab? Wie kann es sein, dass er als jüngster Alt-Bundeskanzler Österreichs in die Geschichte eingeht und nun völlig entspannt seinen Wahlkampf beginnen kann? Können wir ihm glauben oder sollten wir mehr auf die erfahreneren Parteiobleute mit abgeschlossener Berufsausbildung setzen?

In diesem Buch möchte ich aufzeigen, wie Sebastian Kurz' Rhetorik funktioniert und was dahintersteckt. Es geht mir ausschließlich darum, wie er Werkzeuge und Methoden einsetzt, und nicht um den Inhalt. Es geht also in keiner Weise darum, ob das, was er sagt, »gut« und »richtig«, oder »schlecht« und »falsch« sei. Mich interessiert vielmehr, wie er seine Botschaften verpackt, wie er Sprache und Gestik verwendet, um zu seine Botschaft zu transportieren.

Ich vergleiche Sebastian Kurz' Rhetorik mit der seiner politischen Mitbewerber und Mitbewerberinnen. Dies wird uns helfen, die rhetorischen Unterschiede zwischen ihm und Pamela Rendi-Wagner, Herbert Kickl, Norbert Hofer und Beate Meinl-Reisinger zu verstehen und unsere eigenen Schlüsse zu ziehen. Ich bin persönlich der Meinung, dass nicht die Politiker die Wahlen gewinnen, die die besseren Konzepte und Ideen haben, sondern jene, die von der Mehrheit der Bevölkerung besser verstanden werden und emotional positiv berühren.

In diesem Buch nutze ich als nach dem »American Board of NLP« zertifizierter NLP-Trainer die Methoden und Werkzeuge des NLP, um Reden zu analysieren und den Gebrauch von Sprache besser zu verstehen. Mit NLP ist es wie mit allen Werkzeugen: Sie können helfen oder verletzen. Ich verwende NLP, um zu helfen und besser zu verstehen, wie sich Menschen aufgrund ihrer Erfahrungen ihre Realität erschaffen. Gleichzeitig ist es ein Aufruf an die Verantwortung jedes und jeder Einzelnen, Verantwortung für das eigene Wohlbefinden zu übernehmen. Dies betrifft nicht nur die Rhetorik der Politikerinnen und Politiker, sondern ebenso, wie Medien, Presse und Werbung versuchen, unsere Gefühle und Empfindungen zu beeinflussen. Je mehr wir über diese Muster wissen, desto besser können wir sie erkennen und ihren Einfluss auf uns selbst kontrollieren.

Ich bekomme oft folgende Frage gestellt: »Ist NLP manipulativ?« Meine Antwort ist: »Ja, es ist beides, es ist zum Vorteil und zum Nachteil anderer Menschen einsetzbar. Es liegt am Anwender, wie er NLP einsetzt.«

Wie man mit einem Hammer einerseits einen Nagel an der Wand anbringen kann, und andererseits jemanden erschlagen kann, so ist es sinngemäß mit jedem anderen Werkzeug auch. Die Frage, ob ein Hammer gefährlich sei, würde niemand stellen. Ein Hammer ist ein Hammer, der Anwender verwendet ihn zum Wohle oder zum Schaden für sich und andere. Mit NLP ist es genauso. Wenn der Anwender von NLP andere Personen manipulieren möchte, so handelt er unethisch. Denn Manipulation ist die *unerwünschte* Beeinflussung von Menschen, deren Gedanken durch Manipulation verändert werden. Umso wichtiger ist es also für Sie, liebe Leserinnen und Leser, es erkennen zu können, wenn der Versuch unternommen wird, Sie zu manipulieren. Auch dazu soll dieses Buch ein wertvoller und hilfreicher Beitrag sein.

Lassen Sie uns beginnen:

Rhetorik ist die Redekunst, die Kunst der Rede. Schon in der Antike war sie als eigene Disziplin angesehen. Besonders bei Meinungsbildungsprozessen spielte sie eine entscheidende Rolle. Durch die missbräuchliche Verwendung in der Zeit der Nationalsozialisten wurde diese Kunst jedoch zunehmend mit Verachtung gestraft – und auch zu Recht! Denn in dieser dunklen Vergangenheit wurde Sprache nicht eingesetzt, um das Leben der Menschen zu verbessern, sondern um andere bewusst in negativer Weise zu beeinflussen und sie auszunutzen. Die missbräuchliche Verwendung von Rhetorik manipuliert Menschen zu deren Nachteil.

Umso wichtiger erscheint es mir, das möchte hier ich nochmals betonen, sich mit Rhetorik auszukennen, um sie wieder für das Wohl der Menschen einzusetzen, und um Missbrauch frühzeitig zu entlarven. Ich glaube, es ist daher an der Zeit, mehr über die Verwendung von Sprache zu erfahren.

Laut Aristoteles sei Rhetorik als die Fähigkeit definiert, das Überzeugende, das jeder Sache innewohnt, zu erkennen. Es ist gerade die Redekunst des Redners, die für die Überzeugungsfähigkeit der Rede ausschlaggebend ist. Je nachdem, in welche Gefühlszustände die Zuhörenden verlockt werden, treffen sie unterschiedliche Entscheidungen. Sprache wirkt gleichsam wie eine Droge, die uns in Bruchteilen von Sekunden himmelhochjauchzend und zu Tode betrübt machen kann. Es ist es ein großer Unterschied, ob wir Anerkennung und Liebesbekundungen bekommen, oder Beschimpfungen und Beleidigungen hören. Diese Gefühle entstehen in unserem Innersten. Wir »machen« diese Gefühle aufgrund der Nachricht, die wir hörten. Die meisten Menschen glauben, dass hier ein fester Zusammenhang besteht: »Wenn wir beleidigende Worte hören, sind wir beleidigt.« Diese feste logische Verknüpfung möchte ich aufheben. Ich möchte Sie, verehrte Leser und Leserinnen, dazu hinführen zu erkennen, dass es einerseits das Gehörte gibt, und andererseits die Art und Weise, wie wir dem Gehörten eine Bedeutung geben, eine Emotion in uns hervorrufen. Die Werkzeuge des NLP – des Neuro-Linguistischen Programmierens – sollen uns dabei helfen, zwischen den gehörten Worten und unserer Bewertung klar zu trennen.

Meistens meinen Menschen nur die Inhalte, also das, *was gesagt* wird, wahrzunehmen. Über Inhalte lässt sich trefflich streiten. Aber sind es tatsächlich nur die Inhalte? In Wirklichkeit kommt es auf etwas ganz anderes an: nämlich auf die Form. Die Form ist, *wie* wir etwas sagen. Zur Form gehören die Tonlage, Sprechgeschwindigkeit und Lautstärke, die Mimik und Gestik, die Wortwahl und auch die Strukturierung des Inhalts, und noch vieles mehr. »Der Ton macht die Musik«, das kennen wir alle aus dem Volksmund. Noch dazu leben wir in der Zeit der digitalen Transformation. Im Wort Transformation steckt das Wort »Form«. Transformation bedeutet, dass die Form verändert wird, nicht unbedingt der Inhalt. Die Art und Weise, wie wir kommunizieren, ist durch WhatsApp etc. deutlich anders geworden, allerdings nicht unbedingt der Inhalt. Kommunikation geht schneller, einfacher und auch viel transparenter. Mit dem Effekt, dass so manche Respektlosigkeiten und Beschimpfungen jetzt doch ihren Weg zum Adressaten finden. Das war früher, als wir noch Briefe auf Papier geschrieben haben, weniger wahrscheinlich. Also beeinflusst die Form doch den Inhalt, mit allen Vor- und Nachteilen, die wir jetzt gerade, während ich diese Zeilen schreibe, erleben.

Wie wir Sprache verwenden und was wir wie zum Ausdruck bringen, kehrt unser Innerstes nach außen. Um dies bildhaft zu formulieren: Aus einem mit Milch gefüllten Glas lässt sich nur Milch trinken – oder auch verschütten. Aus einem mit Milch gefüllten Glas kann nur Milch kommen, Aus einer mit Mineralwasser gefüllten Flasche nur Mineralwasser usw. Das, was wir sagen, ist also etwas, das bereits zutiefst in uns ist. Somit kann unsere Sprache zur Verräterin werden. Denn mit jedem Wort und jedem Satz geben wir unsere Persönlichkeit ein Stück weit preis. Die Art und Weise, wie wir etwas sagen, entlarvt also unsere Kultur, unsere Werte, unsere Gedanken und unsere Denkweisen und -strategien.

Seit Beginn meiner beruflichen Laufbahn habe ich mir immer wieder die Frage gestellt, was Menschen dazu bewegt, einer guten Idee zu folgen. Aufgrund meiner zunächst technischen Ausbildung bin ich dem Irrtum aufgesessen, dass es ausschließlich Zahlen, Daten und Fakten seien. Bei einem meiner technischen Vorträge, unter anderem im Moscone-Center in San Francisco, fragt mich einer der Zuhörenden, »wozu« man denn das alles verwenden könne, über das ich soeben so vortrefflich referiert hätte. Das war ein »Eye-Opener« für mich. Ich dachte, das wäre ohnehin vollkommen klar. Ich hatte ab diesem Zeitpunkt die Befürchtung, dass alle meine bisherigen Vorträge gar nicht richtig ankamen, es mir nur niemand gesagt hatte. Ich wusste, jetzt war es an der Zeit, mehr über Rhetorik, Denkmuster und menschliche Emotionen zu erfahren.

Einer meiner Mentoren, Stewart Emery, machte mich, aufgrund meiner persönlichen Lebens- und Coachingerfahrungen, besonders neugierig. Ich hatte mich bis zu diesem Zeitpunkt bereits viel mit Gehirnphysiologie und einigen Gebieten der Philosophie intensiv beschäftigt und dies auch in meiner Führungsarbeit erfolgreich angewandt. Doch die Möglichkeiten, die mir NLP und Hypnose für die Qualität meines eigenen Lebens bieten würden, übertrafen alles Bisherige. So begann ich, diese Thematik intensiv zu studieren, anzuwenden und selbst als Coach und Mentor andere Menschen zu befähigen, ihr Leben völlig neu zu betrachten.

Eine für mich wichtige Erkenntnis ist, dass wir Menschen durch unsere Sprache und durch die Art und Weise, wie wir kommunizieren, verraten, wie wir denken und wie wir Entscheidungen treffen werden. Die aktuelle politische Situation in Österreich brachte mich auf die Idee, dieses Wissen anzuwenden, politische Reden zu analysieren und in diesem Buch zusammenzufassen.

Ich möchte ganz besonders darauf hinweisen, dass es mir in diesem Buch ausschließlich um die Rhetorik geht. Alle rein politischen Inhalte lasse ich bestmöglich beiseite.

In diesem Buch beschäftigen wir uns zuerst damit, was einen guten Redner, eine gute Rednerin prinzipiell ausmacht.

Ich stelle Ihnen verschiedene Analyse-Tools vor, mit denen ich gerne arbeite. Diese Analyse-Tools untersuchen verbale und nonverbale Kommunikationsmuster. Es handelt sich dabei einerseits um sprachliche Muster, wie etwas formuliert wird, und andererseits um Körpersprache.

In der Analyse der Reden verwende ich auch die Methode des Motivations/Informations-Inventory und Spiral Dynamics. Bei beiden Methoden geht es um die Entdeckung von Denkmustern und Wertesystemen, welche Fragen sich diese Menschen stellen und was ihnen wichtig ist. Ich erachte beide Methoden als besonders mächtig, Komplexität zu erfassen, dazustellen und Veränderung zu leiten.

Anschließend analysiere ich verschiedene Reden von Sebastian Kurz und seiner politischen Mitbewerber und Mitbewerberinnen.

Ich verwende dabei verschiedene Ausdrücke und Fachbegriffe, die ich bei der Analyse nur zum besseren Verständnis kurz anreiße, aber nicht ausführe. Wer sich tiefergehend dafür interessiert, findet dann im zweiten Teil verschiedene Ausführungen über die Macht der Sprache und wie Verschiedenes zusammenwirken kann.

Sie können es natürlich auch umgekehrt machen und zuerst die Erklärungen zu den verschiedenen Sprachmustern und deren Anwendungsmöglichkeiten lesen und sich dann erst der Analyse der Reden zuwenden.

Aufgrund der aktuellen politischen Lage in Österreichs, die bei der Idee für dieses Buch in Österreich Ende Mai 2019 vorherrschte, habe ich mich zur Analyse der Reden rund um den Misstrauensantrag gegen die Regierung Kurz entschieden. Was Sebastian Kurz betrifft, wählte ich zur tieferen Analyse zusätzlich seine Regierungserklärung vom Dezember 2017. Von Pamela Rendi-Wagner analysierte ich auch ihre Antrittsrede als Frauen- und Gesundheitsministerin vom März 2017. Ich wollte besser verstehen, wie ihre Denkmuster sind. Es war schließlich ihre Partei, die den Misstrauensantrag einbrachte. Ein weiterer Grund zur Auswahl all dieser Reden liegt auch in meiner Annahme, dass diese sowohl von Kurz und Rendi-Wagner als auch von Herbert Kickl, Norbert Hofer und Beate Meinl-Reisinger sicherlich sehr gut vorbereitet wurden, da sie für die jeweiligen Personen von großer politischer Bedeutung waren.

Alle in diesem Buch dargelegten Analysen und Ergebnisse basieren auf meiner persönlichen Einschätzung. Ich habe intensiv und präzise recherchiert und stelle alle Ergebnisse in diesem Buch nach bestem Wissen und Gewissen dar. Ich erhebe jedoch keinen Anspruch auf Vollständigkeit. Fehler und Irrtümer sind nicht ausgeschlossen. Doch ich möchte

Ihnen damit Ansatzpunkte bieten, um sich selbst Anhaltspunkte zu schaffen und Reden und ihre Muster aufspüren zu können.

Vielleicht macht es Ihnen nach der Lektüre dieses Buchs auch Spaß, die Reden von Politikerinnen und Politikern selbst zu analysieren. Viel Spaß und zahlreiche Erkenntnisse dabei!

Ihr *Thomas W. Albrecht*

Jeder Mensch kann reden, aber nicht jeder ist ein Redner

Wir alle haben Gedanken, die uns mehr oder weniger den ganzen Tag lang beschäftigen. Wir machen uns Überlegungen zur Planung unseres Urlaubs oder erzählen Freunden und Bekannten von unseren beruflichen Erlebnissen. Wir sprechen mit unseren Vorgesetzten, Mitarbeitern und Kundinnen, und wollen diese von unseren Ideen überzeugen. Wie gut jedoch unsere Botschaft ankommt, hängt in den meisten Fällen aber eben nicht vom Inhalt ab. Erfolgreiche Redner sind in der Lage, ihre Inhalte so zu strukturieren und in eine Form zu bringen, die das Gesagte leicht verständlich macht. Inhalte in eine leicht und gut verständliche Form zu bringen, die Menschen berührt, genau das macht einen guten Redner aus. Dazu gibt es eine Reihe von Faktoren, die dabei zu berücksichtigen sind.

Der Unterschied zwischen WIE und WAS

Sebastian Kurz ist Politiker, und er ist Berufspolitiker. Seit seiner frühen Jugend ist er politisch engagiert. Er wurde zum Staatssekretär für Integration in die Bundesregierung berufen und anschließend von 2013 bis 2017 zum Bundesminister für europäische und internationale Angelegenheiten. Er hat »keinen klassischen Beruf erlernt«. Sein Jus-Studium hatte er aufgrund seines politischen Engagements abgebrochen. Nachdem Reinhold Mitterlehner als Bundesparteiobmann der Österreichischen Volkspartei zurücktrat, wurde Kurz Parteiobmann, verpasste der traditionell als »Schwarze« betitelten ÖVP einen neuen türkisen Anstrich und ging mit ihr in den folgenden Nationalratswahlen im Jahr 2017 als stimmenstärkste Partei hervor. Noch im gleichen Jahr wurde Kurz mit seiner Koalitionsregierung mit der Freiheitlichen Partei Österreichs (FPÖ) als Bundeskanzler angelobt. Nach der »Ibiza-Affäre«, mit der sein Vizekanzler Heinz-Christian Strache (FPÖ) unter massiven Druck geriet, beendete Kurz am 18. Mai 2019 die Zusammenarbeit und strebte Neuwahlen für den September an.

Wenn wir Politikern zuhören, dann interessieren uns Staatsbürger oft nur die Inhalte. Wir prüfen, ob wir dem Gesagten zustimmen oder nicht, ob wir es wollen oder nicht, und inwieweit es sich auf unsere Geldbörse auswirken wird. Das sind unsere Kriterien, zu Recht. Denn als Staatsbürger haben wir ein Recht darauf zu erfahren, was unsere Regierung vorhat. Was wir hier tun ist nichts anderes, als zu vergleichen. Wir vergleichen unsere Erwartungshaltungen mit dem Gehörten. Ist der Vergleich positiv, so sind wir einverstanden. Ist er negativ, dann eben nicht. Wir glauben zumindest, dass es so sei.

Die meisten Menschen unterliegen diesem Irrtum. Wir glauben, nur Fakten zu vergleichen. In Wirklichkeit sind es doch Emotionen, die uns bewegen. Bestsellerautor und Trainer Tony Robbins sagt in vielen seiner Vorträge: Emotion is Energy in Motion. Das bedeutet, die Fakten an sich haben keine Bedeutung. *Wir geben ihnen Bedeutung.* Diese Bedeutung, die wir den Fakten, oder besser gesagt, dem, was wir glauben gehört zu haben, geben, sind in Wahrheit Emotionen.

In unserem tiefsten Inneren projizieren wir das Gehörte auf unser bisheriges gesamtes Leben, und das vollkommen unbewusst. Nachdem unser Unbewusstes eine höchst leistungsfähige Rechenmaschine und ein riesengroßer Speicher ist, laufen diese Projektionen richtig schnell ab. Unser Unbewusstes bringt das Ergebnis der Projektion in unsere Wahrnehmung in Form einer Emotion. Diese ist entweder positiv oder negativ. Zum Beispiel erzählt Ihnen jemand von der Hochzeit von Freunden. Sofort, wenn wir das Wort »Hochzeit« hören, erinnern wir uns automatisch an unsere eigene Hochzeit und an alle damit verbundenen Konsequenzen, oder daran, dass wir noch unverheiratet sind. Haben wir mit unserem Partner oder unserer Partnerin ein erfülltes harmonisches Leben, dann freuen wir uns mit dem frisch vermählten Paar und wünschen ihnen von Herzen alles Gute. Sind unsere eigenen damit verbundenen Lebenserfahrungen jedoch negativ, bekommen wir in diesem Moment eher mulmige Gefühle und können uns nicht so sehr mit dem Hochzeitspaar freuen. Eigenartig, hat doch die Hochzeit und das weitere Leben fremder Menschen gar nichts mit unserem eigenen zu tun, und auch nichts damit, was wir daraus gemacht haben.

Danach erst erfolgt eine, allenfalls notwendige, bewusste Rechtfertigung, die auf den »Fakten« basiert. Die Argumente folgen, wie »dass man sich seinen Partner oder seine Partnerin sehr bewusst auswählen sollte, Menschen überhaupt zu früh in ihrem Leben heiraten, oder man das ganze Getue um Hochzeiten sowieso nicht verstehe«. Nachdem unser Unbewusstes eben unbewusst funktioniert, bemerken wir die oben erwähnte Projektion gar nicht. Das ist gut so. Denn unser Bewusstsein ist deutlich weniger leistungsfähig als unser unbewusster Verstand und wäre mit all diesen Vorgängen hoffnungslos überfordert. Nur durch unsere höchst leistungsfähige »Rechenmaschine« des Unbewussten sind wir in der Lage, alle unsere Körperfunktionen aufrecht zu erhalten. Ohne das Unbewusste wäre die Koordination unserer inneren Organe, Atmung, Herzschlag, Verdauung, Bewegung und eben auch die Interpretation unserer Umgebung gar nicht möglich. Unser gesamtes Verhalten erfolgt praktisch unbewusst. Wir könnten daher auch sagen, dass unser Körper insgesamt eine Repräsentation unseres Unbewussten ist. Vor allem ist es auch eines: ein Tiefenspeicher. Ein unendlich großer Silo, der alle unsere Erlebnisse und Erfahrungen speichert. Ein Abbild unseres gesamten Lebens. Alles, was wir gelernt und studiert haben, was wir erfahren haben, was wir annehmen über uns und die Welt, ist dort hinterlegt. Nicht immer direkt zugreifbar, da unbewusst, und dennoch vorhanden.

Wir können unser Bewusstsein als Teil unsere Unbewussten verstehen, der gerade bewusst ist. So wie wir in einem dunklen Raum, in dem wir nichts sehen, eine Taschenlampe benutzen. Mit dieser machen wir Ausschnitte des Raums sichtbar, Teile unseres Unbewussten machen wir so bewusst. Erinnern Sie sich zum Beispiel jetzt an ihr Lieblingsfach in der Schule. Und schon kommen Erinnerungen in Ihr Bewusstsein, die Sie soeben durch meine Bitte sich zu erinnern, aus dem Unbewussten quasi wieder erhellt haben.

Die vorhin erwähnten Projektionen arbeiten ähnlich und viel schneller. Es sind Blitzlichter in unendlich schneller Abfolge, die durch unser Unbewusstes rasen, wenn wir Politikerinnen und Politikern zuhören. Das sich daraus ergebende Bild, oder besser gesagt, das sich daraus ergebende Mosaik, ist immer emotional. Unser Körper zeigt eine positive oder eine negative Emotion, je nachdem, was wir bisher in unserem Leben erlebt haben und je nachdem, was wir glauben, was richtig oder falsch sei.

Wir bezeichnen diese Emotion auch als unseren inneren emotionalen Zustand. Unsere inneren emotionalen Zustände können ganz unterschiedlich sein. *Positive innere emotionale Zustände* sind z.B.: entspannt sein, ruhig sein, neugierig sein, flexibel sein, fließend sein, zuversichtlich sein, optimistisch sein, empfänglich sein, vertrauensvoll sein, wertschätzend sein, zentriert sein, freudig sein … *Negative innere emotionale Zustände* sind z.B.: angespannt sein, aufgebracht sein, starr sein, festgefahren sein, ängstlich sein, ärgerlich sein, traurig sein, schuldig sein, frustriert sein, zweifelnd sein, abgelenkt sein, verschlossen sein, … Emoticons – Emotional Icons – die wir in unseren Social-Media-Posts gerne verwenden, verdeutlichen dies hervorragend.

Jetzt kommt allerdings der springende Punkt: Wir nehmen als Zuhörerinnen und Zuhörer nicht nur das Gesagte auf. Wir nutzen vielmehr alle unsere Sinneskanäle, um einem Redner zu folgen. Dazu gehören zumindest neben dem auditiven Kanal (das Gehörte), das Visuelle (das Gesehen), das Kinästhetische (das körperlich Gespürte), das Olfaktorische (das Gerochene) und das Gustatorische (das Geschmeckte). Das heißt, während wir hören, sehen, spüren, riechen und schmecken wir gleichzeitig. Wir sehen den Vortragenden, wir spüren den Ort, an dem wir uns befinden, die Menschen um uns herum, die Atmosphäre des Raumes, eventuell den Geruch und vielleicht auch den Geschmack unserer letzten Mahlzeit oder den kalten Zigarettenrauch im Mund.

Alle diese Sinneseindrücke zusammen projizieren wir auf unsere Erinnerungen und Lebenserfahrungen, die im Unbewussten gespeichert sind. Wir suchen unbewusst und automatisch nach ähnlichen Begebenheiten und erinnern uns, was wir damals gefühlt haben, nämlich unseren inneren emotionalen Zustand. Erinnern wir uns an das letzte Seminar, das wir besucht haben. Neben dem Redner haben wir die Atmosphäre des Raums wahrgenommen, eventuell einen angenehmen oder unangenehmen Geruch und den Geschmack des Kaffees. Wir projizieren sofort. Die Projektion äußert sich in einem Vergleich zu einem früheren Seminar, indem wir z.B. uns denken oder sagen: »Hier schmeckt der Kaffee schlechter als damals in …, doch der Vortragende heute ist besser. Ich freue mich auf den nächsten Teil.« Jemand anderer mag hier völlig anderer Meinung sein: »Zu einem guten Seminar gehört guter Kaffee, sonst werde ich ja gar nicht wach!«

Aus der Psychologie wissen wir, dass unsere Emotion, unser innerer emotionaler Zustand, entweder positiv oder negativ ist. Falls er positiv ist, stimmen wir zu, fühlen uns wohl, sind entspannt und gelassen, schauen vertrauensvoll in die Zukunft und erfahren Sicherheit. Ist unsere Emotion hingegen negativ, zeigen sich Verunsicherung, Ängstlichkeit, Ärger und Stress. Genauso agieren und handeln wir dann. Diese innere Suche, von der ich gerade vorhin gesprochen habe, kann in manchen Fällen auch zu keinem Ergebnis führen, weil uns die Erfahrung fehlt, die gerade gebraucht wird. In einer solchen Situation sind wir verwirrt und verunsichert. In diesen Momenten fehlt uns ein brauchbares bewährtes Handlungsmuster. Wir wissen nicht, wie wir uns verhalten sollen. Das bedeutet jedoch, dass wir Menschen in unserer Meinungsbildung von viel mehr beeinflusst sind als bloß vom Gesprochenen. Im Gegenteil, das Gesprochene ist nur ein Bruchteil dessen, was zählt. Wir werden im Wesentlichen nicht davon beeinflusst, *was* jemand sagt, sondern *wie* jemand etwas sagt. Stellen Sie sich vor, jemand bekommt einen Heiratsantrag, dann ist das *Was* der Heiratsantrag an sich. Der Rahmen, in dem der Heiratsantrag gemacht wird, in einem feierlichen Ambiente oder einfach so nebenläufig am Abend beim Fernsehen, also das *Wie*, macht wohl einen deutlichen Unterschied, oder?

Das *Was* ist der Inhalt, das Gesprochene. Das *Wie* hingegen hat viele Komponenten, wie z.B. Körperhaltung, Gestik, Mimik, Stimmlage, Sprechgeschwindigkeit, Tonlage, Aussehen, Bewegung, und so weiter. Zum *Wie* gehören genauso die Gestaltung des Raums, das Ambiente, die Beleuchtung, das Sprechen im Stehen oder Sitzen etc.

Wir können das *Wie* und das *Was* vergleichen mit einem

Gefäß und seinem Inhalt. Das Gefäß ist das *Wie,* der Inhalt das *Was*. Wir kennen das Erlebnis aus unseren Urlauben, wo das gute Glas Wein am Urlaubsort zu Hause plötzlich anders schmeckt. Das *Wie* beeinflusst das *Was*, und zwar ganz massiv.

Wir dürfen daraus schließen, dass ein guter Redner wesentlich auf das *Wie* achtet, bevor er in seiner Rede zum *Was* kommt.

Ich werde immer wieder gefragt, ob die hier dargestellten Inhalte »NLP« sind. Zunächst sind es Grundlagen der Psychologie. Der Mathematiker Richard Bandler und der Linguist John Grinder, die Begründer von NLP, haben u.a. den US-amerikanischen Psychiater und Verhaltenspsychologen Milton Erickson, die Familientherapeutin Virginia Satir und den Begründer der Gestalttherapie, Fritz Pearls, bei ihrer Arbeit beobachtet. Bandlers und Grinders Fragestellung war, wie gelingt es diesen drei Persönlichkeiten, bei ihren psychologischen Interventionen dermaßen erfolgreich zu sein. Bandler und Grinder haben vorrangig auf das *Wie* geachtet. Wie gehen Erickson, Satir und Pearls an ihre Klientinnen und Klienten heran, wie sprechen sie sie an, welche Verhaltensweisen legen sie an den Tag und welche Sprachmuster sind erfolgreich? Allen dreien war gemeinsam, dass sie daran interessiert waren, wie ihre Klienten deren Sinneswahrnehmungen zu einem psychologischen Problem für sich oder für ihre Familie machen.

Bandler und Grinder begründeten aufgrund ihrer Beobachtungen ein auf Grammatik und Linguistik basierendes Kommunikationsmodell, das sie als »Meta-Modell« bezeichneten. Das war der Grundstein von NLP, dem Neuro-Linguistischen Programmieren. Neuro deswegen, da alle unsere Sinneswahrnehmungen und deren Verarbeitung neurologisch sind. Linguistisch, da es auf Sprache beruht und wir mit Sprache unsere Wahrnehmungen und neurologischen Sinneseindrücke beschreiben. Programmierung, da es menschliche Verhaltensmuster sind, die durch Sprache erkannt und verändert werden können. In NLP geht es somit darum, menschliches Verhalten durch die Anwendung von Sprache zu verändern. Im Gegensatz zur Psychotherapie, wo das Problem, das jemand hat, verstanden werden will, widmet sich NLP den Fragen, wie macht jemand etwas zu einem Problem, was ist der Auslöser des Problems. Zweifelsohne sind die Werkzeuge des NLP mächtig. Der verantwortungsvolle und ethische Umgang liegt, wie bei allen Dingen im Leben, in der Hand des Anwenders.

Das Glas ist nicht der Wein

Wir alle wissen, welchen Einfluss der Rahmen auf ein Bild, ein Foto oder auf ein Gemälde hat. Erst durch den passenden Bilderrahmen kommt das Bild richtig zur Geltung. Passt der Rahmen nicht, bleibt uns das Bild auch verborgen, da es uns nicht interessiert. Ein Bilderrahmen hat sehr viele verschiedene Merkmale. Den passenden und angemessenen Rahmen auszusuchen, bedarf hoher Kompetenz: Einerseits geht es um das Material, Holz oder Metall, dann um die Stärke des Rahmens, die Form, die Farbe, die Gestaltung der Oberfläche und vieles mehr. All dies soll nicht nur gut zum Bild passen, es soll es der Wirkung des Bildes ermöglichen, sich voll entfalten zu können. Natürlich kommt es auch auf den persönlichen Geschmack an, was gefällt und was eben nicht. Doch wie immer der Geschmack ist, der Rahmen mit all seinen Eigenschaften macht den Unterschied, der den Unterschied macht.

Ähnlich ist es Ihnen vielleicht auch schon mal im Urlaub gegangen. Sie haben ein wunderbares Glas Wein auf der einladenden Terrasse des Hotels mit Blick auf das Meer genossen, während am Horizont gerade die Sonne unterging und der große rote Feuerball im Meer versank. »So einen Wein sollten wir auch zu Hause trinken, das wäre doch richtig nett!«, war vielleicht Ihr Gedanke. Und so nahmen Sie ein paar Flaschen, sorgfältig verpackt, mit nach Hause. Die Reise war gut überstanden und die Vorfreude groß. Die Enttäuschung jedoch auch. So bezaubernd der Wein im Urlaub vor ein paar Tagen noch war, so wenig kann er seinen Geschmack nun entfalten. Obwohl es doch der gleiche Wein war, oder? Ja, auch hier kommt es auf den »Rahmen« an, der den Unterschied macht. Der Rahmen bestimmt, wie wir etwas aufnehmen, und es ist nicht nur der Inhalt, der vermeintlich zählt.

Weinkenner wissen, dass ein guter Wein nur aus einem entsprechenden Glas verkostet werden darf. Der beste Wein aus einem Bierkrug schmeckt genauso wenig, wie das beste Bier aus einer hochwertigen Sektflöte. Darauf sollten wir immer achten. Somit können wir erkennen, dass der Inhalt und das Gefäß zwei unterschiedliche Dinge sind, die miteinander zunächst nichts zu tun haben. Oft verhindert ein Gefäß sogar, dass wir an den Inhalt kommen können.

In der Kommunikation ist es genauso. Es gibt den Inhalt, die Botschaft, die vermittelt werden soll. Und es gibt die Form, das Gefäß, in dem die Botschaft verpackt ist. Gefällt uns die Form nicht, so hat die Botschaft erst gar keine Chance, anzukommen. Wir trinken auch niemals Wein aus einem Bierkrug, weil wir wissen, dass er nicht schmecken kann. Selbst wenn es nur Gewohnheit wäre, Wein nicht aus einem Bierkrug zu trinken, weil wir glaubten, dass er nicht schmecken würde, würden wir den Wein nicht trinken.

Das *Was* ist also die der sachliche Inhalt der Botschaft. Das *Wie* ist das Gefäß, das wir uns für den Fall der Kommunikation genau anschauen.

Die Formen der zwischenmenschlichen Kommunikation haben nun sehr viele unterschiedliche Aspekte. Es beginnt mit unserem *äußeren Auftreten*, geht über unsere

Wortwahl hin bis zur *Intonation* unserer Sätze. Diese unterschiedlichen Aspekte der Form von sprachlicher Kommunikation möchte ich in den folgenden Kapiteln aufzeigen. Ich werde Muster anhand von aktuellen Beispielen österreichischer Politikerinnen und Politiker aufzeigen. Es wird Ihnen helfen, noch besser die Unterschiede zu erkennen, die für unser Land so bedeutend sind.

Was macht einen guten Redner aus?

Jeder Mensch, und somit jeder Redner und jede Rednerin, hat natürlich zu jeder Zeit einen inneren emotionalen Zustand. Ein guter Redner ist während seines gesamten Auftritts im passenden inneren emotionalen Zustand, vollkommen bei sich und gleichzeitig vollkommen bei seinem Publikum. Wir nennen diesen inneren emotionalen Zustand, der einen optimalen Redner ausmacht, *Redner-Uptime.*

Erinnern Sie sich: Der innere emotionale Zustand des *Redners* bestimmt, wie er handelt. Der innere emotionale Zustand des *Zuhörers* bestimmt, wie er handelt.

Sind wir im Stress, so handeln wir im Allgemeinen recht unüberlegt, sind verschlossen, haben keine Zeit für neue Ideen und Gedanken, und machen auch nach außen hin einen nervösen Eindruck. Dies alles senkt unsere Glaubwürdigkeit bei unserem Publikum, da sich dieser negative innere emotionale Zustand auf unser Publikum überträgt, wie wir bereits weiter oben gelesen haben.

Ein guter Redner hingegen ist in der Lage, einen positiven inneren emotionalen Zustand einzunehmen. Das bedeutet, er ist interessiert an seinem Publikum, fokussiert auf seine Botschaft, ist entspannt, lächelt und freut sich auf seine Rede. Ein guter Redner ist jederzeit in der Lage, seinen inneren emotionalen Zustand selbst zu bestimmen. Er ist unabhängig von den äußeren Einflüssen, Rahmenbedingungen und von der Umgebung.

Ein guter Redner führt sein Publikum emotional. Das bedeutet, er bestimmt, wie es seinem Publikum emotional geht. Dazu ist es notwendig, »*Rapport*« herzustellen. Was bedeutet das?

Wir Menschen mögen grundsätzlich Menschen, die so sind wie wir, oder die so sind, wie wir gerne wären. Wir wissen ebenso, dass der erste Eindruck, den jemand erzielt, in den ersten Bruchteilen einer Sekunde entsteht. Also in einer Zeit, in der noch gar nichts Wesentliches gesagt werden konnte, weil die Zeit zu kurz war. Wir bilden uns den ersten Eindruck über jemand anderen daher ausschließlich aufgrund des äußeren Erscheinungsbilds. Zu diesem äußeren Erscheinungsbild gehören zu großen Teilen der visuelle Eindruck, der kinästhetische, also wie sich die Person bewegt, und der auditive. Wie bereits vorhin beschrieben, projizieren wir das wahrgenommene Verhalten auf unsere unbewussten Lebenserfahrungen und bewerten in Bruchteilen einer Sekunde, ob uns diese Person sympathisch erscheint und ob wir ihr vertrauen. Im Allgemeinen sind wir jenen Personen, die wir als sympathisch und vertrauenswürdig beurteilen, bereit zu folgen.

Ein guter Redner macht daher bereits bevor und während er die Bühne betritt und zum Rednerpult schreitet Folgendes: Er verhält sich so, wie es zu seinem Publikum passt. Dieses hier gemeinte Verhalten ist bezogen auf Gestik und Mimik und wie der Redner sich vorbereitet und zu seinem Publikum und der Situation passend gekleidet hat. Wir werden später noch genauer analysieren, wie Sebastian Kurz dies im Detail macht.

Ein guter Redner achtet natürlich auch auf das Ambiente. Er bestimmt also den Ort seines Auftretens. Ist dieser Ort, so wie z.B. das Bundeskanzleramt in Wien, ein Ort mit großer Geschichte, ein Ort der Macht, so überträgt sich dieser Zustand ebenfalls auf das Publikum und der Redner wird entsprechend wahrgenommen. Ausführliche Untersuchungen dazu hat bereits Stanley Milgram in seinem Buch »Das Milgram-Experiment« durchgeführt.

Rapport bedeutet also, zu seinem Publikum eine emotionale positive Verbindung aufgebaut zu haben und zu halten. Da Emotionen zum Bereich des Unbewussten gehören, da sie unbewusst generiert werden, stellt Rapport einen Zugang zum Unbewussten des Publikums dar. Es gibt dem Redner die Chance zu beeinflussen, wie sein Publikum denken, fühlen und handeln soll. Rapport aufzubauen gelingt über das subtile »Nachahmen« des Verhaltens des Publikums. Das Nachahmen stellt eine Art Gleichheit her. Das englische Wort »like« hat einerseits die Bedeutung »mögen« und andererseits »gleich«. Beobachten Sie Menschen, die einander mögen, und Sie werden feststellen, wie »gleich« und ähnlich sie sich verhalten. Wenn wir uns also bewusst oder unbewusst zu den Menschen in unserer Umwelt ähnlich verhalten, werden wir als ihresgleichen wahrgenommen und gemocht. Diese Tatsache ist zutiefst menschlich und eine Grundlage menschlicher Überlebensstrategien. Wir können sie zum Wohle oder zum Schaden anderer Menschen einsetzen. Erst die Kenntnis dieser Tatsache erlaubt es, sie zu entdecken und den Anwender gegebenenfalls zu entlarven.

Ein weiterer wesentlicher Aspekt ist die Wahl der Sprache. *»Hypnotische Sprachmuster«* führen dazu, dass der Redner Zugang zum Unbewussten seines Publikums bekommt. Hypnotische Sprachmuster sind solche, die Mehrdeutigkeiten zulassen und den Zuhörer dazu veranlassen, unbewusst nach Bedeutung zu suchen und für Suggestionen offen zu werden. Mehr dazu in einem späteren Kapitel.

Einem guten Redner gelingt es, sein Publikum zu bewegen, sowohl emotional als auch körperlich, und zwar so, wie er das beabsichtigt. Wir wissen bereits, dass dafür Rapport, hypnotische Sprachmuster und das gesamte Ambiente entscheidend sind, und gar nicht so sehr der Inhalt des Gesagten. Das *Wie* kommt also vor dem *Was*!

17 Faktoren, die eine Rede erfolgreich machen

Wollen wir nun einen Redner oder eine Rednerin analysieren, so lassen wir das *Was*, also das Gesagte, zunächst vollkommen beiseite. Wir konzentrieren uns auf das *Wie*.

Das *Wie* besteht aus folgenden Komponenten, von denen wir bereits einige schon kurz erläutert haben, und andere im weiteren Verlauf dieses Buchs kennen lernen werden.

Es geht bei der Analyse um die unterschiedlichen Aspekte der Form von sprachlicher Kommunikation:

1. Zunächst interessiert uns, ob wir eine Beziehung zum Redner verspüren. Ist der Redner jemand, der nur mit sich selbst beschäftigt ist oder jemand, der bei uns ankommt, der bei uns Emotionen auslöst? Haben wir das Gefühl, dass der Redner zu uns spricht, oder nur in den Raum hinein? Ein guter Redner hat stets vollen Kontakt zu sich selbst und gleichzeitig vollen Kontakt zu seinem Publikum. Wir bezeichnen dies als *Redner-Uptime und Rapport.*
2. Gute Redner halten ihre eigene Energie auf einem konstant hohen Niveau. Sie knicken nicht ein und werden nicht schwächer. Sie benötigen ein gutes und kraftvolles *Energiemanagement.*
3. Die *Verwendung korrekter und grammatikalisch richtiger Sprache* ist natürlich wichtig. Stellen Sie sich vor, jemand verspricht sich unentwegt und macht laufend Fallfehler. Das lenkt einfach ab.
4. Einen großen Unterschied macht es, ob jemand in einfach aufgebauten Sätzen oder in Schachtelsätzen spricht,

bei denen er selbst nicht mehr den Ausgang findet. Manche Redner scheinen sich nicht mehr erinnern zu können, wie sie den Satz begonnen haben, und wissen nicht mehr, was sie konkret sagen wollten. Einfache, *kurze und klare Aussagen* transportieren den Inhalt wesentlich besser.

5. Aus der Sprachwissenschaft, aus der Linguistik, kennen wir unterschiedliche Sprachmuster. In der Schule lernten wir oft nur die Grundbegriffe. Es gibt jedoch eine große Anzahl von Satzmustern, die bei uns Menschen jeweils unterschiedliche emotionale Reaktion auslösen. Denken Sie vielleicht an jemanden aus Ihrer Jugend, der sehr viel davon gesprochen hat, was man alles machen »muss«. Manchmal ist dies sicherlich sinnvoll, in politischen Reden keine gute Idee. Menschen wollen nicht »müssen«, sondern »dürfen«. Andere Menschen meinen wiederum, die Gedanken anderer Menschen zu kennen und sagen: »Du denkst sicherlich, dass es heute ein schöner Tag wird« oder »Ich weiß, dass du glaubst, du kannst es nicht.« Interessant sind auch jene Muster, die implizite Handlungsaufforderungen sind, die wir auch aus der Werbung kennen: »Kaufen Sie heute noch …« Wir werden uns diesen *linguistischen und hypnotischen Sprachmuster* ausführlich widmen, da sie in vielen Fällen Trance-erzeugend sind, und die Tür für Suggestionen öffnen.
6. Wie wir wissen, haben Menschen zumindest fünf verschiedene Sinne. Das sind Sehen, Hören, Schmecken, Riechen und Fühlen. Menschen haben Präferenzen, welchen Sinneskanal sie bevorzugen. Nachdem der Redner nicht weiß, welche Präferenzen sein Publikum hat, sollte er in seiner Rede *sinnesspezifische Wörter* verwenden, die alle fünf Sinneskanäle berücksichtigen. Mehr dazu in einem späteren Kapitel.

7. Viele Menschen bewundern besonders charismatische Redner. In der Nähe von charismatischen Menschen fühlen wir uns wohl. Warum? Charismatische Redner verwenden ein bestimmtes Muster, wie sie die visuellen, auditiven und kinästhetischen Wahrnehmungskanäle ihres Publikums erreichen, das »*Charisma-Muster*«.
8. Eine Aussage, eine Frage und ein Befehl haben am Satzende unterschiedliche Satzzeichen: den Punkt, das Fragezeichen und das Ausrufezeichen. Genauso sollte die Tonhöhe am Ende des Satzes angepasst werden. Ach wirklich? Ja! Steigende Tonhöhe am Satzende signalisiert eine Unabgeschlossenheit, also eine Frage, einen folgenden Nebensatz oder eine Aufzählung. Sinkende Tonhöhe einen Abschluss. Es hilft den Zuhörerinnen und Zuhörern, sich zu orientieren und Redeeinheiten besser voneinander trennen zu können. Rasch sinkende Tonlage mit anschließender Pause wird in unserer Kultur als Aufforderung, gleichsam als Befehl, verstanden: »Machen Sie das. Jetzt!" *Intonationsmuster* sind wichtig für die Verständlichkeit und geben dem Gesagten eine äußere Form.
9. In den 70er Jahren des 20. Jahrhunderts wurde festgestellt, dass unterschiedliche Menschen unterschiedlich lernen. Sie stellen sich nämlich *unterschiedliche Fragen.* Manche wollen immer den Grund wissen, warum sie etwas machen sollen. Diese Menschen fragen nach dem »*Warum?*«. Das kennen wir vielleicht aus unserer eigenen Erziehung. Die Frage, die uns unsere Mütter oft gestellt haben: »Warum hast du schon wieder nicht ...? Warum? Warum? Warum?« Warum fragt nach Gründen, Ursachen und Gesetzmäßigkeiten.
   Andere Menschen wiederum interessieren sich mehr für das »*Was?*« Sie interessieren sich für Theorien und Zusammenhänge. Sie wollen Informationen und Fakten.

Die dritte Gruppe möchte anfassen und probieren, damit sie gut lernen kann. Das sind jene Menschen, die nach dem »*Wie?*« fragen. Sie wollen wissen und probieren, Bedienungsanleitungen zu lesen wird von dieser Gruppe als unsportlich eingestuft.

Die vierte Gruppe interessiert sich am meisten *für weitere Möglichkeiten und neue Chancen,* die sich ergeben. Diese Menschen sind durch Inspiration zu motivieren.

Ein guter Redner baut demnach seine Rede in folgender Reihenfolge auf: Warum bin ich hier und warum sollte man mich hören? Um was geht es, was sind die Fakten und Probleme, was ist zu tun? Wie funktioniert das, was zu tun ist, wie kann das Thema gelöst werden? Welche weiteren Chancen bringt es uns, was wäre, wenn? Sie fragen nach dem *Was–Wenn?*

Dieses System geht auf Bernice McCarthy zurück und wird *4MAT-System* genannt. Der Redner erreicht durch konsequente Anwendung des 4MAT-Systems alle vier Lerntypen. Seine Rede wird leichter verständlich.

10. Wir erinnern uns, als im April 2019 die Notre-Dame in Paris brannte. Die Menschen waren erschüttert und zutiefst bewegt. Innerhalb weniger Stunden gab es Spendenzusagen für Millionen von Euros, um die Kirche wiederaufzubauen. Menschen fragten sich, wie es sein kann, dass so viel Geld in so kurzer Zeit lockergemacht werden kann. Viele verstanden nicht, warum dieses Geld nicht besser den Ärmsten unter den Armen gespendet wird. Die Antwort liegt auf der Hand. Die Notre-Dame ist ein Symbol für die Identität eines ganzen Volkes. Die Identität basiert auf Werten. Wenn Werte verletzt werden, wie durch diesen Großbrand, dann trifft es uns Menschen im Innersten. Werte beschreiben, was uns Menschen wichtig ist. Wir handeln immer nach ihnen, wir können gar nicht anders. Werte verändern sich, auch in unserer Kultur. Denken wir nur

an die Generation X, Y und Z. Diesen jungen Menschen sind, im Vergleich zur älteren Generation, oft völlig andere Dinge wichtig.

Ein guter Redner adressiert die Werte seines Publikums und bringt sie in Relation zu seinen eigenen *Werten und Wertesystemen.*

11. Gute Redner legen ihre eigenen Überzeugungen offen. Sie kritisieren nicht andere Menschen. Wenn Kritik geübt wird, dann an deren Verhalten. Sie haben ein Menschenbild, das auf Respekt und Würde basiert. Sie leben Wertschätzung und bringen dies zum Ausdruck. Dies sind *Überzeugungen, die einen Redner befähigen,* ein guter Redner zu sein.
12. Gute Redner beschreiben immer, unter welchen *Rahmenbedingungen* ihre Aussagen Gültigkeit haben. Diese Rahmenbedingungen sind der »Kontext« einer Aussage. »Kontext« bezeichnet in der Kommunikationstheorie alle Elemente, die das Verständnis einer Aussage bestimmen. Zum Beispiel ist Regen für sich gesehen absolut bedeutungslos. Erst im Kontext mit der Umgebung kann Regen für die Landwirtschaft gut sein, für den Tourismus allerdings nachteilig. Die Kunst des *Framings*, also des Rahmen-Setzens, ist es, seinen Aussagen einen gezielten und klaren Bedeutungsrahmen zu geben. Wird dies zu wenig berücksichtigt, ist die Uneinigkeit über die Sinnhaftigkeit einer Rede oft sehr groß.

Priming ist eine Form des Framings. Priming bezeichnet in der Psychologie die Beeinflussung, wie ein späterer Sinnesreiz verarbeitet wird. Wie die wortwörtliche Übersetzung aus dem Englischen schon sagt, ist es eine Grundierung. Jeder gute Maler grundiert zunächst den Untergrund, wie z.B. die Wand, bevor er die Farbe aufträgt. Er bereitet die Wand auf, macht sie bereit für den Anstrich. Mit Priming versetzt man sein Publikum oft unbemerkt in einen gewünschten emotionalen Zustand, grundiert es gleichermaßen, macht es bereit für die »Farbe«, für die folgenden Botschaften. In Amerika ist es üblich, dass Reden mit tosendem Applaus beginnen, Menschen tanzen und laute Musik gespielt wird. Das versetzt das Publikum gezielt in einen positiven inneren Zustand, weil es zu deren Kultur passt. Der nun erscheinende Redner wird klar mit der eigenen positiven inneren Emotion verknüpft, bevor er noch das erste Wort gesagt hat. Das Publikum ist grundiert und nimmt die folgenden Botschaften gerne und umfänglich auf.

13. Spannende Geschichten, wie »Harry Potter«, »Star Wars«, »Der Herr der Ringe«, und klassische Dramen verstehen es, uns in den Bann zu ziehen. Wir sind im wahrsten Sinne des Wortes von der Handlung gefesselt, leben mit, lachen und weinen, lassen unseren Emotionen freien Lauf, glauben kritiklos, fiebern mit den Helden und freuen uns mit ihnen über ihren Sieg. Alle diese Geschichten folgen einem Schema, nämlich dem Schema des *Storytellings*. Hier gibt es freilich unterschiedliche Formate und Ausprägungen, wie jene nach Joseph Campbell (1904–1987), nach Christopher Vogler (geb. 1949) oder jene des Animationsstudios Pixar. Gute Redner verwenden diese Formate, um ihr Publikum für ihre Botschaften zu gewinnen.
14. *Metaphern* eigenen sich ebenfalls hervorragend dazu, Menschen in gewünschte emotionale Zustände zu versetzen. Metaphern sind Gleichnisse, die uns helfen zu verstehen. Das berühmteste Buch der Metaphern ist die Heilige Schrift. Im Alten und im Neuen Testament wird mithilfe von Geschichten und Gleichnissen gelehrt. Die Heilige Schrift ist für viele von uns nicht leicht verständlich, da sie Gleichnisse aus der damaligen Zeit, und somit der damaligen Kultur und Wertesysteme nutzt. Metaphern geben preis, wie Menschen denken. Sie ver-

raten uns etwas über die Denkmuster und Überzeugungen, die wir haben.

15. Sprache ist unsere mächtigste Droge, so lautet ein altes Sprichwort. Ja, es stimmt. Erinnern Sie sich an eine Zeit, wo der wichtigste Mensch in Ihrem Leben etwas Nettes und Liebevolles gesagt hat? Das ist doch Musik in Ihren Ohren und bringt Ihre Gefühle in Hochstimmung, nicht wahr? Umgekehrt ist es jedoch genauso. Ein guter Redner *ruft gezielt emotionale Zustände seines Publikums hervor.* Dies macht er, indem er sein Publikum bittet, sich an Ereignisse zu erinnern, die eine bestimmte emotionale Bedeutung haben.
16. Jedes Theaterstück lebt von seiner *Inszenierung,* von der Gestaltung der Bühne und davon, wie und wo sich die Schauspieler auf der Bühne bewegen. Das Gleiche gilt für Rednerinnen und Redner. Sie sind ebenfalls auf einer Bühne und können den Raum sinnvoll nutzen. Damit ist nicht ein bloßes Hin-und-her-Gehen gemeint. Im Gegenteil: Gute Redner versinnbildlichen zum Beispiel die Vergangenheit, die Gegenwart und die Zukunft, indem sie sich dabei von links nach rechts bewegen, oder dies durch ihre Gestik andeuten. Genauso können gute und schlechte Botschaften von jeweils unterschiedlichen Positionen auf der Bühne vorgetragen werden. Bewegt sich der Redner im Verlauf seiner Rede wieder an die Position, von der bereits gute Botschaften gegeben wurden, so weiß das Publikum bereits unbewusst vorab, dass wieder eine gute Botschaft folgt.
17. Die *Körperbewegungen des Redners* sind insgesamt sehr bedeutend dafür, wie glaubwürdig eine Rede wahrgenommen wird. Die US-amerikanische Psychotherapeutin Virginia Satir hat unterschiedliche Typen, die *Satir-Typen*, definiert. Diese sind der *Ankläger,* der *Ablenker,* der *Rationalisierer* und der *Beschwichtiger.* Später kam noch der »*Leveler*« dazu. Schon alleine

durch Körperhaltung und Gestik werden jeweils ganz bestimmte Signale gegeben, ohne dass ein Wort gesagt werden müsste.

Wir sehen also: Menschen verraten durch die Art und Weise ihres Sprachgebrauchs, ihrer Gestik und Mimik, ihrer Wortwahl und ihres gesamten Auftretens sehr viel über ihre *Denkmuster.* Denkmuster sind nichts anderes als die Art und Weise, wie über bestimmte Fragen des Lebens gedacht wird. Dies Fragen beziehen sich auf das eigene Überleben, auf das Zusammenleben in der Gruppe, auf Machtgebrauch, auf Systeme und Organisationen, auf die Nutzung von Ressourcen, auf Beziehungen zwischen Menschen, auf die eigene Spiritualität und das holistische Gesamte. Der US-amerikanische Psychologe Clare W. Graves hat dies im Rahmen der »Spiral Dynamics« erfasst. Menschen auf unteren Ebenen der Spirale haben andere Denkweisen als jene ganz oben. Gute Redner bedienen diese Denkmuster und Wertesysteme, damit ihre Botschaft ankommen und landen kann. Wir werden im Einzelnen noch sehr speziell darauf eingehen.

Ist Ihnen dies übrigens aufgefallen? Kein einziger der oben genannten Aspekte kümmert sich um den Inhalt oder bewertet den Inhalt einer Rede. Es geht ausschließlich darum, *wie* eine Botschaft transportiert wird und nicht darum, *was* der Inhalt der Botschaft ist.

Alle herausragenden Politikerinnen und Politiker bedienen sich bewusst oder unbewusst dieser Aspekte. Egal ob es sich um Barack Obama, Donald Trump oder eben Sebastian Kurz handelt.

Alle anderen, die diese Aspekte mehr oder weniger dem Zufall überlassen, wundern sich, dass ihre Botschaften eben nicht so ankommen, wie sie dies gerne hätten.

Unterscheiden Sie die Verpackung vom Inhalt

Sehr verehrte Leserinnen und Leser! Dieses Buch erfüllt mehrere Funktionen. Vor allem soll es Ihnen helfen, die Verpackung vom Inhalt zu unterscheiden. Beim Auspacken von Weihnachtsgeschenken gelingt uns dies ja vortrefflich. Nun auch bei Reden und Ansprachen. Trennen wir die Form vom Inhalt, sind wir viel besser in der Lage, den Inhalt aufzunehmen, zu verstehen und zu bewerten.

Dieses Buch ist eine »Kurz«fassung der wichtigsten rhetorischen Aspekte und Komponenten, die bei einer Rede zu berücksichtigen sind. Außerdem zeigt es Ihnen, dass sich jede Rede analysieren lässt, ohne gleichzeitig den Inhalt zu bewerten. Beherrschen wir diese Kunst, fällt uns unser eigenes tägliches Leben viel leichter. Wir vermeiden dadurch, zu schnell in stressige emotionale Zustände zu verfallen, weil wir uns durch den Redner eventuell angewidert oder bedroht fühlen. Es wirkt also gewissermaßen gesundheitsfördernd und lebensverlängernd.

Dieses Buch hilft Ihnen auch dabei, Ihre nächste eigene Rede zu inszenieren. Schnell kommen wir in die Verlegenheit, bei einer Feier oder einer anderen Veranstaltung ein paar Worte sagen zu müssen. Denken Sie an die vergangene Geburtstagsfeier Ihrer Eltern oder Ihres besten Freundes. Zu gerne hätten Sie sich vielleicht ein paar Anekdoten erzählt oder sich von Herzen bedankt. Leider wird eine solche einzigartige Gelegenheit allzu oft verpasst. Falls Sie selbst als Redner reüssieren möchten, dann empfehle ich Ihnen, die Kapitel Schritt für Schritt durchzugehen und Neues einfach auszuprobieren. Und wenn Sie noch am Anfang stehen, gebe ich Ihnen den Tipp, Mitglied in einem Toastmasters®-Club zu werden *(www.toastmasters.org)* und dort sowohl die freie als auch die vorbereitete Rede zu üben. Toastmasters Abende sind sehr unterhaltsam und gleichzeitig sehr wirkungsvoll.

Sebastian Kurz' Rhetorik wurde Mitte 2018 als Nazi-Rhetorik bezeichnet. Er verwendete damals Begriffe, wie z.B. »Achse Rom-Berlin-Wien«, die in der Nazi-Zeit eine besondere Bedeutung hatten, da diese Achsenmächte den Alliierten gegenüberstanden. Dieses Beispiel soll uns zeigen, wie wichtig die Wahl der Worte ist, um richtig verstanden zu werden. Es soll auch zeigen, dass wir Worten und Wörtern eine Bedeutung geben, die sie an sich nicht haben. Mit diesem Buch möchte ich zu mehr Klarheit in der Kommunikation beitragen. Anhand des Beispiels von Sebastian Kurz und dem Vergleich zu seinem politischen Mitbewerb möchte ich Rednern und Rednerinnen Möglichkeiten aufzeigen, wie sie sich optimal vorbereiten können. Das Publikum hingegen möchte ich in die Lage versetzen, hinter die Kulissen zu schauen und rhetorische Missgriffe und Manipulationsversuche zu entlarven.

Was unterscheidet Sebastian Kurz von seinem politischen Mitbewerb?

Die Rhetorik einer Person zeigt auf, wie sie denkt. Sie fragen sich sicherlich, warum gerade die Rhetorik? Sind es nicht die Inhalte, die eine Person oder eine Partei vertritt, die zählen? Ja, es sind auch die Inhalte. Was jedoch – im Hinblick auf die Wirkung auf das Publikum – wirklich zählt, ist, wie diese Inhalte verpackt sind. Inhalte an sich haben keine Bedeutung. Sie bekommen die Bedeutung, die ihnen Redner und Publikum geben – und wir geben ihnen immer eine Bedeutung – welche, das hängt allerdings von der Verpackung ab.

Und jetzt kommt's: Die Art und Weise, wie wir Sprache verwenden, verrät unsere Denkmuster. Denkmuster sind nichts anderes als die Art und Weise, wie über bestimmte Fragen des Lebens gedacht wird. Diese Fragen beziehen sich auf das eigene Überleben, auf das Zusammenleben in der Gruppe, auf Machtgebrauch, auf Systeme und Organisationen, auf die Nutzung von Ressourcen, auf Beziehungen zwischen Menschen, auf die eigene Spiritualität und auf die holistische Gesamtheit dieser Welt.

Das Gleiche gilt natürlich auch für Politikerinnen und Politiker. Die Art und Weise, wie sie Sprache verwenden, verrät ihre Denkmuster.

Aus den in diesem Buch analysierten Reden sind deutliche Unterschiede zwischen Sebastian Kurz und seinen politischen Mitbewerbern und Mitbewerberinnen erkennbar.

Unterschiede, die den Unterschied machen

Bei Sebastian Kurz fällt als Erstes auf, dass alle seine Reden einer bestimmten Struktur folgen. Sie haben ein einheitliches Format. Er folgt in seinen Reden in weiten Teilen dem 4MAT-System, das ich weiter vorne schon erklärt habe.

Rasch zur Erinnerung: Dieses System strukturiert die Rede und macht sie den Zuhörerinnen und Zuhörern verständlich. Die vier Teile umfassen:

- den *Warum*-Teil. In diesem wird die Frage beantwortet, warum wir zuhören sollen. Es werden Begründungen für die Rede gegeben. Dem Warum-Teil folgt der
- *Was*-Teil. Dieser enthält grundlegende Informationen, Zahlen, Daten und Fakten. Es wird vorgestellt, an welche Strategien und Maßnahmen gedacht werden soll. Der *Was*-Teil beschäftigt sich ausschließlich damit, was zu tun ist und was wichtig ist. Im darauffolgenden
- *Wie*-Teil wird erklärt, wie die im Was-Teil erläuterten Informationen, Strategien und Maßnahmen konkret umgesetzt werden. Der Wie-Teil erklärt, wie etwas konkret gemacht werden soll. Im anschließenden
- *Was–Wenn*-Teil werden die Konsequenzen erforscht und weitere Möglichkeiten überlegt. Es ist der Teil, der die Zuhörer inspirieren soll, noch weiter zu denken und tatsächlich ins Handeln zu kommen.

Wenn Sie aufmerksam zuhören, werden Sie feststellen, dass im Gegensatz zu Sebastian Kurz in den Reden seiner Mitbewerberinnen und Mitbewerber wie Pamela Rendi-Wagner (SPÖ), Herbert Kickl (FPÖ), Norbert Hofer (FPÖ) und Beate Meinl-Reisinger keine Anwendung des 4MAT-Systems zu erkennen ist. Sie bringen fast ausschließlich einen Was-Teil. Dieser Was-Teil spricht allerdings nur Menschen an, für die Informationen, Zahlen, Daten und Fakten wichtig sind. Jene Menschen, die für ihr Handeln Begründungen benötigen, sind nicht interessiert, da sie keine Begründungen bekommen haben. Ebenso werden jene nicht bedient, die wissen wollen, wie die gelieferten Informationen umgesetzt werden sollen, auch jene Menschen, die Inspiration brauchen, werden nicht adressiert. Sie werden nicht bedient. Dies bedeutet, es werden Inhalte verteilt, die nur von einem Bruchteil der Anwesenden, nämlich jenen, die an Informationen interessiert sind, wahrgenommen werden. Am Rest der Zuhörerschaft, und das sind immerhin circa drei Viertel der Anwesenden, geht die Rede bestenfalls spurlos vorbei. Schlimmer ist, wenn sie die Rede als »schlechte« Rede bewerten, da nichts für sie dabei war. Die Aktivitäten, die nach der Rede und aufgrund der Rede erfolgen sollen, sind, im Vergleich zu einer Rede im gezielten 4MAT-System, vernachlässigbar wenige.

Eine gut strukturierte Rede ist nicht nur für das Publikum leichter verständlich, sondern auch für den Redner viel klarer abzuarbeiten und zu liefern. Der Begriff Klarheit ist dabei ein visueller Begriff. Menschen, die klar sehen, haben eine aufrechte Körperhaltung im Vergleich zu jenen, die unklar sind. Klar zu sehen bedeutet auch ein nach vorne ausgeprägtes Sichtfeld zu haben und dies funktioniert aufgrund unserer Physiologie nur in aufrechter Körperhaltung gut.

Wenn Sie Sebastian Kurz bei seinen Reden beobachten, merken Sie, dass seine Körperhaltung stets aufrecht und gerade ist. Er steht mit beiden Beinen fest auf dem Boden, wirkt verwurzelt und stabil. Er ist in *Redner-Uptime*. Das bedeutet, seine Aufmerksamkeit ist bei ihm selbst und gleichzeitig bei seinem Publikum. Nachdem er Klarheit bezüglich der

Form seiner Botschaft hat, hat er die notwendige Zeit, mit seinem Publikum in den Rapport zu gehen. Das bedeutet, wie wir schon festgestellt haben, dass er eine emotionale Beziehung zu seinem Publikum aufbauen kann. Sein innerer emotionaler Zustand der Ruhe und Gelassenheit überträgt sich auf sein Publikum. Er ist an seinem Publikum interessiert, daher auch das Publikum an ihm.

Er verwendet die Methode des *»Pacen derzeitigen Erlebens«*. Die Methode »Pacen derzeitigen Erlebens« ist ein linguistisches Sprachmuster. Es generiert, richtig eingesetzt, Zustimmung. Sebastian Kurz beschreibt dabei die Erfahrungen und das Erleben, das das Publikum gerade macht, mit seinen Worten in einer Form, die nicht bestritten werden können, weil sie offensichtlich stimmen. Kurz verwendete beispielsweise dieses Muster bei seiner Rede am 27. Mai 2019 in folgender Form: »... dass wir nach diesem, durchaus sehr schwierigen, Tag heute alle hier sind ...« Er ist dadurch *einer von ihnen* und das Publikum ist im nächsten Schritt bereit, ihm zu folgen. Das Pacen, also das Schritthalten, mit dem Publikum verbindet das Publikum mit dem Redner und der Redner wird zum Pacemaker, zum Leader, des Publikums, ähnlich wie im Radrennsport. Sebastian Kurz versteht es sehr gut, das aktuelle Erleben und die aktuellen Gefühle seiner Zuhörerinnen und Zuhörer wahrzunehmen und diese verbal zu spiegeln. Diese Gabe hat als Voraussetzung, in Rapport gehen zu können, und kann, wie alle in diesem Buch erwähnten Methoden, auch erlernt werden. Als Leader ist man in der Lage, sein Publikum zu führen und es durch die Anwendung »Eingebetteter Befehle« zum Handeln zu bewegen. Ein »Eingebetteter Befehl« ist ein hypnotisches Sprachmuster, wie z.B. »... genauso bitte ich euch ... wir werden um die Unterstützung der Bevölkerung werben ...«

Die konsequente Verwendung des 4MAT-Systems macht es für Sebastian Kurz erst möglich, Sprachmuster gezielt einzusetzen. Durch seine, für ihn selbst, vorhandene Klarheit, die Kurz für sich in Bezug auf seine Rede hat, ist für ihn ausreichend Fokus gegeben, sich auf Pacen und Leaden zu konzentrieren. Er hat für sich Klarheit als innere Haltung. Eine gerade Körperhaltung, der stabile Stand, der freundliche Blick sind die automatischen Folgen einer inneren Klarheit. Wir wissen aus der Psychologie, dass Körperhaltung und innerer emotionaler Zustand zu jeder Zeit korrelieren. Seine Körperhaltung folgt sehr stark dem Satir-Typ des Levelers. Der *Leveler* in Reinform steht für Offenheit und Wahrheit. Die Physiologie ist symmetrisch und aufrecht. Der Oberkörper ist leicht nach vorne geneigt. Die Hände bewegen sich symmetrisch zur Körperachse, die Handflächen sind tendenziell nach unten und außen gerichtet. Der Leveler verkörpert Glaubwürdigkeit.

Wenn Sie die Körperhaltung von Pamela Rendi-Wagner in diesem Punkt vergleichen, wirkt diese eher gekrümmt und angespannt. Ihre Aufmerksamkeit ist auf sich selbst gerichtet und eben nicht gleichzeitig auch auf das Publikum. Das bedeutet keine bis wenig Redner-Uptime und wenig emotionale Verbundenheit mit ihrem Publikum. Der kaum vorhandene Rapport wird unter anderem durch das permanente Zurechtrücken ihrer Unterlagen noch mehr gestört. In ihrer Rede zum Misstrauensantrag begeht sie einen offensichtlichen Rapportbruch zu Sebastian Kurz: Sie ignoriert ihn komplett bei ihrer Begrüßung am Beginn ihrer Rede. Die asymmetrischen Körperbewegungen und das andauernde Hin- und Herbewegen von links nach rechts und umgekehrt erinnern an den Satir-Typ des *Ablenkers*. Die Reinform des Satir-Typs des Ablenkers ist inkongruent, nicht übereinstimmend in seiner Gesamtwirkung, und dies äußert sich auch in einer unzusammenhängenden Sprechweise. Damit wird signalisiert, dass die so agierende Person es nicht besser weiß und es nicht kann. Das Gesagte wird von einem Teil des Publikums daher als sinnlos und irrelevant wahrgenommen, völlig egal, was tatsächlich gesagt wird. In den aktuellen

Diskussionen um die Person Rendi-Wagner wird dies in den Reihen ihrer eigenen Partei deutlich. Ihre Kritiker bemerken einen »holprigen Wahlkampf« oder »Hoch gewinnt die SPÖ das nimmer«, so Exkanzler Christian Kern. Hier geht es definitiv nicht um politische Inhalte. Eine Veränderung der inneren und äußeren Haltung würde das Bild sofort wenden.

Herbert Kickl ist im Gegensatz zu Pamela Rendi-Wagner sehr wohl in Redner-Uptime und in Rapport zum Publikum. Er zeigt allerdings permanent den Satir-Typ des Anklägers. Der *Ankläger* symbolisiert körperliche Stärke und Dominanz. Seine Bewegungen sind asymmetrisch und stark nach vorne gebeugt. In der Reinform des Anklägers zeigt der Zeigefinger der Hand, die von der nach vorne geneigten Körperhälfte kommt, auf die Person, die »schuldig« gesprochen wird. Dies ist eine starke Methode, um Uneinigkeit zu demonstrieren. Kickl formuliert Werturteile, ohne zu sagen, wer dieses Werturteil abgibt, wie z.B. die Aussage: »Es ist ungeheuerlich, Zustimmung und Vertrauen einzufordern ...« Die Formulierung »Es ist ungeheuerlich, ...« gibt uns keinen Aufschluss darüber, wer es behauptet, dass es ungeheuerlich sei. Damit schließt sich der Redner selbst aus diesem Werturteil aus und distanziert sich somit selbst von dieser gemachten Aussage. Das vermindert die wahrgenommene Glaubwürdigkeit. Was auch immer so ungeheuerlich sei, wird daher nicht als dermaßen ungeheuerlich wahrgenommen. Die Inhalte von Kickls Reden sind in großem Maße von Werturteilen geprägt, die sich durch das linguistische Sprachmuster des *»Verlorenen Performatives«* ausdrücken, wo ein Werturteil formuliert wird, ohne zu sagen, von wem dieses Werturteil ursprünglich kommt.

Beate Meinl-Reisinger zeigt ebenfalls den Satir-Typ des Anklägers, jedoch im Vergleich zu Herbert Kickl in einer eher abgeschwächten Form, was an ihrer weichen und weiblichen körperlichen Haltung zu bemerken ist. Sie bringt in ihren Reden ebenfalls Werturteile im Sprachmuster des

»Verlorenen Performatives«. Sie sagt z.B. »Es ist höchst bedauerlich, welches Bild wir abgeben.« Wer bewertet das Bild als »bedauerlich«, das wir abgeben? Diese Information fehlt. Sie schließt sich aus diesem Werturteil aus, wie Herbert Kickl es tut, und distanziert sich hiermit von ihren eigenen Aussagen. Das vermindert auch bei ihr die wahrgenommene Glaubwürdigkeit.

Norbert Hofer hingegen wirkt entspannt und eher wehmütig und müde. Sein Satir-Typ ist der des *Levelers*. Seine Redner-Uptime ist jedoch nicht erkennbar. Rapport zum Publikum ist wenig vorhanden, da sein Energielevel als eher gering wahrgenommen wird. Er macht tendenziell den Eindruck, dass er mehr mit sich selbst beschäftigt ist, als auch gleichzeitig mit den Zuhörern. Dies lässt sich, im Gegensatz zu Sebastian Kurz, daran erkennen, dass Hofers Blick tendenziell nach unten in Richtung seiner Unterlagen gerichtet ist.

Sebastian Kurz und Norbert Hofer zeichnen sich aus, indem sie ganze Sätze sprechen, die grammatikalisch richtig und wohlgeformt sind. Sie verwenden Intonation, um zwischen Aussage, Frage und Aufzählung zu unterscheiden. Versprecher kommen de facto nicht vor. Ihre Intonationsmuster erlauben es, der Satz- und Gedankenstruktur zu folgen. In der Analyse der Reden werden wir das noch genauer betrachten.

Pamela Rendi-Wagner verspricht sich relativ häufig und macht inhaltliche Fehler, die ihren Aussagen eine ungewollte Bedeutung geben, nämlich das Gegenteil von dem, was sie offensichtlich sagen wollte. Aus ihrer Rede zum Misstrauensantrag sei hier folgendes Beispiel genannt: »Ihre Vorgangsweise ist einzigartig in der Geschichte der zweiten Republik. Es ist ein schamloser, es ist ein zügelloser und verantwortungs*voller* Griff nach Macht, den wir hier sehen.« An dieser Stelle kann wohl nur »ein verantwortungs*loser* Griff« gemeint gewesen sein. Ihre Tonlage wirkt aufgeregt.

Herbert Kickls Tonlage wirkt ebenfalls sehr aufgeregt.

Beate Meinl-Reisinger hingegen spricht ohne Punkt und Komma in einem Fluss, und macht – zumindest in den von mir beobachteten – Redebeispielen viele grammatikalische Fehler und Fallfehler. Sie widerspricht sich auch immer wieder inhaltlich, wie z.B. »Es gibt in dieser Republik tendenziell zu viel Taktiererei, ... als zu wenig« oder »... es muss Politiker geben, die sich freiwillig der Kontrolle unterwerfen ...« Ich glaube weder, dass sie Taktiererei als gut befindet noch, dass sich nicht *alle* Politiker der Kontrolle unterwerfen müssten. Unpräzise Aussagen dieser Art könnten das Zuhören eher schwierig und anstrengend machen.

Die Bedeutungen, die wir Aussagen generell geben, hängen, wie wir bereits wissen, vom Kontext ab. Es ist der Rahmen, eben der Kontext, der Aussagen eine Bedeutung gibt. Weiter vorne habe ich von Bedeutungsrahmen oder Frames gesprochen. Was in einem Kontext vorteilhaft ist, kann in einem anderen Kontext zum Nachteil sein. Die Bedeutung eines jeden Ereignisses hängt also vom Rahmen ab, in den wir es setzen und in dem wir es wahrnehmen. Wochenlanger Regen kann für die Landwirtschaft gut und notwendig sein, für den Sommertourismus jedoch weniger. Landwirtschaft ist in diesem Beispiel ein möglicher Rahmen, in dem das für sich selbst völlig bedeutungslose Naturereignis Regen gesehen werden kann, Sommertourismus ist ein anderer Rahmen. Wir können Aussagen, Erlebnissen und Naturereignissen beliebige Rahmen geben, und so die Bedeutung der Aussage *framen*.

Sebastian Kurz gibt den Rahmen mithilfe des 4MAT-Systems vor, wie wir noch im Detail sehen werden. Er erklärt am Beginn jeder Rede, *warum* sein Publikum ihm zuhören soll, warum es jetzt gerade wichtig ist, warum jetzt etwas zu tun ist und warum etwas ein Problem ist. Er setzt durch Verwendung unterschiedlicher rhetorischer Rahmen, wie *Ziele-*,

Ökologie- und *Übereinstimmungsrahmen,* seine Aussagen in den von ihm gewünschten Kontext.

Durch Verwendung des Ziele-Rahmens werden mögliche Ergebnisse danach beurteilt, ob sie einen dem Ziel näherbringen. Der Ökologie-Rahmen betrachtet die Langzeitwirkungen. Er beurteilt Ergebnisse im Hinblick auf eine größere Bedeutung und fragt, welche Auswirkungen auf Beruf, Familie und Freunde es geben könnte. Es werden die Folgen bedacht und es wird überprüft, ob unterschiedliche Interessen zusammenpassen. Er verwendet den Übereinstimmungsrahmen, um Einigung zu erzielen. Dies kombiniert er geschickt mit dem Sprachmuster des »Pacens derzeitigen Erlebens« und dem *Sprachmuster des »Gedankenlesens«*. Beim Sprachmuster des »Gedankenlesens« wird vorgegeben, die Gedanken einer anderen Person zu kennen, ohne zu sagen, woher man dies weiß. Kurz verwendet das Muster des Gedankenlesens stets zum Vorteil seines Publikums. Er sagt z.B.: »Liebe Freunde, ich verstehe, dass ihr jetzt ... seid.« Die konsequente Anwendung des 4MAT-Systems erleichtert deutlich die passende Verwendung von rhetorischen Rahmen an der richtigen Stelle.

Wie wir gleich sehen werden, werden die Sprachmuster »Pacen derzeitigen Erlebens« und »Gedankenlesen« von Rendi-Wagner, Kickl und Meinl-Reisinger tendenziell zur Konstruktion von Vorwürfen und Anschuldigungen verwendet. Rendi-Wagner sagt z.B. »Sie wollen nicht überzeugen, sie wollen erzwingen.« Kickl meint: »... Sie haben gedacht, dieses Spiel wird aufgehen, ... da haben Sie uns unterschätzt ...« Meinl-Reisinger bemerkte »... sehr viele Menschen waren der Überzeugung, dass rote Linien viel früher hätten gezogen werden müssen ...«

Im Gegensatz zu Sebastian Kurz sind Pamela Rendi-Wagners Aussagen fast immer im Problem-Rahmen. Sie ruft viele negative Emotionen auf, die im weiteren Verlauf ihrer Reden stehen bleiben und nicht aufgelöst werden. Sie verwendet sehr häufig Negativformulierungen, die im Kopf ihrer Zuhörerschaft Bilder entstehen lassen, die sie ja gerade vermeiden möchte, wie z.B. Ungleichbehandlung, Lohnschere und Gewalt gegen Frauen. Diese negativen Bilder bleiben ebenfalls stehen und werden nicht aufgelöst. Diese Auflösung wäre Aufgabe zumindest des *Wie*-Teils des 4MAT-Systems, das allerdings, wie wir bereits wissen, von Rendi-Wagner nicht verwendet wird.

Herbert Kickls Aussagen sind ebenfalls tendenziell im Problem-Rahmen zu finden. Er verwendet auch das Sprachmuster des Gedankenlesens. Er gibt also ebenfalls vor, die Gedanken anderer Menschen zu kennen, um ihnen, aus diesen von Kickl vermuteten Gedanken, reale Vorwürfe zu konstruieren.

Norbert Hofer spricht im Wesentlichen über sich selbst und seine Vorhaben und Pläne, ohne diese in einen Kontext zu setzen. Er überlässt den Kontext seiner Zuhörerschaft. Das ist für den Redner ein gewisses Risiko, wenn er einen geeigneten Kontext, in dem seine Zuhörerinnen und Zuhörer seine Botschaft verstehen sollten, nicht definiert. Das Publikum generiert seine eigenen, unterschiedlichen, Kontexte, die mit dem beabsichtigten Kontext des Redners sehr wahrscheinlich nichts zu tun haben oder möglicher Weise sogar gegenteilig sind. In Bezug auf die Nahverkehrsmilliarde könnte ein möglicher Kontext sein: »In Zusammenhang mit dem Thema des Umweltschutzes tut es mir sehr leid, dass eines meiner Hauptprojekte offengeblieben ist. …« Vielleicht sieht es Hofer jedoch in einem ganz anderen Kontext, wie z.B. im Zusammenhang mit Beschäftigungspolitik? Ob aus Umweltaspekten oder aus Beschäftigungspolitik betrachtet, macht eine Nahverkehrsmilliarde unterschiedlich Sinn. Wir wissen nicht, wie er es meinte, da er es nicht sagte.

Sebastian Kurz verwendet in jeder seiner Reden das Sprachmuster des »Primings«. *Priming* ist eine Form des Framings, mit dem Bezugs- und Bedeutungsrahmen gesetzt werden. Der Kontext wird vor oder am Beginn einer Rede so gesetzt, damit das Publikum in den gewünschten emotionalen Zustand versetzt wird. Es soll im weiteren Verlauf der Rede, oder auch danach, Zustimmung zu geben und ein bestimmtes Verhalten zeigen. Beim Priming wird ein innerer emotionaler Zustand aufgerufen, auf den später referenziert wird. Lob und Anerkennung zu geben ist eine Varianten von Priming.

In jeder seiner Reden bedankt sich Sebastian Kurz bei bestimmten Personen. Diese Personen haben in der Vergangenheit ein Verhalten gezeigt, von denen Kurz möchte, dass sie dies in der Zukunft wieder tun, und zwar verlässlich. Indem öffentlich Dankbarkeit gezeigt wird und das Verhalten der Person, der gedankt wird, auch beschrieben wird, ebenso wie der Auslöser, der zu diesem Verhalten geführt hat, wird dieses Verhalten geprimed. Kommt also diese Person wieder in die gleiche oder in eine ähnliche Situation wie früher, so wird sie mit hoher Wahrscheinlichkeit wieder das gleiche Verhalten zeigen, das sie ursprünglich gesetzt hat und wofür ihr in der Rede gedankt wurde. Keiner der anderen Redner verwendet dieses hochwirksame Muster.

Sebastian Kurz beginnt darüber hinaus jede seiner Reden mit einer positiven Nachricht. Dies ist ebenfalls eine Form des Primings. Nachfolgende schlechte Nachrichten werden so im Lichte der vorhergehenden positiven Nachricht als weniger negativ wahrgenommen. Dies stärkt außerdem die wahrgenommene Kompetenz des Redners.

Als Einziger, wenngleich auch eher selten, setzt Sebastian Kurz außerdem das Storytelling-Format des Animationsunternehmens Pixar ein. Geschichten erzeugen Emotionen. Geschichten erlauben es, das Unbewusste des Publikums anzusprechen und zu erreichen. Geschichten hören fast alle gerne. Durch die Geschichten, die uns als Kind erzählt worden sind, haben wir begonnen, die Welt zu begreifen. Sie stimulieren unsere Kreativität und bilden eine Form des Primings. Zusätzlich können sie uns an die guten Zeiten unserer Kindheit erinnern, wo wir sicher waren, alles erreichen zu können. Er nutzt Storytellings, um die von ihm gewünschten Emotionen bei seinen Zuhörern wachzurufen.

Sebastian Kurz nutzt die Kraft von Metaphern wie keine der anderen Personen, deren Reden in diesem Buch analysiert worden sind. Metaphern sind nicht nur ein Element der Sprache, sondern auch des Denkens und der Kognition. Metaphern sind, so wie Geschichten, in der Lage zu framen und somit Bedeutung zu geben. Sie sind auch in der Lage, Bedeutung zu verändern und zu transformieren. Metaphern bestimmen unsere Wahrnehmung, unser Denken und unser Handeln. Metaphern werden von Kurz zur Darlegung und Offenlegung seiner Denk- und Wertekonzepte benutzt. In seiner Regierungserklärung vom Dezember 2017 bringt er die Metapher »Veränderung schafft Hoffnung.« Das ist zweifelsfrei eines seiner politischen Denkkonzepte, die sein Handeln bestimmen. Auch wenn es »nur« ein guter Slogan wäre, den er immer wieder wiederholt, entspringt es aus innerlichen Denkmustern. Metaphern erlauben es und sie helfen dabei, das Verhalten dieser Personen zu prognostizieren.

Sebastian Kurz erläutert in seinen Reden klar, welche seine Werte sind. Er erläutert sogar sehr ausführlich, was ihm wichtig ist. Schon in seiner Regierungserklärung verweist er auf die Werte Veränderung, Vertrauen, Versprechen, Verantwortung, Respekt, Anstand und Hausverstand. Wir wissen: Werte bestimmen, wie Menschen handeln. Die Erwartungshaltungen, die Menschen in die Erfüllung ihrer eigenen Werte setzen, sind die Triebkräfte ihres menschlichen Handelns. Hohe Werte sind für Menschen unerschütterliche Richtlinien, nach denen sie werten und handeln. Kurz gibt diese Informationen im *Was*-Teil des 4MAT-Systems. Genau dort, wo sie hingehören und es dem 4MAT-System entspricht.

Sebastian Kurz agiert immer nach den Prinzipien Höflichkeit, Offenheit und Autokratie. Wer höflich ist, legt die

Basis als freundlich, herzlich, taktvoll, aufrichtig, standhaft, fair, zivilisiert und einfühlsam wahrgenommen zu werden. Höflichkeit ist erforderlich, um aufrichtiges Interesse an der anderen Person zu zeigen. An Sebastian Kurz' Verhalten ist besonders auffällig, dass er anderen Rednern stets seine volle Aufmerksamkeit schenkt, seinen Blick auf den Redner richtet und fokussiert ist. Er ist besonders höflich. Das könnte jedoch auch ein Grund sein, dass er von vielen als »clean« und »glatt« bezeichnet wird.

Offenheit drückt sich einerseits dadurch aus, dass eine Person in ihrer Führungsposition authentisch, ehrlich und transparent ist, ihre Gedanken und Gefühle mit anderen teilt und anderen zur Verfügung steht. Andererseits fördert Offenheit ein Klima, das es anderen erlaubt, ihrerseits ebenfalls offenherzig zu sein. Autokratie bedeutet im Umfeld von Spiral Dynamics, einem Rahmen für das Verständnis dynamischer gesellschaftlicher Kräfte, die Führung und Verantwortung zu übernehmen. Es bedeutet zu wissen, wer verantwortlich ist und es bedeutet, bereit zu sein, persönliches Risiko einzugehen. Bei Sebastian Kurz hat man den Eindruck, dass er innerhalb der neuen ÖVP eine angemessene Autokratie, eine Selbstherrschaft, innehat, die von Höflichkeit und Offenheit, von Klarheit und Fokus, begleitet ist.

Pamela Rendi-Wagner ist mutig und sie setzt sich gegenüber ihren Parteifreunden durch. Sie wirkt jedoch in vielen ihrer Reden hingegen tendenziell unhöflich, verschlossen und unautokratisch, was nicht notwendig wäre. Sie beginnt ihre Rede zum Misstrauensantrag am 27. Mai 2019 mit dem erwähnten massiven Rapportbruch zu Sebastian Kurz. Sie begrüßt alle Anwesenden im Plenarsaal, außer ihn. Sie spricht, als wäre er nicht im Raum. Es ist keine emotionale Beziehung hergestellt, weder eine positive noch eine negative Beziehung zur Person Kurz. Es ist vergleichsweise so wie bei einer Veranstaltung, wenn man mit anderen Leuten um einen Tisch steht. Erst wenn man zueinander »Hallo« gesagt hat, gibt es einen gegenseitigen Bezug. Den hat Rendi-Wagner in besagter Rede bewusst oder unbewusst außen vorgelassen.

Alle Rednerinnen und Redner, auch Sebastian Kurz, verwenden im Hohen Haus eine tendenziell auditiv-digitale Sprache. Dies bedeutet, dass Wörter verwendet werden, die Abläufe, Logik und Funktionen beschreiben. Beispiele dafür sind: interessant, offensichtlich, speziell, typisch, denken, verstehen, systematisch, optimal, ökologisch, usw. All diese genannten Wörter haben eine gemeinsame Eigenschaft: Wir können sie mit keinem unserer Sinneskanäle wahrnehmen. Also weder sehen, hören, fühlen, riechen oder schmecken. In diesem Sprachgebrauch kommen keine sinnesspezifischen Wörter vor. Ein Satz ohne sinnesspezifische Wörter ist z.B. »Die Nahverkehrsmilliarde hilft, andere Städte vor den Problemen, so wie Wien sie hatte, zu bewahren.« Diese Art zu sprechen ist anerzogen und wir lernen sie in Schule und auf Universitäten. Wenn wir auditiv-digitale Wörter hören, fällt es uns schwer, innere Bilder zu malen, innere Geräusche oder Töne zu hören oder innere Gefühle zu spüren. Viel mehr noch, der Redner überlässt es dem Zuhörer, welche inneren Bilder, Geräusche, Töne und Gefühle generiert werden. Auditiv-digitale Sprache wird als emotionslos wahrgenommen.

Besser wäre es, als Redner in sinnesspezifischer Sprache zu sprechen. Dies geschieht, wenn wir Wörter verwenden, die dem visuellen, dem auditiven und dem kinästhetischen Sinneskanal zuzuordnen sind. Beispiele für visuelle Wörter sind: sehen, farbig, bunt, Perspektive, überblicken, usw. Beispiele für auditive Wörter sind: hören, klingen, einstimmen, Harmonie, flüstern. Beispiele für kinästhetische Wörter sind: fühlen, packen, Berührung, fest, sandig, warm. Die obige Aussage zur Nahverkehrsmilliarde könnte unter Verwendung sinnesspezifischer Wörter lauten: »Durch den überlegten Einsatz einer Nahverkehrsmilliarde könnten wir sehen, wie wohltuend sich unsere Landeshauptstädte entwickeln könnten, so wie wir das in Wien bereits erlebt haben und neue bunte Ideen von sich hören lassen.«

Jeder Mensch präferiert einen dieser Sinneskanäle und hört auf diesem Kanal »besser«. Redner sollten daher Wörter aus allen vier »Repräsentationskanälen« – visuell, auditiv, kinästhetisch und auditiv-digital – nutzen, um besser verstanden werden zu können. Verwendet man Wörter nur eines der genannten Repräsentationskanäle, kommt die Botschaft bei den restlichen geschätzten 75% einfach nicht an. Das wäre vergleichbar mit einem Radiosender, der auf einer Frequenz sendet, die nur 25% aller Radiogeräte empfangen könnten. Egal, wie stark die Sendeleistung wäre, für 75% ist kein Empfang möglich. Auffallend war bei Sebastian Kurz allerdings, dass er in seiner Rede vor seinen Parteifreunden am Abend des 27. Mai 2019 sehr wohl viele kinästhetische Wörter benutzte, was er im Parlament nicht macht.

Das Album unserer Referenzen – das Motivations-/Informations-Inventory

Vom ersten Moment unseres Lebens, und vermutlich sogar viel früher, machen wir individuelle Erfahrungen, die wir in einem unendlich umfangreichen »Album« sammeln. Schon im Mutterleib haben wir begonnen, Erfahrungen zu sammeln. Und dieses Sammeln setzt sich fort in unserer Kindheit, Schul- und Jugendzeit und in unserer Zeit der Berufsausbildung. Jeden Tag kommen neue Erfahrungen dazu. Und bei jeder neuen Erfahrung, die wir machen, suchen wir in unserem Album nach Referenzen, wie wir uns »damals« verhalten haben, um es jetzt genauso nochmals zu machen, oder um Neues zu lernen. Dieses, unser spezifisches eigenes, Album wird im Laufe des Lebens zu einer Referenz für uns selbst, zu einer Art Anleitung für zukünftiges Verhalten. Wir können also mithilfe dieses Albums vorhersagen, wie wir uns in zukünftigen Situationen verhalten werden. Alle unsere Eigenheiten, unsere Vorlieben und unser Charakter sind darin aufgezeichnet und festgehalten.

Dieses Album ist unser Unbewusstes. Ein enormer Tiefenspeicher, der all unsere Erfahrungen enthält, und eine enorme Rechenleistung aufweist. Wir können uns leicht vorstellen, dass jeder Mensch einzigartig und spezifisch ist, dass jeder Mensch im Laufe seines Lebens unterschiedlichste Erfahrungen gemacht hat und noch machen wird.

Damit wir uns in unserem Album leichter zurechtfinden, ist es sinnvoll, Inhalte zu strukturieren und nach gewissen Kriterien zu ordnen. Die NLP-Spezialistin Leslie Cameron-Bandler hat als Ergebnis ihrer Forschungsarbeiten eine Struktur geschaffen, die sie als The Emprint Method® bezeichnet. Diese Struktur geht in ihrer ersten, ursprünglichen Form auf die Arbeiten des Schweizer Psychiaters Carl Gustav Jung, der als Begründer der analytischen Psychologie gilt, zurück. Bei Jung sind es grundlegende Verhaltensmuster, die Menschen unbewusst zeigen. Er unterscheidet zwischen extrovertiert versus introvertiert, Denktypus versus Fühltypus, Wahrnehmer versus Beobachter und Intuitiv-Typ versus Empfindungstypus. Diese acht grundlegenden Muster werden als »einfache Meta-Programme« bezeichnet. Sie finden sich z.B. wieder in Meyr-Briggs Persönlichkeitstypen und anderen Persönlichkeitstest, die u.a. bei Personaleinstellungen verwendet werden. Leslie Cameron-Bandler hat diese weiterentwickelt und an die 60 unterschiedliche »komplexe Meta-Programme« entwickelt. Rodger Bailey, Anthropologe und Linguist, hat daraus das Language and Behavior Profil® (LAB) abgeleitet, und diese an die 60 unterschiedliche Meta-Programme aus der The Emprint Method® auf 15 Muster reduziert. Für die Analysen in diesem Buch ziehe ich 16 Meta-Programme heran, indem ich zu den 15 Mustern aus LAB noch eines aus der Emprint Method®, das mir in unserem Zusammenhang wesentlich erscheint, ergänzt habe.

Meta-Programme laufen vollkommen unbewusst ab. Alle Sinneseindrücke, unser Verhalten, unser Sprachgebrauch, was uns motiviert und wie wir Informationen verarbeiten, läuft durch diese Programme. Über die Art und Weise, wie wir sprechen, geben wir unsere Meta-Programme preis. Spricht jemand in der Form zu uns, wie es unseren eigenen Meta-Programmen entspricht, dann »springen« wir an. Wir können gar nicht anders. Spricht jemand gegensätzlich zu unseren Meta-Programmen zu uns, nehmen wir es im Extremfall nicht einmal wahr.

Für dieses Buch habe ich Sebastian Kurz und seine politischen Gegner auf 16 dieser Meta-Programme hin untersucht. Basis sind die in diesem Buch analysierten Reden.

Meine Ergebnisse habe ich wie folgt aus den in diesem Buch analysierten Reden zusammengetragen: Sebastian Kurz und Herbert Kickl sind absolut proaktiv. Sie ergreifen Initiative und gehen die Dinge an. Im Gegensatz dazu erscheinen Pamela Rendi-Wagner und Norbert Hofer eher reaktiv zu sein. Sie analysieren und sie überlegen. Sie warten eher darauf, dass jemand anderer Initiative ergreift, auf die sie dann gerne aufspringen. Beate Meinl-Reisinger ist hier eher in der Mitte zwischen proaktiv und reaktiv einzuschätzen. Sie ergreift durchaus proaktiv Initiative und ist in der Durchführung eher reaktiv.

Kurz ist, was die Richtung seiner Motivation betrifft, jemand, der auf etwas zugeht. Er ist auf ein Ziel fokussiert, er spricht davon, was gewonnen und erreicht werden kann. Rendi-Wagner, Kickl, Hofer und Meinl-Reisinger sind teils/teils. Einen großen Teil ihrer Redezeit verwenden sie dazu, um auf Probleme aufmerksam zu machen, von denen man sich endlich entfernen muss. Sie sprechen viel von Dingen, die vermieden werden sollen, und weniger von Dingen, die erreicht werden sollen.

Kurz, Kickl und Meinl-Reisinger sehen als Quelle ihrer Motivation ihre internen Normen. Sie beurteilen die Qualität ihrer Arbeit mehr oder weniger selbst. Rendi-Wagner und Hofer sind mehr durch das Urteil äußerer Quellen motiviert, indem sie das Urteil anderer benötigen und ihre Bewertungskriterien von außen beziehen. Das äußert sich z.B. dadurch, wie Rendi-Wagner über die Zusammenarbeit mit ihrer Vorgängerin Sabine Oberhauser und ihre Berufung zur Frauen- und Gesundheitsministerin spricht. Bei Hofer sind es Aussagen wie: »Ich glaube, es war eine sehr beliebte Regierung, ...«

Kurz denkt in Optionen und Möglichkeiten, das hält ihn motiviert. Etwas auf eine neue Art und Weise zu erledigen und neue Ideen zu diskutieren, haben ein große Anziehungskraft auf ihn. Rendi-Wagner und Kickl hingegen sind durch Prozeduren und Abläufe motiviert. Sie sind mehr daran interessiert, was genau und wie genau etwas gemacht wird. Werden Regeln infrage gestellt, umgestoßen oder erneuert, können sie dies als persönlichen Angriff werten. Hofer und Meinl-Reisinger hingegen sind durch Optionen und durch Prozeduren gleichermaßen motiviert. Sie sprechen sowohl von Möglichkeiten, die ergriffen werden sollten, als auch von Abläufen, die als notwendig erachtet werden.

Wie eine Person auf Veränderungen reagiert, beschreibt das folgende Meta-Programm. Kurz und Kickls Entscheidungsfaktoren für Veränderung beruhen auf Unterschiedlichkeit. Sie möchten tiefgreifende Veränderungen und sehen diese als notwendig an, um ihre eigenen Werte zu erfüllen. Rendi-Wagner hingegen bevorzugt eher Gleichheit mit nur wenigen, graduellen und schrittweisen Veränderungen. Hofer und Meinl-Reisinger hingegen mögen Veränderung. Sie sind auch zufrieden, wenn sich Dinge einfach entwickeln. Revolutionäre und evolutionäre Veränderungen sind in gleicher Weise in Ordnung.

Kurz, Kickl und Hofer ziehen es vor, den Überblick zu haben und auf der konzeptuellen Ebene zu arbeiten. Rendi-Wagner bevorzugt mehr die Detailebene. Meinl-Reisinger ist hier eher in der Mitte anzusiedeln, sie hat gerne einen Überblick und geht an für sie interessante Stellen durchaus ins Detail.

Kurz und Hofer konzentrieren sich, wenn es um den Vergleich mehrerer Dinge geht, auf Ähnlichkeiten und Übereinstimmungen. Sie fühlen sich dadurch auf sicherem Boden. Rendi-Wagner und Meinl-Reisinger hingegen sehen mehr die Unterschiede zwischen den Dingen, sie sehen zuerst die Ungleichheiten und das Unberechenbare. Das gibt ihnen ein Gefühl der Unsicherheit. Kickl ist hier eher in der Mitte einzuordnen, er sieht Gleichheiten und Unterschiede gleichermaßen.

Kurz' Richtung seiner Aufmerksamkeit ist auf die Menschen in seiner Umgebung gerichtet. Er reagiert mit seiner Mimik und Gestik automatisch auf das Verhalten anderer und nimmt deren Reaktionen wahr. Rendi-Wagner, Kickl, Hofer und Meinl-Reisinger hingegen haben ihre Aufmerksamkeit auf sich selbst gerichtet. Sie brauchen Inhalte, um überzeugt zu sein und sie tun sich tendenziell eher schwer, Rapport aufzubauen.

Kurz, Kickl und Hofer reagieren auf normale berufliche Belastungen kognitiv und nicht emotional. Rendi-Wagner hingegen reagiert emotional. Sie reagiert mit einem Gefühl und bleibt während des gesamten relevanten Zeitraums bei diesem Gefühl. Dies ist erkennbar in Gestik, Mimik, Stimmlage, Tonlage und Geschwindigkeit des Sprechens. Meinl-Reisinger hingegen reagiert auf normale berufliche Belastungen flexibel. Sie entscheidet, wie emotional sie auftreten möchte.

Kurz' Arbeitsstil basiert auf Beteiligung. Personen mit diesem Muster möchten klare Verantwortungen und sie brauchen andere, die an ihren Aufgaben beteiligt sind und diese umsetzen. Rendi-Wagner, Hofer und Meinl-Reisingers Arbeitsstil ist kooperativ. Sie möchten mit anderen arbeiten und Verantwortung teilen. Kickls Arbeitsstil ist unabhängig. Er möchte alleine arbeiten und Verantwortung tragen.

Kurz und Hofer sind in Bezug auf ihre Arbeitsorganisation personenbezogen. Sie achten auf Gefühle und Gedanken. Sie sprechen über Menschen und Emotionen. Rendi-Wagner und Kickl sind, was ihre Arbeitsorganisation betrifft, objektbezogen. Sie konzentrieren sich auf Werkzeuge, Aufgaben und Systeme. Sie sprechen über Prozesse und Ziele, Personen sind werden tendenziell zu Objekten und Teilen von Prozessen. Meinl-Reisinger ist teils personen- und teils objektbezogen.

Wenn es um Verhaltensregeln geht, gestehen Kurz und Hofer den Menschen die »Jedem das seine«-Perspektive zu, gemäß dem Motto Meine/Deine – »Meine Regeln gelten für mich und deine Regeln gelten für dich.« Rendi-Wagner, Meinl-Reisinger und Kickl zeigen eher das Muster Meine/Meine – Meine Regeln gelten für mich und meine Regeln gelten genauso für dich. Diese Personen glauben, dass das, was für sie gut ist, auch für andere gut ist. Sie glauben, dass alle Menschen ähnlich sind.

Kurz verwendet den Sinneskanal des Hörens, um überzeugt zu werden. Er hört auf das, was gesagt wird. Er sammelt diese Informationen eine Zeit lang, bevor er entscheidet. Rendi-Wagner und Meinl-Reisinger müssen etwas sehen, um überzeugt zu werden und zu sein. Sie brauchen diese Informationen immer und immer wieder. Kickl und Hofer müssen etwas tun oder erleben, um überzeugt zu werden oder zu sein. Sie müssen diese Informationen eine bestimmte Anzahl wiederholt präsentiert bekommen.

Spiral Dynamics

Spiral Dynamics ist neben der Chaos- und Systemtheorie einer der größten Durchbrüche im Umgang mit Komplexität. Spiral Dynamics stellt einen neuen Rahmen da, um dynamische gesellschaftliche Prozesse zu verstehen und vorherzusagen. Egal, ob in Wirtschaft, Kulturen oder in der Politik. Dieses System wurde durch jahrzehntelange empirische Forschungsarbeiten und praktische Anwendungen entdeckt und erforscht. Der Begründer ist der amerikanische Psychologieprofessor Clare W. Graves.

In diesem spiralförmigen System ist dynamisch einiges los. Es unterscheidet acht »Meme«, die auf einer Spirale angeordnet sind. Ein Mem ist laut Mem-Theorie ein Bewusstseinszustand und eine Denkweise. Ein Mem spiegelt eine Weltsicht, ein Wertesystem, ein Glaubenssystem, ein Organisationsprinzip und eine Form der Anpassung an die Umwelt wider. Es ist also die Art und Weise, wie und unter welchen Gesichtspunkten jemand oder eine Gruppe seine bzw. ihre Wahrnehmungen bewertet und handelt.

Um zu zeigen, wie unterschiedlich Menschen eine Situation bewerten und danach handeln könnten, folgendes Beispiel: Nehmen wir an, vor uns auf dem Tisch liegt ein saftiger roter Apfel. Jemand, der ums Überleben kämpft, würde sich die Frage stellen, wie kann ich diesen Apfel an mich reißen? Jemand anderer könnte sich die Frage stellen, was kostet mich dieser Apfel und ist er es wert? Ein Dritter könnte fragen, wer würde sich trauen, mir diesen Apfel streitig zu machen – wohl niemand? Ein Vierter könnte fragen, passt der Apfel in unser System, hat er die richtige Größe und das entsprechende Gewicht, sodass es auch sinnvoll ist, ihn als Apfel zu bezeichnen? Ein Weiterer könnte die Frage stellen, was bringt mir der Apfel, welches Geschäft könnte ich daraus aufbauen? Der Nächste könnte fragen, ist es für alle in Ordnung, wenn wir diesen Apfel teilen und ich mir auch ein

Stück nehme? Ein Weiterer könnte fragen, wie dieser Apfel zum Gelingen seines Lebens und zu seiner Spiritualität beitragen könnte. Die nächste Person könnte fragen, wie es gelingen könnte, allen Menschen einen so wunderbaren Apfel zur Verfügung zu stellen. Ein Apfel – acht Meme – acht unterschiedliche Fragen.

Menschen, Organisationen, Staaten und Kulturen bewegen sich entlang dieser Spirale auf und ab, verlassen Meme, nähern sich an benachbarte Meme an und oder verweilen in ihrem Mem, je nachdem, welche dynamischen Kräfte wirksam sind. Meme erscheinen in dieser Welt so wie Wellen an einem Strand, sowohl in Lebensabschnitten einzelner Personen als auch in Gruppen, Gemeinden, Organisationen und Staaten. Aus Sicht dieser oben genannten Ordnungen erscheinen Meme, sie bleiben und sie gehen.

Beginnen wir mit dem untersten Mem, das als Kennfarbe die Farbe *Beige* hat. Es repräsentiert das überlebensorientierte Individuum. Es ist in lockeren Verbänden organisiert und es sucht nach Überlebensmöglichkeiten.

Sobald das eigene Überleben funktioniert, beginnen die Menschen, in Clans zusammenzuarbeiten. Diese Ebene hat die Kennfarbe *Purpur.* Menschen sind in stammesähnlichen Gruppen organisiert. Das Grundprinzip ist die Reziprozität. Heute helfe ich dir, morgen hilfst du mir. Zahn um Zahn, Aug um Aug. Man ist miteinander verbunden, um Sicherheit zu erlangen.

Menschen, die nun beginnen, sich die Frage zu stellen »Wer ist eigentlich der Stärkste hier?«, entwickeln sich weiter zum Ich-bezogenen Häuptling mit der Kennfarbe *Rot.* Häuptlinge kämpfen, um die Kontrolle um jeden Preis zu bewahren, egal mit welchen Konsequenzen. Sie wollen jetzt den schnellen Gewinn. Das rote Mem beherrscht den Clan.

Doch manche Häuptlinge beginnen, sich die Sinn-Frage zu stellen. Sie gelangen zu Strukturen, die versprechen, Sinn zu geben. Es ist das Mem mit der Kennfarbe *Blau,* das rechthaberische Wir. Rechthaberisch bedeutet, dass das Gesetz im Recht ist. Was uns die Regeln sagen, das gilt und ist wahr. Das blaue Mem ist pyramidenförmig strukturiert und es basiert auf zielbewussten Kontrollprozessen, die sehr autoritär sein können. Die Menschen opfern sich auf, um später den versprochenen Lohn, zum Beispiel das ewige Leben, zu erhalten. Es herrschen Prinzipien des richtigen Lebens, die behaupten zu wissen, wie ein Leben zu führen ist. Es gibt den Menschen Bedeutung, Kraft und Sinn.

Menschen beginnen sich nun zu fragen, wie sie das blaue System am besten für sich nutzen können. Das *orange* Mem, das strategische Selbst, ist in Formen von Delegation gestaltet. Es basiert auf leistungsfähigen Prozessen und Abläufen. Es ist materialistisch organisiert, es sucht nach dem guten Leben. Es zielt darauf ab, das Leben durch den Einsatz von Technologie zu verbessern.

Leistungsorientierte Menschen, die vielleicht schon einige Burn-outs hinter sich haben, beginnen sich zu fragen, worum es wirklich im Leben geht. Das *grüne* Mem ist ein gemeinschaftliches Wir. Es stellt Beziehungen in den Fokus. Es basiert auf Erfahrungs- und Konsensprozessen. Menschliche Beziehungen, soziale Netzwerke und Harmonie stehen im Vordergrund. Es geht darum, das innere gemeinschaftliche Selbst zu erkunden und in Selbsterfahrung zu entdecken, was wirklich wichtig ist.

Diese sechs Meme sind die Meme der ersten Ordnung. Sie sind von den Ängsten der Überlebensebenen geprägt Vertreter der Memes erster Ordnung, der Überlebensebenen, verstehen einander nur sehr eingeschränkt. Sie sprechen unterschiedliche »Sprachen«.

Die Meme zweiter Ordnung sind die Meme der Seins-Ebenen. Erst Vertreter der Meme zweiter Ordnung sind in der Lage, alle Meme erster Ordnung zu verstehen und auch so zu sprechen, dass sie von allen Memen erster Ordnung verstanden werden.

Wenn Menschen im grünen Mem beginnen, sich nach persönlicher Spiritualität zu sehnen, kommt das *gelbe* Mem. Es ist das erste Mem der zweiten Ordnung. Das gelbe Mem ist der Anfang eines neuen Paradigmas. Es ist flexibel und integrierend. Es drückt sich dadurch aus, dass es weiß, was es will. Alle sollen profitieren. Es fokussiert auf Funktionalität, auf Konsequenzen und auf Selbstinteresse, ohne die anderen zu beschränken. Menschen sind dadurch motiviert, dass sie lernen und verstehen können und dürfen, und auf keinen Fall durch Bezahlung oder durch Bestrafung.

Vertreter des gelben Memes beginnen sich die Frage zu stellen, wie Spiritualität für alle erreicht werden kann. Das *türkise* Mem ist erreicht. Es ist holistisch und global. Es verbindet Menschen und Organisationen durch spirituelle Bande. Jeder ist selbst für die Folgen seines Handelns verantwortlich.

Menschen im türkisen Meme werden sich ebenfalls Seins-Fragen zu stellen beginnen und das *korallfarbene* Mem erreichen. Nach aktuellem Forschungsstand sind uns diese Fragen jedoch noch nicht bekannt.

Wo auf der Spirale sich Menschen, Organisationen, Gesellschaften und Staaten bewegen, ist abhängig vom Kontext, den wir betrachten. Ein Unternehmer kann im Zuge seiner geschäftlichen Tätigkeiten sehr stark im orangen Mem verankert sein, während er im Kreise seiner Familie aus dem grünen Mem agiert. Im Laufe der Zeit, wenn dynamische Kräfte wirksam werden, wie ein drohender Konkurs oder eine bevorstehende Trennung, bewegen sich Menschen die Spirale abwärts und sie verändern ihre Denkweisen und Handlungsmuster. Wirken jedoch positive dynamische Kräfte, bewegen wir uns einzeln oder als Gruppe die Spirale hinauf. Hier kann es jedoch im Zuge solcher Übergänge zu Blockaden kommen und Meme treten zueinander in Wettbewerb. Erziehung und unsere Kultur sind ebenfalls wesentliche Rahmenbedingungen dafür, aus welchem Mem heraus Menschen und Gruppen agieren.

Aus welchem Mem heraus jemand agiert, ist vollkommen losgelöst von der Intelligenz oder von der Bildung dieser Person. Mem und Bildung sind voneinander unabhängig und getrennt zu betrachten.

Obwohl Clare W. Graves zu der Zeit, als er den einzelnen Memes Farbcodes zugeordnet hat, sicherlich keinen Bezug zur österreichischen Parteienlandschaft hatte, so ist die Korrelation aus meiner Sicht verblüffend.

Dies war nur eine kurze Einführung in Spiral Dynamics. Betrachten wir nun das Handeln einiger Politikerinnen und Politiker aus dem Blickwinkel der Spiral Dynamics – ich finde, dies ist sehr aufschlussreich für eine Bewertung des Auftritts. Selbstverständlich beruhen diese Einschätzung auf meiner subjektiven Beurteilung.

Sebastian Kurz agiert aus dem gelben Mem. Er ist in der Lage, alle Memes in seine Reden einzubeziehen. Es geht ihm um Verstehen und Begreifen. Er zeigt Höflichkeit, Offenheit und Autokratie. Die Farbe Türkis wurde aus meiner Sicht von der neuen ÖVP bewusst gewählt. Kurz weiß, was er will, und alle in der Bevölkerung sollen davon profitieren. Dass es nicht immer so verstanden wird, könnte daran liegen, dass er einzelne Begriffe verwendet, die in den unterschiedlichen Memes unterschiedliche Wertigkeiten haben. In der Regierungserklärung verwendet er zum Beispiel 17 Mal den Begriff »Versprechen«. Er meint es aus dem gelben Mem heraus, als jemand, der immer das Beste im Menschen sieht. Ein Versprechen zu geben, hat für Kurz einen hohen Stellenwert. Er geht davon aus, dass dies für alle anderen Menschen genauso gilt. Das ist allerdings nicht der Fall. Das Gelbe Mem ist nicht naiv, es ist natürlich auch nicht perfekt und es hat seine Feinde und Widersacher. Dennoch ist es bestrebt, integrierend zu wirken und umfassende Perspektiven einzubringen. Kommt das gelbe Mem in Bedrängnis, so wird das Weggehen aus der Gefahrenzone als gute Strategie gesehen. Als Beispiel kann in diesem Punkt angeführt werden, dass Sebastian Kurz nach der Abwahl seiner Regierung eben nicht als Abgeordneter in den Nationalrat einzog. Das war bislang übliche Praxis und wurde von allen auch so erwartet.

Beate Meinl-Reisinger hingegen agiert tendenziell aus dem grünen Mem heraus. Es geht ihr um ein gemeinschaftliches Wir, um menschliche Beziehungen und um einen Konsensprozess. Sie ist damit am nächsten zu Kurz, und dennoch ein Stück weit entfernt. Das grüne Mem hat noch Angst. Es hat Angst vor gesellschaftlicher Ablehnung. Es ist auch noch damit beschäftigt, das innere Selbst zu erkunden. Die tendenzielle und vergleichsweise unstrukturierte Verwendung von Sprache deuten darauf hin. Das grüne Mem sucht Konsens und den mitfühlenden Menschen. Kurz könnte für Meinl-Reisinger einen mitfühlenden Menschen repräsentieren, doch seine auditiv-digitale Sprache im Nationalrat wirkt emotionslos. Das grüne Mem akzeptiert passende Autokratie, wenn alle ihren Anteil und ihren Nutzen haben. Es wird eine fürsorgliche soziale Gesellschaft gesucht. Wenn das grüne Mem auf Barrieren stößt, wird es in eine rigide Haltung persönlicher Heiligkeit und politischer Korrektheit verfallen und arrogant die Ziele eines jeden Einzelnen in Zweifel ziehen. Meinl-Reisingers Rede zum Misstrauensantrag gegen die Regierung Kurz am 27. Mai 2019 ist ein gutes Beispiel dafür.

Norbert Hofer hingegen agiert aus dem orangen Mem. Es ist das klassische Mem des Unternehmertums. Er spricht von Strategien, strategischen Prozessen und Abläufen. Es geht ihm darum, das Leben durch den Einsatz von Technologien zu verbessern. Das orange Mem ist leistungsorientiert und weitgehend emotionslos. Er hält Ausschau nach besonderen Zeichen, die ihn persönlich weiterbringen. In seiner Rede zum Misstrauensantrag gegen die Regierung Kurz am 27. Mai 2019wirkt es, als würde er versuchen, die Wortwahl des Bundespräsidenten zur aktuellen politischen Lage Österreichs zu imitieren. Das orange Mem hat Angst vor Autonomieverlust. Wenn das orange Mem auf Barrieren stößt, wird es was immer nötig ist, um zu gewinnen, auch tun, und zwar völlig unaufgeregt.

Herbert Kickl hingegen agiert aus dem blauen Mem. Es geht ihm fortlaufend um Struktur- und Systemverletzungen, die andere begangen haben sollen. Das blaue Mem verkörpert das rechthaberische Wir. Es ist strukturiert und basiert auf zielbewussten Kontrollprozessen. Es herrschen Strukturen des gerechten Lebens. Aus Kickls Sicht hat Kurz blaue Gesetze gebrochen und die Ordnung gestört. Kickl bezieht sich daher auf moralische Positionen, die er in seinen Reden mit Werturteilen begründet. Da es sich um Positionen des Systems handelt, wird in Kickls Argumentation nicht auf die Person Bezug genommen, die das Werturteil abgegeben hat. Somit distanziert er sich persönlich und ungewollt davon. Blau braucht autokratische Führung als Stimme einer höheren Macht. Das verlangte Ausscheiden Kickls aus der Regierung wurde als blauer Systembruch gewertet. Kickls Verhalten ist aus Sicht des blauen Memes sehr gut nachvollziehbar. Blau hat Angst vor dem Bruch der Gesetze und vor der Störung der Ordnung. Wenn Blau auf Barrieren stößt, wird es auf einen Kreuzzug für die »gerechte Sache« ziehen, Inquisition und Hexenjagd fördern, den Feind verteufeln und die »wahren Patrioten« vergöttern. Kickls Rede zum Misstrauensantrag gegen die Regierung Kurz vom 27. Mai 2019 sei hier als Beispiel genannt.

Pamela Rendi-Wagner hingegen agiert tendenziell aus dem purpurnen- und dem roten Mem. Sie verwendet viele Sprachmuster der Reziprozität, entsprechend »Wie du mir, so ich dir …« oder »Sie haben nicht, deswegen machen wir …«. Das ist typisch für das purpurne Mem. In diesem Mem, im Clan, ist es normal, für die Seinen zu sorgen. Rendi-Wagner sieht sich vermutlich selbst so, dass es für sie nur mithilfe des Clans möglich geworden ist, die »sprichwörtlich gläserne Decke« zu durchbrechen. Sie signalisiert damit, im roten Mem des Häuptlings angelangt zu sein. Dass die erste Möglichkeit, die Regierung Kurz zu stürzen, wahrgenommen wird, ist anhand von Spiral Dynamics leicht nachvollziehbar. Gelbe Spiritualisten sind für rote Häuptlinge unbegreiflich und bedrohlich. Sie haben Angst, ihre rote Macht zu verlieren. Wenn das rote Mem auf Barrieren trifft, dann rennt es entweder mit »voller Kraft voraus« oder es wehrt sich mit Händen und Füßen, und es »macht auch keine Gefangenen«. Der schnelle Sieg zählt, ohne alle Konsequenzen bedacht zu haben. »Volle Kraft voraus« zeigt sich auf Rendi-Wagners-Facebook-Seite *www.facebook.com/pamela.rendi.wagner* mit dem Slogan »Nach vorn. Für Österreich.« oder auf *www.pamelarendiwagner.at* mit dem Slogan »Ich will das Leben der Menschen besser und gerechter machen. Dafür renne ich und ich bitte euch: Rennen wir gemeinsam.« (Stand vom 8. Juni 2019)

Natürlich gibt es immer verschiedene Zugänge. So könnte auch überlegt werden, ob ein Misstrauensantrag nicht auch selbst ein Missbrauch von Macht gewesen sein könnte. Macht kann man nur missbrauchen, wenn man sie hat. Das war hier definitiv der Fall. Das rote Mem stellt sich solche Fragen nicht, da die Angst vor Angreifern es übermannt. Gleichzeitig wiegt das purpurne Mem weiter nur das Für und Wider der Aktion und der eigenen Position ab, was dem grundlegenden Verhalten von Reziprozität entspricht. Man kommt damit nicht weiter und es kostet viel Zeit. Reziprozität entspricht psychologischen Nullsummen. Nullsummen beschreiben in der Spieletheorie Situationen, in denen die Summe aller Gewinne und Verluste aller Spieler gleich Null ist. Es erfolgt kein Zugewinn und lähmt. Es braucht möglicherweise einen radikalen Schritt oder Schnitt, um diese verfahrene Situation, diesen gordischen Knoten, zu lösen. Wie sagte schon Albert Einstein: »*Probleme können nicht auf derselben Ebenen, auf denen sie entstanden sind, gelöst werden.«*

Auch unsere Gesellschaft, die Bevölkerung und jeder Einzelne von uns agiert aus bestimmten Meme heraus. Die konsequente Anwendung des HOA-Prinzips der Höflichkeit, der Offenheit und der Autokratie verspricht, alle Meme anzusprechen. Nämlich so anzusprechen, dass sich diese jeweils verstanden fühlen.

Denn wer zumindest höflich ist, kann auch als freundlich, herzlich und taktvoll wahrgenommen werden. Höflichkeit führt im Purpur-Mem dazu, dass sich diese Menschen sicher und zugehörig fühlen. Im roten Mem fühlen sich die Menschen respektiert. Im blauen Mem erkennen sie das Vorhandensein von Güte und Anstand. Im orangen Mem fühlen sie sich nicht bedroht oder infrage gestellt. Im grünen Mem empfinden Sie die Gegenwart eines mitfühlenden Menschen. Im gelben Mem schätzen die Menschen ein unaufdringliches freundliches Klima, wo Wissbegier und die Fähigkeit, sich zu wundern, zur Norm gehören. Im türkisen Mem können sich die Menschen frei erforschen, ohne sich lächerlich zu machen.

Offenheit drückt sich durch Ehrlichkeit, Transparenz und Authentizität aus. Bei großer Offenheit fühlen sich die Menschen im Pupur-Mem sicher genug, um ihre Ängste zu äußern. Im roten Mem können sie ihre Gedanken äußern, ohne verurteilt, bestraft oder abgekanzelt zu werden. Im blauen Mem können sie moralische Positionen beziehen und Schwierigkeiten in klaren Bahnen vertreten und diskutieren. Im orangen Mem können sie einen Standpunkt vertreten und diskutieren, ohne lästig zu sein. Im grünen Mem fühlen sie sich ermutigt, die Gefühle eines jeden anzuerkennen. Im gelben Mem können sie sagen, was zu sagen ist und im türkisen Mem können sie sich mit der ganzen Bandbreite an Erkenntnisquellen verbinden, ohne um Erlaubnis fragen zu müssen.

Autokratie bedeutet im Umfeld von Spiral Dynamics Führung und Verantwortung zu übernehmen. Menschen im Purpur-Mem haben gerne einen starken Häuptling aus dem Kreis des Stammes und des Ältestenrates. Das rote Mem akzeptiert nur durchsetzungsfähige Härte. Das blaue Mem möchte die Stimme der gerechten höheren Macht hören. Das orange Mem blüht mit beschleunigtem Handeln und persönlicher Initiative auf. Das Grün-Mem akzeptiert Autokratie, die Nutzen bringt. Das Gelb-Mem fühlt sich wohl mit funktionaler Flexibilität und kompetent gesteuerten Systemen. Das türkise Mem beginnt damit, die Erfordernis vereinigter Kontrolle zu erkunden.

Was wir von der Rhetorik der Politprofis lernen können

Als *Zuhörerinnen* und *Zuhörer* dürfen wir lernen, viel mehr auf die Form von Sprache zu achten. Sie gibt uns Gelegenheit, viel mehr über den Redner zu erfahren, als dies nur über den Inhalt möglich ist. Ja, zugegeben, es bedarf einiger Übung, auf alle diese Muster gleichzeitig zu achten. Doch es ist möglich. Gleichzeitig sind wir dadurch in die Lage versetzt, uns vor rhetorischen Angriffen und vor Kampfrhetorik zu schützen. Nur wer diese Muster kennt, kann sie auch erkennen und entsprechend handeln.

Wenn Sie Vortragende oder Vortragender sind, lade ich Sie ein, beim Design ihrer zukünftigen Reden verstärkt auf die Form zu achten. Probieren Sie das 4MAT-System aus. Sie werden merken, es macht Ihre Rede viel leichter verständlich. Achten Sie auf Ihr Wertesystem und darauf, was Sie tatsächlich ausdrücken möchten. Sagen Sie, was Sie konkret wollen. Verwenden Sie Sprachmuster und versetzen Sie Ihr Publikum in die gewünschten emotionalen Zustände.

Sprechen Sie in allen vier Repräsentationskanälen. Nutzen Sie Metaphern und Storytelling. Seien Sie mit Ihrem Publikum zu jeder Zeit in tiefem Rapport verbunden. Nutzen Sie kraftvolles Energiemanagement, um stets in Redner-Uptime zu sein. Folgen Sie dem HOA-Prinzip, leben Sie Höflichkeit, Offenheit und passende Autokratie. Ihr Publikum ist gekommen, um von Ihnen geführt zu werden. Stellen Sie sich dieser Verantwortung und nehmen Sie sie wahr. Es liegt immer eine Gelegenheit direkt vor uns, die Welt ein Stück besser zu machen. Ergreifen wir sie!

Analyse – Reden von Sebastian Kurz

Wodurch hebt sich die Rhetorik von Sebastian Kurz nun konkret besonders von der anderer ab? Was macht er richtig? Wo hat er noch Potenzial? Was verrät er uns über seine Denkmuster? Woran könnte es liegen, dass er bei der Bevölkerung so gut ankommt, wie dies die aktuellen Umfragewerte vermuten lassen? Und warum kommt er bei anderen Teilen der Bevölkerung ganz anders an, nämlich glatt und berechnend? Diesen Frage gehe ich in diesem Teil nach. Dazu habe ich einige seiner Auftritte ausgewählt, die meiner Meinung nach besonders typisch und aussagekräftig sind. Ich zerlege dabei die einzelnen Abschnitte und gehe auf einzelne Passagen jeweils gesondert ein und zeige, worauf es in der Analyse ankommt.

Ob die verschiedenen Verhaltensweisen und rhetorischen Werkzeuge, die Sebastian Kurz verwendet, zufällig sind, ihm in die Wiege gelegt worden sind oder durch seine Berater ausgeklügelt und auf den Punkt genau entwickelt worden sind, entzieht sich meiner Kenntnis. Ich kann nur sagen, wie sich Sprachmuster und Verhaltensweisen tendenziell auf das Publikum auswirken können. Daher analysiere ich die Reden aus Sicht des Publikums, ohne konkret auf den politischen Inhalt einzugehen. Zu bemerken ist, dass sich die Kurz-Rhetorik in seiner Zeit als Bundeskanzler deutlich entwickelt hat.

Die Rhetorik, die Kunst der Rede, ist vom sachlichen Inhalt der Rede entkoppelt und davon grundsätzlich unabhängig. Ich enthalte mich daher jeder politischen Bewertung des Inhalts. Inwieweit Sie, als Leser oder Leserin, die politische Inhalten bewerten, ist alleine Ihnen überlassen.

Ein kleiner Hinweis: Die kursiven Texte sind Transkripte der YouTube-Videos, deren Quelle. Ich habe so genau wie möglich transkribiert. Sprach- und Grammatikfehler sind daher 1:1 wiedergegeben. Im Einzelnen geht es um folgende Reden:

- Regierungserklärung vom 20. Dezember 2017
  https://www.youtube.com/watch?v=3h57R5migao
- Rede im Nationalrat am Tag des Misstrauensantrags, dem 27. Mai 2019
  https://www.youtube.com/watch?v=BmN8boSJi5Q
- Rede in der ÖVP Akademie nach der Abwahl der Regierung Kurz am Abend des 27. Mai 2019
  https://www.facebook.com/sebastiankurz.at/videos/294616291427638/

Start als Bundeskanzler – Regierungserklärung am 20. Dezember 2017

Bevor wir uns mit der Rede selbst beschäftigen, betrachten wir den Gesamteindruck, den er bei dieser Rede auf mich macht: Sebastian Kurz ist von Beginn an in Redner-Uptime, er ist auf sich und gleichzeitig auf sein Publikum fokussiert. Er ist in Rapport zu seinem Publikum, da er eine emotionale Verbindung aufgebaut hat. Der gezeigte Satir-Typ entspricht dem Leveler, seine Körperhaltung ist gerade und aufrecht, mit beiden Beinen fest verwurzelt am Boden stehend. Seine Bewegungen sind symmetrisch zur Körperachse, er bewegt beide Arme im Wesentlichen spiegelgleich.

Er folgt während der gesamten Rede dem HOA-Prinzip: Höflichkeit – Offenheit – Autokratie.

> *Sehr geehrter Herr Bundespräsident! Sehr geehrter Herr Präsident des Nationalrates! Meine sehr geehrten Damen und Herren Abgeordnete! Vor allem aber liebe Österreicherinnen und Österreicher!*

Begrüßung kann mehr als eine Floskel sein. Mit dem banalen kleinen Wort »aber« in »Vor allem aber liebe Österreicherinnen und Österreicher« stellt er die Österreicherinnen und Österreicher vor die zuerst begrüßten Politikerinnen und Politiker. Das bedeutet, dass er die Rede primär an die Bevölkerung richtet. Das wird in der Folge auch deutlich, da die im Raum anwesenden Menschen kaum direkt angesprochen werden. Dies ist tendenziell ungünstig und wurde ihm auch in den Reden des Misstrauensantrags vom 27. Mai 2019 zum Vorwurf gemacht.

> *Am 15. Oktober hat Österreich, am 15. Oktober haben Sie, liebe Österreicherinnen und Österreicher, eine Richtungsentscheidung getroffen. Sie haben sich für Veränderung entschieden, für einen neuen Weg und damit auch für neue Chancen in unserem Land.*

Die Aussage »... Sie haben eine Richtungsentscheidung getroffen ...« ist als Priming zu werten. Es generiert den Grundtonus einer Zustimmung zu »Wir als Regierung treffen richtige Entscheidungen. Ich habe die richtigen Minister ausgewählt. Die Koalition mit der FPÖ ist die richtige Entscheidung.«

Er bringt die Metapher: »Veränderung sind Chancen.« Veränderung wird mit Chancen gleichgesetzt, obwohl diese beiden Begriffe unmittelbar nichts miteinander zu tun haben. Kurz legt damit offen, dass er jede Veränderung als Chance betrachtet.

Ich möchte mich heute nochmals für das große Vertrauen bedanken, das uns am 15. Oktober geschenkt wurde. Und ich möchte mich noch einmal bei Ihnen bedanken, dass Sie uns Ihre Stimme gegeben haben. Ich verspreche Ihnen, wir werden damit behutsam umgehen.

Das Priming geht weiter, kombiniert mit einem Eingebetteten Befehl »... dass Sie uns ihre Stimme (ge)geben ...«. Der Zuhörer hört: »Dass Sie uns Ihre Stimme geben.« Damit initiiert er bei den Zuhörern den Impuls, auch im weiteren Verlauf der Rede ihre Zustimmung zu geben. Das Einbetten von Befehlen kann absichtlich geschehen, oder auch nur ein Zufall sein. Davon unabhängig zeigt es seine Wirkung beim Zuhörer auf unbewusste Art und Weise. Es ist vollkommen klar, dass manche Menschen mehr und andere weniger darauf ansprechen. Wichtig ist, dass Sie, liebe Leserinnen und Leser, diese Muster bewusst wahrnehmen können, um bewusst entscheiden zu können, ob Sie dem »Befehl« folgen wollen oder eben nicht.

Ich möchte heute aber auch die Gelegenheit nutzen und mich ganz herzlich bei Bundespräsident Alexander Van der Bellen dafür bedanken, dass er die Regierungsverhandlungen der letzten beiden Monate stets gut begleitet hat und mit Rat und Tat und da und dort auch mit Anregungen zur Verfügung gestanden ist und vor allem aber auch dafür, dass er uns am Ende sein Vertrauen geschenkt hat. – Vielen Dank, Herr Bundespräsident.

Sich bei Van der Bellen zu bedanken ist Priming inklusive des Eingebetteten Befehls an den Bundespräsidenten, dies auch weiter zu tun. Wenn wir davon ausgehen, dass der Priming-Effekt über Monate anhält und in der Zwischenzeit Kurz die Gelegenheiten nutzte, um mit Van der Bellen eine vertrauensvolle Beziehung aufzubauen, dann konnte Van der

Bellen in Zukunft gar nicht anders, als seine Unterstützung auch tatsächlich vor dem Misstrauensantrag vom 27. Mai 2019 weiterhin zu geben, und zwar mit Nachdruck und Aufruf an die Parteien, seinem Wunsch nachzukommen. Dass der Misstrauensantrag trotzdem erfolgreich durchgeführt wurde, liegt wohl daran, dass die Interessen anderer Parteien überwogen haben. Wie sich dies unter Anwendung von Spiral Dynamics erklären ließe, haben wir bereits in einem früheren Kapitel besprochen.

Ganz besonders möchte ich mich heute aber auch bei den bisherigen Mitgliedern der Bundesregierung bedanken, bei all jenen, die in den letzten vier Jahren Verantwortung in Österreich getragen haben, bei all jenen, die in der Regierung ihren Beitrag geleistet haben. Stellvertretend für alle Mitglieder der Bundesregierung möchte ich hier Christian Kern und Wolfgang Brandstetter herausstreichen und möchte allen auch Danke sagen für die professionelle Übergabe, die in den letzten Tagen in den Ministerien stattgefunden hat. – Vielen Dank.

Hier weckt Kurz mit dem Überraschungsmoment der Danksagung an die ehemalige Regierung positive Emotionen bei den Mitgliedern der ehemaligen Regierung. Christian Kern ist dies deutlich anzusehen. Dieser Überraschungseffekt ist perfekt gelungen. Einige SPÖ Abgeordneten werden während Kurz' Regierungserklärung immer wieder Beifall spenden.

Sehr geehrte Damen und Herren! Veränderung schafft Hoffnung. Sie macht manchmal auch Reibung notwendig. Veränderung schafft Chancen, und sie schafft mancherorts auch Unsicherheit. Veränderung ist etwas, über das man immer unterschiedlicher Meinung sein kann, aber Veränderung ist nichts, das sich aufhalten lässt. Die Welt, die hat sich massiv verändert. Wir betreten heute ein völlig neues Spielfeld mit neuen Spielern in aller Welt, mit neuen Regeln und vor allem auch mit neuen Geschwindigkeiten. Insbesondere Globalisierung, Digitalisierung und Mobilität haben unser Österreich nicht nur verändert, sie werden unser Land immer stärker verändern.

Kurz bringt mit »Veränderung schafft Hoffnung« eine weitere Metapher, die er im obigen Absatz erläutert und mit der Passage »… ein neues Spielfeld mit neuen Spielern …« als Beispiel bringt. »Veränderung schafft Unsicherheit« und »Veränderung macht Reibung« werden als zusätzliche Metaphern gebracht. Veränderung, Chance, Reibung und Unsicherheit werden gedanklich gleichgesetzt. Unsicherheit bleibt damit in den kommenden Monaten von zentraler Bedeutung, da Kurz Veränderung mit Verunsicherung verknüpft hat. Kurz erklärt uns hier, dass Unsicherheit und Reibung aus seiner Sicht ganz normale Vorgänge sind. Dieses Verhalten hat er im Laufe der Zeit immer wieder bestätigt, wenn er zu fragwürdigen Verhaltensweisen seines Regierungspartners FPÖ schwieg und sich nach dem Ibiza-Video ebenfalls lange mit seinen Aussagen zurückhielt. Ob dies absichtlich so formuliert wurde, um ihm Zeit für Überlegungen zu geben, bevor er an die Öffentlichkeit geht, bleibt offen. Wir sehen hier als schönes Beispiel, dass Metaphern wertvolle Informationen geben, wenn es darum geht, Vorhersagen über zukünftiges Verhalten einer Person zu treffen.

Als Bundesregierung verfolgen wir daher gemeinsam ein klares Ziel: Wir wollen auf diesem neuen Spielfeld Österreich wieder einen Platz an der Spitze ermöglichen. Wir wollen ein Comeback für Österreich schaffen, auf das wir gemeinsam stolz sein können und von dem alle in unserem Land profitieren. Wir glauben an unser Österreich. Wir glauben vor allem auch an die Menschen in unserem Land, und wir glauben daran, dass eine positive Zukunft vor uns liegt.

Kurz verwendet den Ziele-Rahmen. Er sagt klar, was er erreichen will und welchen Nutzen es bringt. Kurz kombiniert ihn mit dem Ökologie-Rahmen, indem er sagt: »Wir glauben daran, dass eine positive Zukunft vor uns liegt.« Das generiert Zustimmung. Er bringt damit auch ein klares *Warum* für notwendige Veränderung. Es erinnert an Donald Trumps »America First«. Leopold Figls Weihnachtsansprache »Glaubt an dieses Österreich« die er im Jahr 1945 im Radio gehalten hat, könnte als Grundlage für diese Passage gedient haben.

Österreich und seine Menschen haben in der Vergangenheit immer wieder gezeigt, dass wir oft mehr können, als man uns zutraut, und manchmal haben wir sogar bewiesen, dass wir mehr können, als wir uns selbst zutrauen.

Obige Aussage ist wieder Priming und die Einleitung für das nun laufende Storytelling-Format. Es gibt ein Gefühl des berechtigten Zutrauens und der Kraft, die vor uns liegenden Anstrengungen zu meistern. Als Beweis dafür bringt er die Nachkriegszeit.

Sehr geehrte Damen und Herren! Nach 1945 haben unsere Vorfahren aus den Trümmern dieser Republik unser Land wieder aufgebaut. In den 70er-Jahren ist es gelungen, einen Sozialstaat zu schaffen, um den wir in aller Welt beneidet werden. In den 2000er-Jahren ist es uns gelungen, dass in Deutschland viele der Meinung waren, Österreich sei das bessere Deutschland. Zu jedem Zeitpunkt war es nicht nur die Politik, waren es nicht nur die Politiker, die Visionen vorgegeben haben, Ziele vorgelegt haben und sich engagiert und eingebracht haben, es waren vor allem die Menschen in unserem Land, die durch harte Arbeit ihren Beitrag geleistet haben und die unser Land dorthin gebracht haben, wo es heute steht.

Storytelling kommt zum Höhepunkt. Es sind immer die Menschen und auch die Politiker, die die Helden unseres Landes sind.

Und als Vertreter der jüngeren Generation möchte ich heute all jenen Danke sagen, die in unserer Geschichte einen Beitrag geleistet haben, dass wir so dastehen, wie es heute der Fall ist.

Kurz zollt somit als Vertreter der jüngeren Generation der älteren Generation Respekt, und er wird diesen Wert später in dieser Rede von den Menschen aller politischen Lager einfordern. Aus der Nachkriegsgeschichte bringt Kurz nun folgende Lernerfahrungen:

Die Politik hat vor allem aber die Verantwortung, Richtungsentscheidungen zu treffen, nicht falsch abzubiegen und alles zu tun, dass die Entwicklung auch in Zukunft eine positive ist. Und gerade in den letzten Jahren waren Entwicklungen in unserem Land nicht immer zum Positiven, und die eine oder andere Entscheidung hat nichts Gutes für unser Land gebracht. Gerade die Flüchtlings- und Migrationskrise hat dazu geführt, dass sich die Sicherheitssituation, aber auch das Zusammenleben in Österreich, zum Negativen entwickelt hat.

Die neu gewählte Bundesregierung ist somit die logische Konsequenz aus der bisherigen Geschichte Österreichs:

So stehen wir heute hier als neu gewählte Bundesregierung und bitten Sie, liebe Österreicherinnen und Österreicher, vor allem um eines, nämlich um Ihr Vertrauen, diesen neuen Weg gemeinsam mit uns zu gehen. Darauf freuen wir uns und darum bitten wir Sie.

Hier wurde das Storytelling Format des Animationsunternehmens Pixar angewendet und »übersetzt« sagt Kurz im Grunde: Es war einmal vor langer Zeit die Nachkriegszeit des Zweiten Weltkriegs. Jeden Tag haben die Österreicherinnen und Österreicher das Land aufgebaut. Als an einem Tag jemand sagte, Österreich sei das bessere Deutschland, wurden überraschend neue Energien freigesetzt. Deshalb ist unser Land da, wo es heute steht, trotz aller Probleme und falschen Entscheidungen. Daher bedanke ich mich als Vertreter der jüngeren Generation bei den Politikern. Es sind die Politiker, die die Richtungsentscheidungen zu treffen haben. Nun endlich stehen wir hier vor Ihnen als neu gewählte Bundesregierung, und wir haben gelernt und werden Österreich noch besser machen.

Das am Beginn der Rede gemachte Priming, dass die Österreicherinnen und Österreicher die richtige Entscheidung getroffen haben, wird jetzt gezogen und ausgespielt.

Dem Vertrauen, um das wir Sie ersuchen, möchte ich als Bundeskanzler vor allem auch mit einem Versprechen begegnen: Ich verspreche Ihnen, unseren Weg werden wir als Bundesregierung nicht beendet haben, bevor Österreich nicht noch besser dasteht, als es heute dasteht. Wir werden alles tun, um Chancen, die sich uns bieten, zu nutzen, und um vor allem aber bei Fehlentwicklungen gegenzusteuern. Ich verspreche Ihnen, unseren Weg nicht beendet zu haben, bevor arbeitenden Menschen in Österreich nicht wieder mehr zum Leben bleibt.

Im obigen Absatz wird ein klarer Ziele-Rahmen gesetzt. Kein einziger Angriff auf die vergangene Regierung. Kurz offenbart seine Überzeugung: Es gibt keine Fehler, es gibt nur Feedback.

Im folgenden Teil erläutert Kurz, *was* infolge zu tun ist. Dieser *Was*-Teil wurde durch den vorhergehenden *Warum*-Teil gut eingeleitet. Der *Warum*-Teil gibt die Begründungen für die nun folgenden Ausführungen im *Was*-Teil.

> *Daher ist es unser Ziel, die Steuer- und Abgabenquote in Richtung 40 Prozent zu senken, damit die Menschen, die arbeiten gehen, nicht die Dummen in unserem Land sind, und wir haben uns vorgenommen, hier ganz besonders bei den niedrigen und mittleren Einkommen anzusetzen. Die erste Maßnahme wird die Entlastung der Niedrigverdiener in unserem Land sein.*

Ein weiterer Punkt, *was* getan werden wird:

> *Unser Weg wird aber auch nicht beendet sein, bevor unsere Sozialsysteme nicht wieder wirklich treffsicher sind. Wir streben hier eine Veränderung bei der Mindestsicherung an, um Ungerechtigkeiten im System zu beenden.*

»Unser Weg wird auch nicht beendet sein, …« beinhaltet eine Negativformulierung, die bereits ein Ende impliziert. Ein Ende wird dadurch in den Köpfen der Zuhörer präsent, da das Wort »beendet« zuerst wahrgenommen werden muss, bevor es mit dem davorstehenden »nicht« in Zusammenhang gebracht werden kann. Geschickter wäre zu sagen »Unser Weg wird so lange weitergehen, bis unsere Sozialsysteme wieder wirklich treffsicher sind. Wir streben Veränderungen bei der Mindestsicherung an, um das System wieder gerecht zu machen.«

Unser Weg wird auch nicht beendet sein, bevor es nicht wieder mehr Ordnung und Sicherheit in unserem Land gibt. Unser klares Ziel ist hier der ordentliche Schutz der Außengrenzen auf europäischer Ebene und der Kampf gegen die illegale Migration.

Die Formulierung »Unser klares Ziel ist hier der ordentliche Schutz ... und der Kampf gegen die illegale Migration« ist vage. Es ist eine Kombination von einer Hinzu-Formulierung auf ein Ziel. »Unser klares Ziel ist ...« kombiniert mit einer Weg-von-Formulierung »... gegen die illegale Migration.« Ein Kampf gegen etwas sollte kein Ziel sein, könnte allerdings so verstanden werden. Unpräzise Formulierungen führen zu Missverständnissen. Es fehlen auch die Kriterien, wie wir erkennen könnten, dass das Ziel erreicht wurde. Präziser formuliert wäre es folgendermaßen: »Unser klares Ziel ist die Beendigung der illegalen Migration sowie der Schutz der Außengrenzen auf europäischer Ebene bis Jahresende 2020. Beides ist erreicht, wenn wir Folgendes feststellen können: ...« Präzise Formulierungen sind klar verständlich und nachvollziehbar.

Ich verspreche Ihnen auch, dass wir alles unternehmen werden, um eine Veränderung im Bildungsbereich zustande zu bringen, dass junge Menschen die Schule erst verlassen können, wenn sie ordentlich lesen, schreiben und rechnen können und nicht, wenn sie die Schulpflicht abgesessen haben. Nur so können wir sicherstellen, dass junge Menschen auch alle Chancen am Arbeitsmarkt haben.

Hier gilt sinngemäß der obige Kommentar. Das Ziel, dass junge Menschen auch alle Chancen am Arbeitsmarkt haben, ist schwach formuliert. Besser wäre aus meiner Sicht: »So stellen wir sicher, dass die jungen Menschen unseres Landes

Arbeitsstellen finden, die es Ihnen ermöglichen, ein Leben nach ihren eigenen Vorstellungen führen zu können.«

Und ich verspreche Ihnen, dass wir alles tun werden, um gut vorbereitet zu sein, um die Chancen der Digitalisierung für unser Land bestmöglich zu nutzen. Wir wollen die öffentliche Verwaltung ins digitale Zeitalter bringen, und wir wollen vor allem unseren Fokus auf die Einführung von 5G legen.

All das, sehr geehrte Damen und Herren, können wir tun, und all das werden wir auch tun. Als Basis dafür haben wir in den vergangenen zwei Monaten ein Regierungsprogramm ausgearbeitet, in dem auf 180 Seiten unsere Ideen und Ambitionen zusammengefasst sind.

Die obigen Punkte sind der *Was*-Teil, der die Inhalte, die Visionen und die Ziele des Regierungsprogramms beschreibt.

Im folgenden Absatz wird Priming mit eingebetteten Befehlen in Richtung FPÖ betrieben: konstruktive Verhandlungen, Partner für Umsetzung, gemeinsam zu einem Ergebnis kommen. Die FPÖ als solche, inklusive Heinz-Christian Strache, hat dies während der Dauer der Koalition, das muss man fairerweise sagen, eingehalten. Die Aufnahmen des Ibiza-Videos waren zu diesem Zeitpunkt der Regierungserklärung bereits geschehen, allerdings noch unbekannt.

An dieser Stelle möchte ich ganz besonders Heinz-Christian Strache und der Freiheitlichen Partei für die konstruktiven Verhandlungen danken, denn neben den Visionen, den Zielen und den eigenen Ideen braucht es auch einen Partner, um diese umzusetzen. Vielen Dank für die guten Verhandlungen und dafür, dass wir gemeinsam zu einem Ergebnis gekommen sind.

Jetzt folgt der *Wie*-Teil entsprechend dem 4MAT-System. Kurz erläutert, wie er das Regierungsprogramm umsetzen wird.

> *Jedes Programm, das auf den Boden gebracht werden soll, braucht vor allem eines, nämlich ein Team, das bereit ist, die Arbeit zu leisten. Und bevor Heinz-Christian Strache die Minister der FPÖ vorstellen wird, möchte ich die Möglichkeit nutzen, um die Ministerinnen und Minister der Volkspartei vorzustellen.*

> *Unser Team ist ein breiter Mix aus Erfahrung in der Politik und Erfahrung in Wissenschaft und Forschung, aus Erfahrung in der Wirtschaft, ein breites Team aus Männern und Frauen, aus Jüngeren und jung Gebliebenen, ein Team, das bereit ist, für unser Land zu arbeiten.*

Hier verrät uns Sebastian Kurz einiges über seinen Arbeitsstil. Sein Arbeitsstil basiert auf Beteiligung anderer Personen. Er möchte klare Verantwortung und er braucht andere, die er an seinen Aufgaben beteiligt. Diesen Stil zeigt er immer wieder, unter anderem auch bei Pressekonferenzen, wo der das Sagen hat, und andere fachliche Inputs bringen. Um mit Sebastian Kurz in Rapport zu gehen, also eine emotionale Verbindung aufzubauen, ist es somit hilfreich, sein Verhalten zu spiegeln und ebenso aufzutreten. Das ist ein Muster, auf das er anspringen wird, weil es seines ist. Das macht ihn aus meiner Sicht zu einem gern gesehenen Staatsmann im Ausland, und gleichzeitig macht es ihn unnahbar für jene Menschen in unserem Land, die kein ausgeprägtes Leader-Verhalten zeigen.

> *Mit Elisabeth Köstinger hat das Hohe Haus heute eine Präsidentin verloren, aber wir als Bundesregierung haben eine starke Ministerin gewonnen. Elisabeth Kös-*

tinger wird das Ressort Nachhaltigkeit und Tourismus übernehmen, in dem erstmals die Umwelt- und die Energieagenden zusammengeführt sind. Das bedeutet eine große Chance, um unsere Ziele im Kampf gegen den Klimawandel auch wirklich zu erreichen. – Liebe Elisabeth, ich freue mich auf die Zusammenarbeit.

Dass jemand, wie etwa das Hohe Haus, etwas verlieren muss, damit die Regierung gewinnt, kann als ungerechtfertigt hoher Preis für Elisabeth Köstinger verstanden werden. Aus Sicht von Spiral Dynamics, dem Rahmen zum Verständnis dynamischer Kräfte in Politik und Gesellschaft, wäre dies als Tauschhandel zu sehen. Aus meiner Sicht wären stärkere Argumente für die Wahl von Elisabeth Köstinger zu nennen.

Mit Universitätsprofessor Heinz Faßmann haben wir den ehemaligen Vizerektor der Universität Wien, einen anerkannten Wissenschaftler, den Chef des Expertenrats für Integration und damit jemanden gewinnen können, der ein sehr umsichtig agierender Mensch ist. Ich glaube, dass du alle Voraussetzungen mitbringst, um dieses so wichtige Ressort mit ruhiger Hand zu führen. Wir haben zum ersten Mal ein Ressort geschaffen, in dem die Bildung vom Kindergarten bis zu den Universitäten in einem Haus gebündelt ist, um auch den gesamten Bogen der Bildung, den wir in unserem Land anbieten können, unter einem Blick zu sehen. – Vielen Dank für deine Bereitschaft, diese Aufgabe zu übernehmen.

Mit der Formulierung »... haben wir den ehemaligen Vizerektor ..., einen anerkannten Wissenschaftler, ... und damit jemanden gewinnen können, der ein sehr umsichtig agierender Mensch ist« wird die Annahme gemacht, dass ein ehemaliger Vizerektor ein umsichtig agierender Mensch ist. Der Beweis dafür wird leider nicht erbracht. Man kann es glauben oder auch nicht. Mit der anschließenden Aussage: »Ich glaube, dass du alle Voraussetzungen mitbringst, …« zieht Kurz seine Wahl selbst ein wenig in Zweifel.

> *Mit Margarete Schramböck haben wir eine erfahrene Managerin aus Österreich gewinnen können, die in zahlreichen österreichischen Unternehmen tätig war und vor allem im Bereich der Digitalisierung über eine extreme Expertise verfügt. Wir schaffen erstmals nicht nur ein Wirtschafts-, sondern vor allem ein Digitalressort mit dem Ziel, die Verwaltung digitaler zu gestalten, aber auch mit dem Ziel, die österreichischen Unternehmen bestmöglich in dieser Zeit des Wandels zu begleiten. – Liebe Margarete, vielen Dank für deine Bereitschaft.*

Die Formulierung »… mit dem Ziel, die Verwaltung digitaler zu gestalten, aber auch mit dem Ziel, die österreichischen Unternehmen …« enthält ein »aber auch«, das einen Widerspruch signalisiert, der keiner sein sollte. Die Verwendung des Wortes »und« in der Form: »… mit dem Ziel, die Verwaltung digitaler zu gestalten, und mit dem Ziel, die österreichischen Unternehmen …« macht einfaches Verständnis möglich und bringt Ideen zusammen, die zusammengehören.

> *Josef Moser ist den meisten in diesem Haus wohlbekannt durch seine Tätigkeit als Rechnungshofpräsident. All jenen, die in der Vergangenheit Regierungserfahrung hatten, ist er nicht immer nur positiv aufgefallen, weil er stets eingemahnt hat, einen sparsamen Umgang mit dem Steuergeld zu pflegen und auch immer ein Treiber für Reform und Veränderung in unserem Land war. Ich freue mich sehr, dass du bereit bist, das Ministerium für Verfassung, Reform, Deregulierung und Justiz zu übernehmen, und bin voller Freude, mit*

dir gemeinsam die eine oder andere notwendige Veränderung in diesem Land einleiten zu können.

Mit der Aussage »... er ist nicht immer nur positiv aufgefallen, ...« mahnt er Josef Moser ab. Das ist ungünstig, da es die Autorität des neuen Ministers gleich am Beginn seiner Amtszeit untergräbt.

Hartwig Löger ist jemand, der für Verlässlichkeit steht. Er war Vorstandsvorsitzender der Uniqa Österreich und ist in Zukunft bereit, als Finanzminister auf das Steuergeld der Österreicherinnen und Österreicher aufzupassen. Gerade der sparsame Umgang mit Steuergeld ist eines der ganz großen Ziele unserer Bundesregierung. – Vielen Dank für deine Bereitschaft.

Juliane Bogner-Strauß ist nicht nur dreifache Mutter, sondern vor allem auch erfolgreiche Universitätsprofessorin, und das noch dazu an der TU in Graz. Sie hat es geschafft, sich in einer Männerdomäne durchzuboxen. – Vielen Dank für die Bereitschaft, als Ministerin für Frauen, Familie und Jugend in dieser Bundesregierung einen Beitrag zu leisten.

Ist Juliane Bogner-Strauß wirklich nur angetreten, um einen Beitrag zu leisten? Um welchen Beitrag sollte es sich handeln und welche Relevanz wird dieser Beitrag haben? Das kommt hier nicht zum Ausdruck und lässt somit Spielraum für Spekulationen.

Gernot Blümel hat auf regionaler, nationaler und europäischer Ebene politische Erfahrung gesammelt, kennt das Regierungsgeschäft durch seine Mitarbeitertätigkeit im Parlament, aber auch in diversen Regierungsbüros. Er wird nicht nur die Regierungskoordination aus-

üben, sondern übernimmt auch die Agenden für Kunst und Kultur, Medien und die europäischen Angelegenheiten. – Willkommen im Team!

Die Formulierung »Er wird nicht nur die Regierungskoordination ausüben, sondern übernimmt auch …« lässt sich, auch wenn die »Nicht nur …, … sondern auch …«-Phrase bereits verbindend wirkt, deutlich wertschätzender gestalten. Hier wäre ein verbindendes »Und« angebracht.

Mit Karoline Edtstadler haben wir eine erfolgreiche Juristin gewinnen können, die als Staatssekretärin im Innenministerium einen Beitrag leisten wird. Sie ist Oberstaatsanwältin und war zuletzt am Gerichtshof für Menschenrechte in Straßburg tätig. – Vielen Dank für die Bereitschaft, diese Bundesregierung zu verstärken.

Auch hier die Fragen, um welchen Beitrag es sich handeln soll. Kurz lässt die Zuhörer im Unklaren und somit auch die Antwort auf die Frage der Notwendigkeit dieser Position.

Die Vorstellung der einzelnen Regierungsmitglieder ließe sich für die Zuhörer und Zuhörerinnen in Form des »Krönungskommentars« spannend gestalten. Diese Form führt von einer allgemein gehaltenen Aussage hin zu einer besonderen Persönlichkeit und stellt diese Person ins Rampenlicht, und nicht die Sache. Die Form ist wie folgt: Zuerst nennt man das allgemeine Gebiet bzw. das Ressort. Anschließend die besondere Bedeutung dieses Ressort in der Regierung. Dann ein Spezifika der Person, die für das Amt ausgewählt wurde. Erst am Schluss sagt man den Namen der Person. Der eigene Name hat für jeden Menschen einen besonders wertvollen Klang. Durch die Anwendung dieser Form der Vorstellung wird auf diesen besonderen Klang hingeführt. Die Person wird gekrönt. Am Beispiel Julian Bogner-Strauß könnte dies lauten: »Sich in Männerdomänen durchzuboxen ist für viele Frauen noch immer unvorstellbar und schwer. Umso wichtiger ist es zu sehen, dass es funktionieren kann. Eine Frau hat besonders eindrucksvoll gezeigt, wie es geht, nämlich als dreifache Mutter und Professorin an der TU-Graz. Unsere neue Ministerin für Frauen, Familie und Jugend ist: Juliane Bogner-Strauß. Vielen Dank für deine Bereitschaft!«

Dass er den Krönungskommentar nicht verwendet hat, deutet darauf hin, dass er, oder seine Berater, diese Form nicht kennen oder dass es ihm diese Art der Wertschätzung nicht wert ist.

Sehr geehrte Damen und Herren! Wir haben ein starkes Team mit vielen unterschiedlichen Charakteren, aber lassen Sie mich vor allem eines festhalten: Aus meiner Sicht ist die entscheidende Frage nicht, woher jemand kommt oder in welchen Bereichen er bisher tätig war, sondern die entscheidende Frage ist, ob eine Regierung gute Arbeit für die Österreicherinnen und Österreicher leistet, ob eine Regierung Positives für die Menschen beitragen kann, für die Familien, die Unternehmer und Arbeitnehmer und vor allem auch für alle Generationen in unserem Land. Wir wollen eine Politik machen, die den Menschen wieder dient, anstatt sie zu bevormunden. Das ist unser Versprechen an die Bevölkerung in Österreich, das ist die Veränderung, die wir zustande bringen wollen.

Bei allem Willen und Mut zur Veränderung sind es vor allem drei zentrale Bekenntnisse, die uns auf diesem Weg Halt geben werden: das ist zum Ersten ein Bekenntnis zu unserer Vergangenheit, ein Bekenntnis zur Europäischen Union und ein Bekenntnis zu einem neuen Stil. Präsident Sobotka hat zuvor schon darüber berichtet, dass 2018 das bedeutsame Jahr sein wird, in dem wir viele Jubiläen gemeinsam feiern werden und wo wir auf viele Jubiläen gemeinsam auch in Trauer zurückblicken werden.

Kurz erläutert hier noch weitere Werte, die ihm im Zuge seiner Arbeit wichtig sind. Es sind dies: Vergangenheit, Europäische Union und der neue Stil. Auf den neuen Stil wird er sich in den Monaten nach dieser Rede oft beziehen. Was dieser neue Stil allerdings sein soll und wie er sich ausdrücken wird, lässt Kurz offen. Das gibt dem Publikum viele Interpretationsmöglichkeiten, die das Publikum vom Fortgang der Rede ablenken, und sehr wahrscheinlich nicht dem entsprechen, was der neue Stil in Kurz' Überlegungen wirklich sein soll.

Unsere Republik feiert ihr 100-jähriges Bestehen, aber wir werden uns auch der beschämenden und traurigen Ereignisse rund um den März 1938 erinnern. Ich möchte an dieser Stelle mich ganz herzlich bei Bundespräsident außer Dienst Dr. Heinz Fischer dafür bedanken, dass er bereit ist, die Vorbereitungen, aber auch die Abwicklung des Gedenkjahres 2018 zu übernehmen. – Vielen Dank, Herr Bundespräsident.

Kurz verwendet hier wieder ein »aber«, das ein »und« sein sollte, indem er sagt: »Unsere Republik feiert ihr 100-jähriges Bestehen, aber …«. Dass wir feiern und uns erinnern, sollte ja eben kein Widerspruch sein, als solcher wird er jedoch formuliert. Dieser formulierte Widerspruch impliziert, dass wir, nachdem wir uns an die Ereignisse rund um den März 1938 erinnern, nicht feiern können. Deshalb feiert in Kurz' Aussage auch die Republik, und nicht die Menschen. Die Ursache »Erinnern an die Ereignisse rund um den März 1938« hat die Wirkung zur Folge, dass wir das 100-jährige Bestehen der Republik nicht feiern. Ein verbindendes »und« im Sinne von »Wir erinnern uns an die Ereignisse rund um den März 1938 und wir feiern das 100-jährige Bestehen unserer Republik und wir sind uns unserer Verantwortung bewusst, …« würde das Verhältnis zu den dunklen Zeiten unserer Geschichte aufhellen und inneren Frieden stiften. Es wäre ein klares Bekenntnis, unsere Geschichte anzuerkennen und daraus zu lernen.

> *Gerade im Jahr 2018 ist es unsere Pflicht, uns auch an die dunklen Seiten unserer Geschichte zurückzuerinnern, und wir müssen die Erinnerung an den Horror des Zweiten Weltkriegs vor allem auch dafür verwenden, um davor zu warnen, dass so etwas nie wieder geschehen darf. Ich selbst habe in meiner Schulzeit das erste Mal in Ansätzen das Ausmaß des Terrors des Nationalsozialismus verstanden, im Gespräch mit Holocaustüberlebenden. Und erst einige Jahre später, in der Tätigkeit als Staatssekretär und danach als Außenminister, ist mir bewusst geworden, dass ich wahrscheinlich eine der letzten Generationen bin, die überhaupt noch die Möglichkeit gehabt hat, diese Gespräche zu führen.*

Die Formulierung »Gerade im Jahr 2018 ist es unsere Pflicht, uns auch an die dunklen Seiten unserer Geschichte zurückzuerinnern, und wir müssen die Erinnerung … vor allem auch dafür verwenden, um zu warnen, dass so etwas nie wieder geschehen darf« hat die linguistische Form eines *Fehlenden Bezugsindexes*. Es ist ein Satz, der in der Person, die ihn hört, keine Erinnerung wachruft. Die Verwendung des Musters *»Fehlender Bezugsindex«* deutet darauf hin, dass Kurz keinen Bezug zu dieser Sache hat. Die Aussage »… wir müssen …« hat die Form eines Modaloperators der Notwendigkeit, ohne dass gesagt wird, wer behauptet, dass wir müssen. Diese Formulierung kann Widerspruch generieren, weil es eine Form des Zwangs ist, und andererseits verwehrt es uns, andere Möglichkeiten zu finden, mit den Erinnerungen an den Horror des Zweiten Weltkriegs umzugehen, wie z.B. konkrete Lernerfahrungen für die Zukunft zu ziehen. Die Form der Aufarbeitung, die Kurz hier wählt, ist einschränkend, was weitere Möglichkeiten betrifft, aus unserer Geschichte zu lernen.

Im folgenden Absatz, wo er sagt: »Für uns ist eines ganz klar: …« handelt es sich von der linguistischen Form her wieder um den »Fehlenden Bezugsindex«. Wer hier genau mit »uns« gemeint ist, bleibt unbeantwortet.

> *Für uns ist eines ganz klar: Antisemitismus hat in Österreich und in Europa keinen Platz. Wir werden mit aller Entschlossenheit gegen alle Formen des Antisemitismus ankämpfen, gegen den noch immer bestehenden, aber auch gegen den neu importierten. Das wird eine wesentliche Aufgabe unserer Bundesregierung sein.*

Hier hätte Kurz seine Aussage verstärken können, indem er gesagt hätte: »Für uns alle, die wir hier im Parlament sitzen und arbeiten, ist eines klar: Antisemitismus …« Das Pacen gemeinsamen Erlebens, nämlich *wir alle sitzen hier*, verstärkt die folgende Aussage, dass Antisemitismus keinen Platz hat, und macht sich zu einem gemeinsamen Erleben. Pacen gemeinsamen Erlebens böte sich auch in den weiteren Absätzen an, wo von gemeinsamer Pflicht und Verantwortung gesprochen werden wird. Menschen, die das Gemeinsame in den Vordergrund stellen, wie zum Beispiel Rendi-Wagner, können dadurch verstärkt ins Boot geholt werden. Vermutlich hat Kurz seine Aussage so gemacht, wie er sie gemacht hat, da er keinen Bezug zu dieser geschichtlichen Zeit hat, außer einem persönliches Erleben mit einem Holocaustüberlebenden Jahre später.

Im folgenden Absatz bringt Kurz nochmals einen *Was-*

Teil. Er spricht darüber, was noch getan werden muss und welche Werte ihm wichtig sind. Das ist für mich an dieser Stelle verwirrend. Vor allem auch, weil von der Kriegs- und Nachkriegszeit schon die Rede war. Die folgenden Absätze wären im *Was*-Teil am Beginn seiner Rede besser aufgehoben, wo Kurz darüber spricht, was seine Regierung alles vorhat. In diesem vor uns liegenden letzten Teil der Rede wäre es vorteilhafter, darüber zu sprechen, wie unser Österreich nach der Umsetzung aller Maßnahmen aus den vorhergehenden *Was*- und *Wie*-Teilen nun aussehen könnte. Hier wäre Platz für Inspiration und neue Entdeckungen, der nicht genutzt wird. Das ist als Verletzung des 4MAT Formats zu werten, die bei den Zuhörerinnen und Zuhörern Verwirrung stiftet. Gerade hat er noch vom *Wie* gesprochen, wie er seine Vorhaben mit welchen Ministern umsetzen wird. Die Wie-etwas-gemacht-wird-Interessierten wollen mehr darüber erfahren, wie die nächsten Schritte aussehen und bekommen jetzt plötzlich Zahlen, Daten und Fakten präsentiert, die sie nicht interessieren. Gleichzeitig sind die hauptsächlich an Zahlen, Daten und Fakten Interessierten schon gedanklich ganz wo anders, da diese Menschen das *Wie* der Umsetzung wiederum nicht als spannend empfinden. Die *Was-Wenn*-Interessierten, die schon begonnen haben, sich Optionen und Möglichkeiten auszumalen und weitere inspirierende Ideen entwickeln wollen, werden nun nochmals mit Zahlen, Daten und Fakten gelangweilt.

> *Neben der Gründung der Ersten Republik und den Anfängen des Zweiten Weltkriegs sind es auch andere Ereignisse, derer wir im nächsten Jahr gedenken werden: 1848 wollten die Menschen in ganz Europa die Fesseln von Absolutismus und Diktatur abstreifen, 1948 wurde die immens wichtige Allgemeine Erklärung der Menschenrechte gemeinsam beschlossen, und 1968 kämpften die Bürgerinnen und Bürger in der damali-*

gen Tschechoslowakei für Selbstbestimmung, Demokratie und Meinungsfreiheit. All das, wofür die Menschen im Zuge dieser Ereignisse gekämpft haben, wird heute durch die Europäische Union abgesichert und garantiert. Gerade das Gedenkjahr 2018 zeigt uns, wie wichtig das Friedensprojekt der Europäischen Union ist und wie wichtig es ist, unsere europäischen Werte hochzuhalten.

Den obigen Absatz mit »Neben der Gründung … sind auch es auch andere Ereignisse, derer …« zu beginnen, wertet das Gesagte ab. Es wird damit zur Nebensächlichkeit. Wie bereits erläutert, ist es 4MAT Formatfehler, der die gemachten Aussagen »in der Luft hängen« lässt. Das Publikum, das die in den Videoaufzeichnungen zu sehen sind, macht auch einen eher gelangweilten Eindruck.

Auch wenn die Europäische Union, und ich gebe das gerne zu, für meine Generation mittlerweile Selbstverständlichkeit geworden ist, so ist es notwendig, dass wir uns bewusst machen, dass die Europäische Union keine Selbstverständlichkeit ist. Und es ist noch notwendiger, uns bewusst zu machen, dass es unsere Aufgabe ist, daran zu arbeiten, dass sich unsere Europäische Union auch in Zukunft zum Positiven entwickelt.

Wenn Kurz es gerne zugibt, dass die Europäische Union für seine Generation mittlerweile zur Selbstverständlichkeit geworden ist, offenbart er hier absichtlich zu generalisieren. Er formuliert eine linguistische Äquivalenz von Annahmen, nämlich die Europäische Union sei eine Selbstverständlichkeit. Im folgenden Halbsatz widerspricht er sich gleich, indem er sagt, es sei doch keine Selbstverständlichkeit. Sich widersprechende Aussagen verwirren und führen die Aussage, dass es unsere Aufgabe sei, daran zu arbeiten, dass sich unsere Europäische Union auch in Zukunft zum Positiven entwickle, ad absurdum. Die Form des Schachtelsatzes deutet ebenfalls darauf hin, dass sich der Verfasser dieser Zeilen nicht ganz klar über seine beabsichtigen Aussagen war.

> *Ich habe immer klar gesagt, dass diese Regierung eine proeuropäische sein wird, und das Programm, welches wir heute auch vorlegen, unterstreicht das. Ich habe in den ersten 48 Stunden meiner Amtszeit die drei Präsidenten des Rats, des Parlaments und der Kommission in Brüssel treffen dürfen und bereits erste Gespräche geführt, wie wir den Ratsvorsitz im zweiten Halbjahr 2018 anlegen werden.*

Die Formulierung »Ich habe immer klar gesagt, dass …« ist eine Generalisierung in der Zeit, denn »immer« kann er es nicht gesagt haben, da es Zeiten in seinem Leben gab, wo er dies nicht einmal gedacht haben kann. Formulierungen dieser Art deuten darauf hin, dass es eben nicht immer so war, und diese Tatsache unterdrückt wird. Aussagen dieser Art stimmen einfach nicht, und machen den Redner tendenziell unglaubwürdig.

Wie schon mehrfach erwähnt, dieser Teil der Rede passt hier nicht ins Format, und das macht sich bemerkbar.

> *Wir haben im zweiten Halbjahr 2018 eine große Verantwortung, nicht nur für Österreich, sondern vor allem für unsere Europäische Union. Und wir haben die Chance, das Ziel der Subsidiarität auf europäischer Ebene stärker zu verankern, sicherzustellen, dass die Europäische Union stärker wird in den großen Fragen und sich gleichzeitig zurücknimmt in kleinen Fragen, wo denen Nationalstaaten oder Regionen besser alleine entscheiden können.*

»... nicht nur für Österreich, sondern vor allem auch für unsere Europäische Union« verbindet Österreich und die Europäische Union gedanklich. »Nicht nur ..., sondern auch ...« ist ein sprachliches Muster der Gleichzeitigkeit, nämlich dass er seine Aufmerksamkeit der Europäischen Union als auch Österreich widmen wird, allerdings »vor allem« für die Europäische Union. Es dient ihm somit als Rechtfertigung, den Schwerpunkt seiner Aufmerksamkeit auf die Europäische Union zu lenken.

> *Wir haben auch die Pflicht, während unseres Ratsvorsitzes bei Fehlentwicklungen gegenzusteuern. Wir haben die Pflicht, dagegen anzukämpfen, dass die Schlepper entscheiden, wer nach Europa zuwandern darf, und nicht wir als Europäerinnen und Europäer. Wir haben die Pflicht, hinzusehen und nicht zu schweigen, wenn Rechtsstaatlichkeit und Demokratie in manchen europäischen Ländern gefährdet sind. Und wir haben auch die Pflicht, als Österreich, ein Land im Herzen Europas, Brückenbauer zu sein, wenn die Spannungen zwischen Ost und West mehr und mehr werden.*

> *Wir haben die Verantwortung, klar im Umgang mit unseren Nachbarn zu sein. Das bedeutet, die Staaten am Westbalkan auf ihrem Weg in die Europäische Union zu unterstützen, aber gleichzeitig auch klar zu sagen, dass die Fehlentwicklungen in der Türkei dazu führen, dass die Türkei sicherlich keine Zukunft in der Europäischen Union haben wird.*

Die Aussagen beginnend »Wir haben ... die Pflicht, ...« und »Wir haben die Verantwortung, ...« sind von der Form des »Fehlenden Bezugsindexes«. Es ruft in uns keine Erinnerungen wach, nichts, das uns an eigene Erfahrungen erinnert. Somit berühren uns diese Aussagen auch emotional nicht.

Liebe Österreicherinnen und Österreicher! Wir geben heute das Versprechen ab, dass wir nicht nur pro-europäisch agieren werden, sondern dass wir uns aktiv auf europäischer Ebene zum Wohle Österreichs und zum Wohle der Europäischen Union einbringen werden.

Die Negativformulierung »... dass wir nicht nur paneuropäisch agieren werden, sondern dass ...« birgt Widersprüche in sich. Günstiger ist eine Formulierung, die so lauten könnte: »Wir geben heute das Versprechen ab, paneuropäisch zu agieren und uns aktiv auf europäischer Ebene zum Wohle der Europäischen Union einzubringen.«.

Unser drittes Bekenntnis, sehr geehrte Damen und Herren, das wir als Bundesregierung abgeben wollen, ist ein Bekenntnis zu einem neuen Stil und auch zu Werten, die unsere Arbeit prägen sollen. So neu die Herausforderungen sind, die in den nächsten fünf Jahren auf unser Land zukommen werden, so zeitlos sind die Werte, auf die wir bauen wollen: Respekt, Anstand und auch Hausverstand.

Ab hier bringt Kurz Appelle und Bitten bezüglich der Zusammenarbeit. Appelle sind allerdings meist wirkungslos, da sie keinen Nutzen für die Zuhörer bringen. Es ist geschickter, diese Punkte im *Wie*-Teil der Rede unterzubringen und Appelle als Eingebettete Befehle zu formulieren, wie z.B. »So wie wir hier seit Jahren zusammenarbeiten, wissen wir, einander wertzuschätzen bringt für jeden von uns deutlich bessere Ergebnisse.«

Lassen Sie mich ein paar Worte zum Respekt sagen: Als ich Staatssekretär für Integration wurde, habe ich mir zum Vorsatz gemacht, mit eigenen Ideen zu überzeugen und nicht andere anzupatzen oder schlecht zu machen.

Als Bundesregierung haben wir schon bei den Verhandlungen einen guten Umgang miteinander gefunden und wollen den auch in Zukunft leben. Ich bin mir bewusst, dass es die Aufgabe der Opposition ist, zu kontrollieren, zu fordern und da und dort natürlich auch zu kritisieren. Das ist nicht nur ihre Aufgabe, sondern auch ihre demokratische Pflicht. Ich respektiere auch, dass das Regierungsprogramm nicht jedem gefallen kann, dass Sie wahrscheinlich auch nicht damit einverstanden sein werden; aber bitte respektieren Sie als Opposition auch, dass das Regierungsprogramm einzig und allein eines ist: nämlich die Umsetzung von Versprechen, die wir im Wahlkampf getätigt haben und für die wir auch gewählt wurden. Das Regierungsprogramm beinhaltet keine Überraschungen, sondern beinhaltet die Forderungen, für die beide Parteien gewählt wurden.

Der Wert »Respekt« geht hier unter, da er in keinem Kontext, sondern als Appell gebracht wird. Es ist auch tatsächlich so, dass Kurz die Formulierungen des »nicht Anpatzens oder »Schlechtmachens« in der Nationalratssitzung am 27. Mai 2019 in der Rede vom Abgeordneten Leichtfried zum Vorwurf gemacht wurden. Der Wert Respekt hat sich offensichtlich nicht durchgesetzt.

Das hypnotische Sprachmuster des Gedankenlesens: »… dass Sie wahrscheinlich auch nicht damit einverstanden sein werden«, welches eine positive Verbindung mit dem danach Gesagten herstellen könnte, wird durch das »…,aber bitte respektieren Sie als Opposition …« zerstört. Warum sollte die Opposition das Regierungsprogramm respektieren? Sie bekommt keinen Grund dafür geliefert. Ein Obwohl-Rahmen wäre an dieser Stelle hilfreich, indem man sagt: »Obwohl das Regierungsprogramm nicht jedem gefallen kann, respektieren Sie als Opposition …« So wird aus dem Muster »Nein, es kann nicht jedem gefallen, aber respektieren Sie als Opposition unsere Arbeit« ein »Ja, es kann nicht jedem gefallen und respektieren Sie als Opposition unsere Arbeit«. Letzteres erlaubt es der Opposition viel leichter, dem erbetenen Respekt zuzustimmen.

Ich freue mich darauf, mit der Opposition in den nächsten fünf Jahren unsere Vorstellungen für Österreich zu diskutieren. Ich freue mich auf den Diskurs und die Debatte. Ich bitte aber auch darum, dass wir einen Weg finden, respektvoll miteinander umzugehen, und diese Diskussion stets in einem ordentlichen Ton und mit würdigen Aussagen in diesem Haus durchführen.

Die Formulierung »Ich freue mich darauf, …« ist schwach, wenn wir Erwartungshaltungen ausdrücken. Besser wirken hier eingebettete Befehle, die so lauten könnten: »Die Diskussion und der Diskurs mit der Opposition sind wichtig. Wir gehen respektvoll miteinander um, unsere Diskussionen verlaufen in einem ordentlichen Tonfall, unsere Aussagen würdigen dieses Haus.« Die Beschreibung des gewünschten Ist-Zustandes, dem niemand ernsthaft etwas entgegenzusetzen haben kann, bringt das Bild eines respektvollen Umgangs in die Gedanken der Zuhörer. Es ist sinnvoll, Zielzustände so zu formulieren, als wären sie bereits erreicht.

Das bringt mich zu einem zweiten wichtigen Wert, der Basis für unsere Arbeit sein soll, nämlich Anstand. Ich bin mir bewusst, dass wir als Regierung in Zukunft viele Entscheidungen zu treffen haben werden. Und Anstand beim Treffen von Entscheidungen bedeutet für mich vor allem, mit geliehener Macht sorgsam umzugehen. Das bedeutet, ein Bewusstsein dafür zu haben, dass man nicht jede Entscheidung richtig wird treffen können. Das bedeutet aber auch, ein Bewusstsein dafür zu haben, dass man es sich nicht leicht machen darf.

Der Wert »Anstand« geht hier unter, da er in keinem Kontext, sondern als Appell gebracht wird. Mit der Formulierung »… dass man nicht jede Entscheidung wird richtig treffen können« distanziert er sich rhetorisch geschickt vor falschen Entscheidungen. Ebenso mit der Formulierung »… dass man es sich nicht leicht machen darf« davor, dass vermutet werden könnte, er würde es sich leicht machen.

> *Ich verspreche Ihnen heute, dass wir bei den Entscheidungen, die wir zu treffen haben, uns stets bemühen werden, möglichst viele Meinungen anzuhören, und dass wir uns es nicht leicht machen werden, die notwendigen Entscheidungen für unser Land zu treffen. Ich verspreche Ihnen auch, dass wir stets das Wohl unseres Landes in den Mittelpunkt stellen werden und das Beste für Österreich zu geben. Und ich verspreche Ihnen vor allem, dass Anstand für uns auch bedeutet, einen ordentlichen Umgang mit dem Steuergeld zu pflegen. Nur wenn wir es schaffen, im System zu sparen, kann es uns gelingen, dass den Menschen wieder mehr zum Leben überbleibt. Nur eine Regierung, die ordentlich mit Steuergeld umgeht, verhält sich auch anständig gegenüber den Steuerzahlerinnen und Steuerzahlern unseres Landes.*

Mit der Formulierung »… nur eine Regierung, die ordentlich mit Steuergeld umgeht, verhält sich auch anständig gegenüber den Steuerzahlerinnen und …« werden zwei Dinge gleichgestellt im Sinne, dass ihre Bedeutung äquivalent wäre. Das ist ein Versuch, diese Überzeugung bei den Zuhörern zu verankern: Wir gehen ordentlich mit Steuergeld um, also sind wir anständig. Allein, ordentlich mit Steuergeld umzugehen, macht wohl noch keine anständige Regierung aus. Es wurde nicht definiert, was unter »anständig« zu verstehen ist. Das ist geschickt gemacht, sieht doch jeder

Zuhörer und jede Zuhörerin seine bzw. ihre eigene Definition darin.

> *Zu guter Letzt, sehr geehrte Damen und Herren, neben dem Respekt, dem Anstand, braucht es, denke ich, auch Hausverstand. Wir leben in einer Zeit, in der es eine Flut an Regulierung, an Gesetzen, an Beschlüssen, an Vorgaben und Verordnungen gibt. Wir regeln das Leben der Menschen bis ins kleinste Detail. Ich glaube, dass es wichtig ist, und das ist ein Ziel dieser Bundesregierung, dass wir es gemeinsam schaffen, wieder weniger an Regulierung zu produzieren und wieder mehr Eigenverantwortung zuzulassen. Der gesunde Hausverstand wird stets auch ein Kompass für unsere Politik sein.*

Der Wert »Hausverstand« geht hier unter, da er in keinem Kontext, sondern als Appell gebracht wird. Was Kurz unter Hausverstand versteht, wird nicht erläutert. Das ist ein geschickter Zug, denn unter »Hausverstand« verstehen viele etwas Gutes, nämlich Etwas, das man haben sollte, und dennoch gehen die konkreten Meinungen, was Hausverstand tatsächlich sei, auseinander. Das passt für Kurz sehr gut, da auch hier wieder jeder Zuhörer seine Definition von Hausverstand automatisch einbringt, und somit automatisch zustimmt, dass die Regierung »Hausverstand« als Kompass einsetzen wird.

> *Sehr geehrte Österreicherinnen und Österreicher! Die Herausforderungen, die vor uns liegen, sind vielfältig. Man könnte fast sagen, es gibt Arbeit, wohin man schaut. Ich kann Ihnen nur sagen, dass wir uns als Bundesregierung auf unsere Tätigkeit freuen, dass wir uns anstrengen werden. Und ich kann Ihnen eines sagen: Wenn wir ein Comeback für Österreich zustande brin-*

gen wollen, dann wird uns das allen nur gemeinsam gelingen. Daran werden wir arbeiten, darauf freuen wir uns, und ich danke Ihnen nochmals für Ihr Vertrauen.

Das »Comeback für Österreich« schließt die Eingangsmetapher »Veränderung ist Chance« am Beginn seiner Rede und bildet somit einen guten Abschluss der Rede, da der eingangs seiner Rede aufgemachte Bogen nun geschlossen und die Geschichte vom Comeback Österreichs als Warum seiner Rede wieder in Erinnerung gerufen wird. Die gewählte Formulierung, dass uns das allen nur gemeinsam gelingen wird, lässt offen, wen er mit »gemeinsam« meint. Meint er seine Regierung, den Nationalrat, die Österreicherinnen und Österreicher, oder alle? Das ist ein Punkt, der irritiert, da er plötzlich vom Arbeitsstil »Beteiligung« – ich habe das Sagen und ihr arbeitet mit – in den Arbeitsstil »Kooperativ« wechselt, was so viel bedeutet wie »Ich möchte mit anderen arbeiten und Verantwortung teilen.« Obwohl der kooperative Arbeitsstil Pamela Rendi-Wagner zuzuschreiben ist, bekommt er sie nur durch diese bloße Floskel nicht ins Boot.

Zusammenfassend ist zu sagen:
Kurz steht stets aufrecht, ist voll bei der Sache. Er nimmt den Raum ein und ist durchgehend in Kontakt mit seinem Publikum. Er wirkt energiegeladen, steht im Wesentlichen erdverbunden.

Kurz spricht in ganzen Sätzen, die grammatikalisch richtig und wohlgeformt sind. Intonationsmuster, also Veränderung der Tonhöhe am Satzende je nachdem, ob es sich um eine Aussage oder eine Frage handelt, werden verwendet.

Der erste Teil der Rede ist entsprechend dem 4MAT-System aufgebaut, das eine Rede gut strukturiert und für die überwiegende Anzahl der Zuhörer verständlich macht. Leider wird das 4MAT-System am Ende massiv verletzt. Statt des vierten Teils, der inspirativ sein sollte, wird nochmals erläutert, *was* alles gemacht werden wird. Dies endet anschließend mit relativ wirkungslosen Appellen. Somit konnte diese Rede meiner Einschätzung nach nicht die Wirkung entfalten, die er sich wahrscheinlich erhofft hätte.

Kurz wird sehr stark dem türkisen Mem gerecht. Höflichkeit, Offenheit und Autokratie kommen zum Ausdruck. Seine Rolle als Bundeskanzler zeigt er offen, das gibt dem roten Mem Bestätigung. Das grüne Mem spricht er durch Gemeinsamkeiten an. Das orange Mem wird durch die Verbesserungen, die er ins Leben der Menschen bringen wird, befriedigt. Das Blaue Mem wird durch Prinzipien und Werte, über die er spricht, adressiert. Das purpurne Mem wird durch mehrere Danksagungen und sein Versprechen, was er alles »zurückgeben« wird, angesprochen. Das beige Mem wird durch Erleichterung der Erfüllung der Existenzbedürfnisse der Menschen, z.B. in Form von Steuersenkungen, bedient.

Kurz redet sehr oft davon, etwas zu versprechen. »Ich verspreche Ihnen, dass ...« kommt in dieser Rede 17 Mal vor. Er spricht hier aus dem gelben Mem heraus, als jemand, der immer das Beste im Menschen sieht. Ein Versprechen zu geben, hat für Kurz einen hohen Stellenwert. Kurz begibt sich damit allerdings ungewollt auf einen riskanten Pfad. Er geht davon aus, dass das Einhalten von Versprechen für andere den gleichen oder zumindest einen ähnlich hohen Stellenwert hat wie für ihn. Doch Menschen, die andere Wertesysteme haben, denken durchaus anders. Sie würden zum Beispiel die Anwendung von Macht in Form eines Misstrauensantrags gegen die gesamte Regierung niemals auch nur andeutungsweise als Machtmissbrauch diskutieren können. Sie bewerten es als legitim und als gar nicht anders möglich, um ihr System bewahren, einen schnellen Sieg zu erringen oder den Clan zu schützen. Schwierig kann es für Kurz werden, wenn sich herausstellen würde, dass er seine Versprechen nicht einhält und seine hoch gesetzten Maßstäbe und

Werte, wie Anstand und Respekt, selbst verletzt. Ein tiefer Fall wäre die Folge, jede Glaubwürdigkeit zerstört. Es bleibt ihm nur die Wahl, anständig und sauber zu sein, und diesen Anspruch auch in seiner Partei durchzuziehen. Schwierigkeiten, die in diesem Zusammenhang im Zuge der Koalition mit der FPÖ auftraten, konnten bereinigt werden, bis hin zur Aufkündigung der Koalition aufgrund des Ibiza-Videos. Ein ähnlicher Vorfall in der eigenen Partei oder ein berechtigter Vorwurf des Missbrauchs von Wahlspenden könnten ihm das Genick brechen, wenn er sich nicht rechtzeitig und radikal von den handelnden Personen distanzieren würde, sofern dies dann überhaupt noch möglich wäre.

Die Farbe Türkis ist aus meiner Sicht von der neuen ÖVP bewusst im Sinne von Spiral Dynamics gewählt worden. Also dürften seine Berater bezüglich NLP und Spiral Dynamics gut geschult sein. Vielleicht noch nicht so ganz intensiv zur Zeit der Regierungserklärung, da diese Rede aus meiner Sicht noch einiges an Verbesserungspotenzial zu bieten hat. Spätere Reden sind, wie wir sehen werden, rhetorisch deutlich besser gestaltet. Kurz agiert als Person aus dem türkisen Mem heraus. Er weiß, was er will und es sollen alle profitieren. Dennoch wird er von vielen als kalter Machtmensch interpretiert. Der Grund dürfte darin liegen, dass Kurz bei dieser Rede rein auditiv-digital spricht. Er verwendet keine sensorische, sinnesbezogene Sprache, sondern spricht fast ausschließlich in Logik und Abläufen. Das erschwert es den Zuhörern, innere Bilder, Geräusche, Töne und Gefühle zu generieren. Auditiv-digitale Sprache wirkt emotionslos. Er wirkt somit auch nicht charismatisch.

Kurz könnte durchaus mehr Framing und hypnotische Sprachmuster verwenden, die seine Aussagen beim Zuhörer leichter verständlich und die Rede insgesamt spannender machen würde. Er verwendet praktisch kaum die Muster des »Gedankenlesens« und »Pacen derzeitigen Erlebens«. Die Aufmerksamkeit im Publikum geht im Laufe der Rede zurück. Die Verwendung »Eingebetteter Befehle« ließe sich stark erhöhen. Sie wirken besser als herkömmliche Appelle dies tun, und sie können genauso wertschätzend formuliert werden.

Resümee: Was Kurz in dieser Rede gut macht, ist deren Einleitung. Er liefert ein klares »Warum« man ihm zuhören sollte und er legt dar, »Was« die Punkte seines Programms sind. Die Vorstellung seiner Minister wirkt schon etwas holprig, gefolgt von einer massiven Verletzung des 4MAT-Systems. Ab diesem Zeitpunkt wirkt die Rede unrund und die Aufmerksamkeit des Publikums, so weit sich dies aus den Videoaufnahmen beurteilen lässt, geht zurück. Die vorgebrachten Themen lassen sich nicht mehr in einen Gesamtzusammenhang einordnen. Die Werte Respekt, Anstand und Hausverstand, die er transportieren will, werden zwar rhetorisch geschickt verpackt, sodass sich jeder Zuhörer sein eigenes positives Bild machen kann, sie gehen als Appelle allerdings unter. Er verwendet rein auditiv-digitale Sprache, er spricht fast ausschließlich in Logik und Abläufen. Das wirkt emotionslos und lässt ihn für viele Menschen als kalten Machtmenschen erscheinen.

Zum Misstrauensantrag – das Plädoyer von Sebastian Kurz am 27. Mai 2019

Nach der als »Ibiza-Skandal« bekanntgewordenen Regierungskrise, in deren Zuge es zum Rücktritt von Heinz-Christian Strache kam, zerbrach Sebastian Kurz' Koalition mit der FPÖ. Sebastian Kurz formte in kurzer Zeit eine Übergangsregierung, die jedoch nach nur wenigen Tagen im Amt durch einen Misstrauensantrag der SPÖ, dem sich die FPÖ und die Liste JETZT anschlossen, gestürzt wurde. Im Parlament kam es zu der hier analysierten Rede, die Sebastian

Kurz nach einer Rede des Abgeordneten Leichtfried hielt, der ihm einen verantwortungslosen Umgang mit der schwierigen Situation vorwarf und postulierte, dass die Regierung Kurz gescheitert sei. Leichtfried meint weiter, dass das gesamte türkis-blaue Experiment gescheitert sei und Sebastian Kurz die volle Verantwortung trage. Es wird ihm vorgeworfen, dass er innerhalb von zwei Jahren zwei Regierungen gesprengt habe, jene mit Christian Kern (SPÖ) und nun jene mit der FPÖ. Die weit überhöhten Wahlkampfkosten der ÖVP werden ihm ebenfalls schwer zur Last gelegt. Es wird ihm auch vorgeworfen, im Zuge der Bildung der Übergangsregierung, nach dem Ausscheiden der FPÖ, keinen Kontakt zu den Oppositionsparteien gesucht zu haben, sondern sie vor vollendete Tatsachen gestellt zu haben. Leichtfried spricht in seiner Rede sogar von einer Dialogverweigerung durch Kurz.

Sebastian Kurz ist von Beginn an in Redner-Uptime, er ist auf sich und gleichzeitig auf sein Publikum fokussiert. Er ist in Rapport zu seinem Publikum, indem er eine emotionale Verbindung aufgebaut hat. An seiner Körperhaltung und dem wiederholten Greifen nach dem Rednerpult und nach seinen Unterlagen ist eine gewisse Aufgeregtheit zu erkennen. Das unterbricht den Rapport immer wieder leicht. Sein Satir-Typ ist dennoch überwiegend Leveler, also aufrecht und die Körperbewegungen sind symmetrisch zu seiner Körperachse. Damit signalisiert er, dass er die Wahrheit spricht. Er folgt während der gesamten Rede dem HOA-Prinzip: Höflichkeit – Offenheit – Autokratie.

> *Sehr geehrter Herr Präsident! Sehr geehrte Damen und Herren Abgeordnete!*
> *Ich bin normal ein eher ruhiger Mensch und ich habe mir schon viel anhören müssen und habe schon viel ausgehalten. Ich muss zugeben, in diesem Fall ist es*

mir etwas schwergefallen, aber ich habe mich entschieden, mich von Ihnen nicht provozieren zu lassen, Herr Abgeordneter Leichtfried. Ich werde daher auch nicht auf alle Unterstellungen und Anpatz-Versuche reagieren, die Sie da jetzt schrittweise aufgelistet haben. Ich glaube, es würde auch den zeitlichen Rahmen sprengen.

Kurz verwendet das Sprachmuster der Tilgung, indem er aus seiner Sicht Unwesentliches weglässt. Er blendet damit die Angriffe des Abgeordneten Leichtfried aus und lenkt über auf seine eigenen Inhalte. Die dabei verwendeten Negativformulierung verraten neben seiner Körperhaltung allerdings, dass ihn die Aussagen doch provoziert haben könnten.

Sein Wertesystem, das im gelben und türkisen Mem angeordnet ist, verzichtet im Gegensatz zu den Mems erster Ordnung auf direkte Gegenwehr und auf einen Schlagabtausch. Er stellt sich somit über die Vorwürfe, die gegen ihn erhoben wurden. Für das gelbe Mem ist auch Rückzug eine valide Option, die Kurz später auch wählen wird, da er kein Nationalratsmandat annehmen wird.

Ich möchte viel mehr die Möglichkeit nutzen, Ihnen, sehr geehrte Damen und Herrn Abgeordnete und natürlich auch den Österreicherinnen und Österreichern noch einmal meine Sicht auf die Dinge zu skizzieren und Ihnen auch zu beschreiben, warum wir in der letzten Woche die Entscheidungen so getroffen haben, wir sie getroffen haben.

Kurz beginnt mit dem *Warum* des 4MAT-Systems, das hilft, die Rede der überwiegenden Anzahl von Zuhörerinnen und Zuhörern verständlich zu machen.

Er nutzt in Folge den Übereinstimmungsrahmen, indem er ein Faktum bringt, über das vermutlich Übereinstimmung herrscht. Das generiert Zustimmung und eine positive Emotion. Sie trägt dazu bei, dass das Publikum zuhören wird.

Ich möchte vielleicht zunächst mal mit einem Punkt beginnen, wo wir vermutlich wirklich alle, alle Fraktionen übereinstimmen.

Kurz wendet beim Aussprechen des Worts »… übereinstimmen« einen auditiven Marker an. Das heißt, er macht vor dem Wort eine kurze Pause und betont es relativ stark. Es wirkt somit wie ein Eingebetteter Befehl. Es macht auf mich den Eindruck, dass Kurz den auditiven Marker und den Eingebetteten Befehl bewusst einsetzt. In der von mir analysierten Rede zu seiner Regierungserklärung erschien die Verwendung rhetorischer Sprachmuster, wie zum Beispiel die Verwendung Eingebetteter Befehle, eher zufällig zu sein. Diese jetzige Rede ist somit, was die Verwendung rhetorischer Muster betrifft, eine Weiterentwicklung. Ich vermute daher, dass seine aktuellen Auftritte sehr gut vorbereitet sind.

> *Die vergangene Woche, das war eine sehr turbulente Zeit für Österreich, es war eine herausfordernde Zeit für die Republik, für die Politik in Summe, und es hat sicherlich nicht dazu beigetragen, das Ansehen Österreichs in der Welt und auch das Ansehen der Politik in Österreich zu steigern. Die vergangene Woche war, wenn wir so wollen, auch eine Zäsur in der politischen Arbeit in diesem Land.*

Kurz bringt in diesem Absatz Werturteile, bei denen, derjenige der die Werturteile abgibt, ausgeschlossen bleibt. Er selbst kommt in diesen Werturteilen nicht vor. Das ist das Sprachmuster des Verlorenen Performativs. Diese Formulierung ist sehr geschickt gewählt, da es den Anschein erwecken möchte, als hätte er nichts damit zu tun. Es ist ein perfekt gewähltes Warum, warum seine Rede jetzt erforderlich ist. Er gibt Gründe für seine Rede an.

Ich möchte daher zu Beginn noch einmal festhalten, dass ich sehr, sehr stolz und auch zufrieden bin mit der Arbeit, die wir als Bundesregierung in den letzten eineinhalb Jahren geleistet haben. Ich möchte mich ganz deutlich bei allen Regierungsmitgliedern, ganz gleich ob von Volkspartei oder Freiheitliche Partei, für diese Zusammenarbeit bedanken.

Die Danksagung an die bisherigen Regierungsmitglieder ist als Priming zu verstehen. Er erreicht durch diese Anerkennung, dass sie in Zukunft für eine Zusammenarbeit wieder offen sein können. Tatsächlich ist es so, dass sich nach seiner Rede führende FPÖ-Funktionäre ebenfalls für die Zusammenarbeit bedanken und Herbert Kickl am 11. Juni 2019 eine wiederholte Zusammenarbeit nach der Wahl im September 2019 in Aussicht gestellt hat. Das sind natürlich strategische Überlegungen, sich Türen offenzuhalten. Die Auswahlmöglichkeiten an potenziellen Koalitionspartnern waren in Österreich aufgrund der letzten Wahlergebnisse limitiert.

Es folgt eine lange Auflistung an Themen, die Kurz und die Regierung alle bearbeitet haben. Es ist der *Was*-Teil entsprechend des 4 MAT Systems, das Reden leichter verständlich macht. Durch die umfangreiche Aufzählung werden jene Menschen, die viel Information benötigen, zufriedengestellt.

Es war eine Zeit, in der es uns gelungen ist, nach 60 Jahren die Schuldenpolitik zu beenden, in der es uns gelungen ist, gegen illegale Migration anzukämpfen, in der es uns gelungen ist, Steuerentlastungen durchzuführen, den Standort Österreich zu attraktivieren, die Arbeitslosigkeit zu senken und endlich wieder das Land in die richtige Richtung zu führen. Es war eine gute Arbeit, die hier geleistet wurde und ich bedanke mich bei allen Mitgliedern der Bundesregierung dafür.

Kurz bringt in seiner Darstellung eine gute Ausgewogenheit einerseits von Problemen, die gemindert wurden, und andererseits von Zielen, die aus seiner Sicht erreicht wurden. Es sind konkret: weg von Schuldenpolitik, weg von illegaler Migration, weg von Arbeitslosigkeit, hin zu Steuerentlastungen, hin zu einem attraktiven Standort und hin in die richtige Richtung. Somit spricht er beide Menschentypen an, nämlich jene, die vorrangig Probleme vermeiden wollen als auch jene, die vorrangig Ziele erreichen wollen. Kurz wirkt sehr sachlich und emotionslos. Das lässt ihn kalt erscheinen.

> *Die Enthüllungen der vergangenen Woche haben leider Gottes nicht nur dazu geführt, dass eine politische Partei, nämlich die FPÖ, sich beschädigt hat, sie haben nicht nur dazu geführt, dass das Ansehen Österreichs in der Welt gelitten hat, sie haben nicht nur dazu geführt, dass auch das Vertrauen in die Politik zurückgegangen ist, sondern die Enthüllungen haben auch dazu geführt, dass diese gute sehr erfolgreiche Zusammenarbeit beendet wurde.*

Kurz wiederholt in diesem Absatz Werturteile, bei denen der, der die Werturteile abgibt, ausgeschlossen bleibt, allerdings jetzt im Was-Teil seiner Rede – »was ist passiert?«. Er selbst kommt auch in diesen Werturteilen nicht vor. Das ist nochmals das Sprachmuster des Verlorenen Performativs. Diese Formulierung ist sehr geschickt gewählt, da es den Anschein erwecken möchte, als hätte er nichts damit zu tun. Durch die Wiederholung des Musters der Verlorenen Performativs distanziert er sich ein weiteres Mal.

> *Ich habe mich daher in den Tagen nach den Enthüllungen um eines bemüht, nämlich für Stabilität in Österreich zu sorgen. Ich hab mich bemüht, gemeinsam mit dem Bundespräsidenten, sicherzustellen, dass wir eine*

handlungsfähige Regierung haben und vor allem auch, dass es zur Aufklärung kommt aller Vorwürfe, die im Raum stehen, und das betrifft zum einen die Inhalte des Videos, die Ideen von Machtmissbrauch, von Umgang mit Steuergeld, und ein falsches Politikverständnis. Es betrifft aber auch die Art und Weise, wie dieses Video entstanden ist, die Frage, wer es erstellt hat, und vor allem, wer es bezahlt und beauftragt hat.

Nun tritt Kurz als Retter auf. Er sagt, er habe sich bemüht, für die Stabilität Österreichs zu sorgen und sicherzustellen, dass wir eine handlungsfähige Regierung haben.

Ich möchte mich an dieser Stelle beim Bundespräsidenten bedanken. Wie Sie wissen, kommt der Bundespräsident nicht gerade parteipolitisch aus der Ecke der Volkspartei, aber ich habe in dieser Woche erlebt, dass der Bundespräsident sich Tag und Nacht bemüht hat, für Stabilität zu sorgen, einen Beitrag zu leisten, dass die Monate bis zur Wahl in aller Ruhe und Ordnung über die Bühne gehen können. Und ich bedanke mich an dieser Stelle explizit für die gute Zusammenarbeit in dieser für uns alle sehr fordernden Phase.

Es wird deutlich, dass Kurz hier das Storytelling-Format nutzt, um eine Geschichte zu erzählen, die ihn als Helden darstellt. Erinnern wir uns: Am Beginn seiner Rede hat er die Vorwürfe des Abgeordneten Leichtfried zur Seite geschoben und somit den Boden für den ersten Akt vorbereitet. Der erste Akt erzählt davon, dass er sehr stolz auf das sei, was seine Regierung zustande gebracht hat. Mit der Regierung schien alles in Ordnung zu sein. Im zweiten Akt kommt das Unerwartete: das Ibiza-Video als großes Problem, als überraschende Herausforderung. Es trifft ihn hart. Der dritte Akt erzählt davon, wie Kurz nun als Held und Retter agiert, damit alles wieder ins rechte Lot kommt. Er bedankt sich im vierten Akt bei seinem »Mentor«, dem Bundespräsidenten, für die großartige und uneingeschränkte Unterstützung, und das, obwohl sie nicht einmal aus demselben politischen Lager kommen.

In der Formulierung »... wie Sie wissen, kommt der Bundespräsident nicht gerade parteipolitisch aus der Ecke der Volkspartei, aber ich habe diese Woche erlebt, dass der Bundespräsident sich Tag und Nacht bemüht hat ...« ist auch eine Lehrgeschichte für die anderen Parteien verpackt, denn wenn sogar der Bundespräsident, der ja aus einem anderen politischen Lager kommt, sich Tag und Nacht bemüht, dann wäre dies für die anwesenden Parteienvertreter doch auch in Ordnung, sich zu bemühen. Es wird von den anderen Parteien im Nationalrat nicht so verstanden, dennoch nutzt Kurz diese Lehrgeschichte. Er und auch Norbert Hofer berichten immer wieder in den Medien, wie sehr der Bundespräsident unterstützt habe. Das hilft Kurz, sich als Gut-Menschen darzustellen, und die anderen als eher »böse«.

Sebastian Kurz versteht es, das Format des Storytellings sehr geschickt mit dem 4MAT-System zu verbinden. Es unterstützt den Zuhörer, ein für sich zusammenhängendes und glaubwürdiges Bild zu entwickeln. Die richtige Anwendung des Storytelling-Formats, wie wir es zum Beispiel von den großen Spielfilmen wie Star Wars oder Herr der Ringe kennen, lässt uns mit dem Helden mitfühlen. Um so ein Format als Redner liefern zu können, braucht es definitiv Vorbereitung und Einschulung.

Nachdem der Abgeordnete Leichtfried die Ereignisse der letzten Woche aus seiner Sicht Revue passieren hat lassen, möchte ich noch einmal die Möglichkeit nutzen, auch meine Sicht der Dinge darzulegen.

Kurz wiederholt kurz, *warum* er gleich eine lange Liste liefern wird, *was* die Bundesregierung alles geleistet hat. Das ist bei langen Auflistungen sinnvoll, um die Zuhörer zu halten und ihnen nochmals einen Grund zu geben, *warum* sie weiter zuhören sollen.

> *Der Bundespräsident hat mich am Dienstag beauftragt, eine Experten-Regierung zusammenzustellen. Er hat mich gebeten, die freiwerdenden Ressorts mit Personen aufzufüllen, die über die notwendige Fachkenntnis verfügen, aber auch ein hohes Maß an Integrität mitbringen, und die unumstritten sind für diese Tätigkeit. Ich habe binnen 24 Stunden gemeinsam mit meinem Team versucht, diese Expertinnen und Experten zu finden. Ich darf mich bei den Personen, die heute hier sitzen, ganz herzlich bedanken, dass sie über Nacht bereit waren, in dieser schwierigen Situation für die Republik bereitzustehen, Verantwortung zu übernehmen. Ich möchte mich bedanken, dass Sie bereitgestanden sind, der Bitte des Bundespräsidenten und auch meiner zu folgen, alles stehen und liegen zu lassen, teilweise aus anderen Bundesländern nach Wien aufzubrechen und bereitzustehen, der Republik in dieser heiklen Phase zu dienen.*

Kurz erklärt hier, was er getan hat und dass er den Vorgaben und Wünschen des Bundespräsidenten zu 100 Prozent Folge geleistet hat.

> *Wir haben als Übergangsregierung vergangenen Mittwoch bereits die Arbeit aufgenommen, 24 Stunden nach dem Auftrag des Bundespräsidenten, haben die erste Ministerratssitzung abgehalten und haben uns auf drei Ziele geeinigt, nämlich zum ersten, volle Aufklärung aller im Raum stehenden Vorwürfe, zum zwei-*

ten, Handlungsfähigkeit der Regierung in Österreich zur Fortsetzung der Amtsgeschäfte bis zu den Wahlen, aber auch internationale und europäische Handlungsfähigkeit in einer für Österreich und Europa nicht unentscheidenden Phase. Und wir haben uns zum dritten dazu entschieden, die Oppositionsparteien einzuladen, in den Ministerrats-Sitzungen teilzunehmen, um auch ein Maximum an Transparenz und Einbindung sicherzustellen. Ich möchte auch gerne festhalten, dass ich in den vergangenen Tagen, auch wenn das teilweise anders medial kolportiert wurde, nicht nur mit dem Bundespräsidenten, sondern auch mit allen Parteichefs mehrere persönliche und auch telefonische Gespräche geführt habe.

Wie viele Gespräche geführt wurden, ist von außen natürlich nicht nachvollziehbar. In den Medien wurde von einem Termin berichtet, zu dem Sebastian Kurz die Obleute aller der im Parlament vertretenen Parteien eingeladen hatte, dieser Termin jedoch nur von Meinl-Reisinger persönlich wahrgenommen wurde, und alle anderen Parteien ihre jeweiligen Vertreter geschickt hatten. Es wurde vor allem die Qualität der Gespräche bemängelt. Aus meiner Sicht ist es schon auffallend, dass die genannten Personen offensichtlich auf eine Einladung von Kurz warteten, und nicht selbst Initiative ergriffen, auch mit ihm das Gespräch zu suchen, und dann, als er einlud, nicht erscheinen, mit Ausnahme von Meinl-Reisinger. Wenn sich das Land tatsächlich in einer so schwierigen Lage befindet, dann wäre es zumindest anzudenken, ob nicht alle Parteien zum Handeln verpflichtet sind, und nicht einem Obrigkeitsdenken unterliegen sollten. Aus Sicht von Spiral Dynamics ist dies aber eben nicht möglich, da besonders in Stresssituationen der »Angstpegel« steigt. Für das rote Mem heißt dies, mit voller Kraft voraus. Das blaue Mem zieht in einen Kreuzzug für die, aus seiner Sicht, gerechte Sache. Das orange Mem wird tun, was notwendig ist, um zu gewinnen. Und das grüne Mem wird die Motive eines jeden Einzelnen in Zweifel ziehen. Eine Entwicklung in der Spirale nach oben ist in Stresssituationen unwahrscheinlich, eine gewisse Starre und ein »Einbunkern« in die eigene Lage war schon zu bemerken, mit Ausnahme der Neos. Kurz merkt später in dieser Rede an, dass es ausschließlich die Neos waren, die ihm klare Wünsche und Anregungen mitgegeben haben.

Für mich stellt sich auch die Frage, ob Kurz in dieser sicherlich belasteten Situation aus dem gelben Mem, im Sinne von Spiral Dynamics, heraus gehandelt hat, oder nicht? Wenn ja, dann wären gute Gespräche auch im Sinne aller Parlamentsparteien möglich gewesen. Aus Sicht von Spiral Dynamics ist es nicht auszuschließen, dass die in dieser Situation von Kurz wahrgenommenen Herausforderungen und Barrieren dazu geführt haben, dass er auf ein tieferliegendes Mem »zurückgefallen« ist. Das ist in Stresssituationen normal, wenn nicht alle tiefer liegenden Meme von der betroffenen Person vollständig durchlebt worden sind, was ebenfalls normal ist. Möglicherweise ist es so gewesen, dass Kurz in dieser Ausnahmesituation aus dem orangen Mem, dem unternehmerischen Mem, das seinen persönlichen Vorteil sucht, für kurze Zeit agiert hat. Norbert Hofer, der nach meinen Analysen aus dem orangen Mem agiert, hat auf Sebastian Kurz am wenigsten aufgeregt reagiert, wie wir in der Analyse seiner Rede sehen werden. Ließe das den Schluss zu, dass Kurz' Verhalten für Hofer nachvollziehbar war, da sie zumindest für diesen Zeitraum beide aus einer kompatiblen Wertewelt heraus gehandelt hätten?

> *Ich möchte mich explizit bei den Neos bedanken, für die konstruktive Herangehensweise. Es war nicht immer, es war nicht immer so …* [Applaus]

Im obigen Absatz verwendet Kurz durch die Danksagung mit dem Eingebetteten Befehl »konstruktive Herangehensweise« wieder das Format des Primings und macht damit eine zukünftige Zusammenarbeit möglich. Durch die Kombination mit dem Folgesatz »Es war nicht immer so«, der durch Applaus unterbrochen wurde, entsteht eine auditive Ambiguität, eine Mehrdeutigkeit, die einerseits lautet »Ich möchte mich ... für die konstruktive Herangehensweise bedanken, es war nicht immer so.« Unklar bliebe, ob es nicht immer so war, dass er sich dafür bedankt hat, oder ob es nicht immer eine konstruktive Herangehensweise gab. Wie auch immer, die Aussage könnte so ausgelegt werden, als ob auch in Zukunft eine konstruktive Herangehensweise möglich wäre. Was er tatsächlich sagen wollte, kommt im folgenden Absatz, nämlich: »Es war nicht immer so, dass wir einer Meinung waren ...«

Es war nicht immer so, dass wir einer Meinung waren, wir sind es auch heute nicht, weder in inhaltlichen Fragen noch in Fragen der Vorgehensweise.

Kurz verwendet im Sprachmuster »Es war nicht immer so, dass wir einer Meinung waren, ...« eine Form der Negativformulierung, die andeutet, dass es Momente gemeinsamer Meinung mit den Neos geben kann und auch bereits gibt. Wenn nicht heute, dann vielleicht morgen. Diese, durch den Applaus herbeigeführte, auditive Ambiguität eröffnet eine Vielzahl von Denkmöglichkeiten.

Aber die Neos waren trotzdem die einzige Partei, die mir ganz klare Wünsche und Anregungen mitgegeben hat, was sie sich erwarten würden, dass diese Übergangsregierung agiert.

Kurz verwendet hier das Sprachmuster der Tilgung, um die Tatsache, dass sie nicht immer einer Meinung waren, beiseite zu lassen, um im folgenden Satz das Verhalten der Neos hervorzuheben. Günstiger wäre es im folgenden Absatz gewesen, statt dem »Aber …« ein »Und …« zu verwenden und das »… trotzdem …« ersatzlos zu streichen, also in der Form »Und die Neos waren die einzige Partei, die mir ganz klare Wünsche und Anregungen mitgegeben hat«. Das »trotzdem« suggeriert einen kausalen Zusammenhang, der keiner ist, und lautet: »Die Neos und ich waren und sind nicht einer Meinung. Trotzdem sind sie die einzige Partei, die mir klare Wünsche genannt hat.« Dass sich ausschließlich die Neos und keine andere Partei mit klaren Wünschen geäußert haben, hat nichts mit der genannten Meinungsverschiedenheit zwischen Neos und Kurz zu tun. Korrekt wäre es zu sagen: »Wir haben Meinungsverschiedenheiten. Trotzdem haben mir die Neos klare Wünsche mitgegeben. Alle anderen Parteien haben das nicht (und wir haben mit ihnen ebenfalls Meinungsverschiedenheiten)« oder »Obwohl wir Meinungsverschiedenheiten haben, haben mir die Neos klare Wünsche mitgegeben.«

Sie könnten als Leserin oder Leser jetzt anmerken, dass diese feine Auseinanderklauberei zu viel des Guten sei. Wir Menschen haben ein feines Gespür für unsere Muttersprache. Formulierungen, die uns eigenartig erscheinen, hängen wir nach. Wir versuchen unbewusst, sie aufzulösen und sie in bisherige Erfahrungen einzuordnen. Je länger dies dauert, desto länger sind wir von der Rede abgelenkt, oder wir geben auf, wenn wir es nicht verstehen. Ich empfehle daher jedem Redner und jeder Rednerin, die eigene Sprache präzise zu verwenden, damit ihre Zuhörer und Zuhörerinnen ihren Gedanken einfach folgen können.

Ich möchte darüber hinaus festhalten, und das erscheint mir durchaus wichtig, dass ich bis heute keine einzige kritische Stimme zu den ausgewählten Experten gehört habe. Ich habe niemanden gehört, der die Auswahl dieser Expertinnen und Experten, die parteipolitisch sehr unterschiedliche Hintergründe haben, die alle fachlich qualifiziert sind und die alle integer sind, gehört habe. Im Gegenteil, Landeshauptmann Doskozil, ein hochrangiger Vertreter der Sozialdemokratie, hat sogar öffentlichen in Interviews festgehalten, dass es bei diesem Misstrauensvotum eigentlich um ganz etwas anderes geht. Ich zitiere, er hat wörtlich gesagt: »Es geht hier um Parteiinternas, man könne schlicht und ergreifend jetzt nicht mehr zurück.«

Kurz' Wertesystem erlaubt es ihm, dass er, auch wenn er aus Sicht der Opposition massiv unter Druck sein sollte, über den Dingen steht und vollkommen angstfrei und teilweise verständnisvoll reagieren kann. Das ist einerseits beindruckend und überraschend, und kann andererseits als clean und glatt ausgelegt werden. Wir sind es in unserer Gesellschaft eher gewohnt, uns bei Angriffen zu verteidigen. Wenn jemand für einen Angreifer Verständnis aufbringt, wirkt es doch für die meisten Menschen unserer Gesellschaft befremdlich.

Sehr geehrte Damen und Herren Abgeordnete, lassen Sie mich abschließend noch einen Punkt festhalten, der mich wirklich verblüfft. Ich verstehe ja in all der aufgeheizten Stimmung die Rachegelüste mancher, den Wunsch, sich vielleicht für die Wahl in eine bessere Position zu bringen, auch die Idee, Parteiinternas sprechen zu lassen und nicht das Wohl des Staates im Blick zu haben. Aber was ich wirklich nicht verstehe, ist, dass die Reaktion auf das gestrige Wahlergebnis [Anm. gemeint ist die EU-Wahl 2019] ist, dass der Misstrauensantrag gegen meine Person jetzt auf die ganze Regierung ausgedehnt wird. Vor wenigen Tagen war noch das Ziel, mich als Bundeskanzler abzuwählen und vielleicht als Taktik durchaus verständlich.

Kurz verwendet *Gedankenlesen* an, indem er sagt: »Ich verstehe … die Rachegelüste mancher, den Wunsch, sich vielleicht für die Wahl in eine bessere Position zu bringen …«. Er gibt vor zu wissen, was die anderen denken, ohne einen Beweis dafür zu nennen. Mit dem gleich folgenden »Aber« spielt er diese Gedanken sogar noch herunter, um die offensichtliche Absicht der Opposition »… jetzt auch noch die ganze Regierung stürzen zu wollen …« besonders dramatisch wirken zu lassen.

Aber jetzt auch noch die ganze Regierung stürzen zu wollen, wenige Monate vor einer Wahl, das ist etwas, das kann, glaube ich, niemand in diesem Land nachvollziehen.

Jetzt bringt Kurz mit den Worten »… das kann, glaube ich, niemand in diesem Land nachvollziehen« eine Generalisierung. Diese Nicht-Nachvollziehbarkeit wird in den folgenden Tagen in den Kampagnen genutzt und in der Öffentlichkeit so dargestellt.

Sehr geehrte Damen und Herren, ich bleibe bei meiner Haltung. Ich glaube, was wichtig ist, ist eine handlungsfähige Regierung in Österreich, auf europäischer Ebene und international, Aufklärung aller Vorwürfe, die im Raum stehen, und eine parteiübergreifende Zusammenarbeit.

Ich möchte heute gerne das Versprechen abgeben, dass ich ganz gleich in welcher Funktion, meinen Beitrag dazu leisten werde, für Stabilität in Österreich zu sorgen, und sollte dieses Votum heute so ausgehen, wie ich es erwarte, dann werden wir der nächsten Regierung, ganz gleich, wie sie aussehen wird, sicherlich keine Steine in den Weg legen, sondern sie bestmöglich unterstützen.

Kurz erklärt im obigen Absatz, *wie* er weiter vorgehen wird. Er folgt konsequent dem 4MAT-System, um es den Zuhörern einfach zu machen, ihm zu folgen. Mit der Formulierung »... sollte dieses Votum heute so ausgehen, wie ich es erwarte ...« vergleicht er den Ausgang des Votums mit seiner Erwartungshaltung, ohne zu sagen, was seine Erwartungshaltung ist. Egal, wie das Votum ausgehen würde, ob für oder gegen ihn, er kann dieses Versprechen halten. Es ist das Muster der »Unvollständig Spezifizierten Verben«, da es erforderlich wäre, genau nachzufragen, was er erwarte. Mit dieser Generalisierung gibt er sich staatsmännisch, was auch immer »bestmöglich unterstützen« konkret bedeuten soll. »Bestmöglich unterstützen« lässt viel Interpretationsspielraum, da es offenlässt, was bestmöglich im Vergleich zu wem oder was bedeuten soll. Es ist als »Unspezifischer Vergleich« ein hypnotisches Sprachmuster, das es den Zuhörern überlässt, »bestmöglich« für sich selbst richtig zu definieren.

Ich glaube, dass die Wählerinnen und Wähler Gott sei Dank das Recht haben, am Wahltag eine Entscheidung zu treffen. Bis dahin allerdings ist das Parlament am Wort. Wir haben uns bemüht, seitens der Bundesregierung, und auch ich persönlich habe mich bemüht, in der letzten Woche meinen Beitrag zur Stabilität zu leisten, wir haben uns bemüht, eine handlungsfähige Regierung auf die Beine zu stellen, die die Amtsgeschäfte in aller Ruhe bis zur Wahl verwalten kann, die uns in Europa und international vertreten kann, und die bereit ist, diese Aufgabe auch wahrzunehmen. Im September ist die Bevölkerung am Wort, bis dahin ist aller-

dings die Verantwortung, eine Entscheidung zu treffen im Parlament, und ich bin überzeugt davon, sie werden das auch tun. Vielen Dank.

Kurz kommt Abschluss zum *Was-Wenn*-Teil des 4MAT-Systems. Er zeigt auf, was in der Zukunft möglich sein wird und auch indirekt, dass es die Alternative gibt, seine Regierung im Amt bleiben zu lassen. Die Formulierung »Ich glaube, dass die Wählerinnen ... das Recht haben, am Wahltag eine Entscheidung zu treffen« ist fehlgeformt. Das Recht der Wähler am Wahltag ist ohnehin klar. Es ist aus meiner Sicht mehr Ausdruck seiner Hoffnung und seines Selbstvertrauens, wieder die Mehrheit zu erlangen. Mit der mehrfachen Verwendung des Wortes »bemühen« gibt er ein schwaches Werturteil über sich und die Leistungen seines Teams ab. Es hinterlässt einen leicht »trotzigen« Eindruck nach dem Schema »Wir haben uns bemüht, die anderen machen es kaputt«. Hier wird eine Opferrolle gebracht, die dazu dient, Mitgefühl unter den Zuhörern aus der Bevölkerung auszulösen. Mit der Formulierung »Im September ist die Bevölkerung am Wort, bis dahin ist allerdings die Verantwortung, eine Entscheidung zu treffen im Parlament ...« spielt er die Wichtigkeit des Parlaments in dieser Sache herunter. Nachdem in Österreich allerdings der Nationalrat ins Parlament gewählt wird, und nicht die Regierung, fühlen sich manche gewählte Abgeordnete in ihrer Rolle als Volksvertreter diskreditiert.

Zusammenfassend ist zu sagen:
Kurz steht auch bei dieser Rede stets aufrecht, ist voll bei der Sache stets in Kontakt mit seinem Publikum. Er macht einen energiegeladenen Eindruck und zeigt eine gute Erdverbundenheit.

Kurz spricht in ganzen Sätzen, die überwiegend grammatikalisch richtig und wohlgeformt sind. Intonationsmuster, also Veränderung der Tonhöhe am Satzende je nachdem, ob es sich um eine Aussage oder eine Frage handelt, sowie bei Aufzählungen, werden verwendet.

Die Rede ist vollständig nach dem 4MAT-System aufgebaut. Sie ist insgesamt gut verständlich und gut strukturiert.

Kurz verwendet auch bei dieser Rede rein auditiv-digitale Sprache. Er verwendet keine sensorischen, sinnesbezogene Ausdrücke, sondern fast ausschließlich Begriffe, die Logik und Abläufe beschreiben. Das erschwert es den Zuhörerinnen und Zuhörern, innere Bilder, Geräusche, Töne und Gefühle zu generieren. Auditiv-digitale Sprache wirkt emotionslos. Gerade diese Rede wäre eine gute Gelegenheit gewesen, Emotionen zu zeigen.

Er verwendet keine Metaphern. Metaphern könnten dazu beitragen, die Rede spannender zu gestalten.

Resümee: Im Vergleich zur Kurz' Regierungserklärung ist diese Rede wesentlich besser gestaltet. Er folgt konsequent dem 4MAT-System und macht gleich zu Beginn klar, dass alle Vorwürfe an ihm abprallen. Er geht nicht darauf ein, indem er sie rhetorisch als unwichtig erscheinen lässt. Er geht sofort in die Gestalterrolle, was seine Stärke unterstreichen soll. Die am Ende seiner Rede kurz gespielte Opferrolle, kombiniert mit der bevorstehenden Neuwahl im September, ist eine geschickte Projektion, das aktuelle Mitgefühl mit dem »Opfer« Kurz mit in die Wahlzelle zu nehmen, und »ihn« zu wählen, damit er weiter Gestalter sein kann.

Wenn Sie als Leser oder Leserin selbst einmal in die Situation geraten sollten, sich in einer Rede verteidigen zu müssen, oder in Bedrängnis geraten sind, dann achten Sie besonders darauf, Ihre Argumentation aus der Opferrolle heraus in eine Gestalterrolle zu führen. Sie könnten das Sprachmuster »Pacen derzeitigen Erlebens« im »Eingebettetem Befehl« nutzen, das zum Beispiel so klingen könnte: »Während Sie hier sitzen und aufmerksam zuhören, wird Ihnen meine nun folgende Argumentation immer klarer und welche Möglichkeiten zur Stabilisierung wir jetzt haben.« Falls erforderlich, geben Sie Ihren Anhängern am Ende Ihrer Rede die Möglichkeit, Sie in Ihrer Rolle zu bestätigen.

Andere motivieren – Sebastian Kurz Rede in der ÖVP-Akademie am 27. Mai 2019

Sebastian Kurz beginnt diese Rede unter enormem Jubel seiner Anhängerschaft. Erst vor wenigen Stunden, am Nachmittag des 27. Mai 2019, wurde seine Regierung gestürzt. Viele Menschen haben die Einladung zu dieser Veranstaltung in die ÖVP-Akademie bereits am Vortag erhalten. So wurde sichergestellt, dass die Anzahl der Versammelten groß war. Der Jubel ist langanhaltend. Es dauert, bis er mit seiner Rede beginnen kann.

Kurz ist in Redner-Uptime und fokussiert auf sich und gleichzeitig auf sein Publikum. Er ist in Rapport zu seinem Publikum, mit den Menschen emotional verbunden. Seine Körperhaltung ist gerade und aufrecht, mit beiden Beinen fest verwurzelt. Sein Satir-Typ der ist *Leveler*, alle Körperbewegungen sind symmetrisch zur Körperachse. Er spricht frei, ohne Unterlagen vor sich zu haben.

Vielen Dank, liebe Freunde! Vielen, vielen Dank. Danke vielmals! Dass ihr nach diesem durchaus sehr schwierigen Tag heute alle hier seid, vielen, vielen Dank für eure Unterstützung.

Ich weiß, dass viele von euch mit sehr gemischten Gefühlen heute da sind. Ich weiß, dass nicht nur hier, sondern auch viele Menschen in Österreich im Moment sich gerade schwertun, die Geschehnisse einzuordnen und viele einfach ganz unterschiedliche Gefühle haben, von Trauer über Wut bis hin zur Hoffnung, wie es vielleicht im September ausgehen könnte.

Kurz beginnt seine Rede mit den Sprachmustern »Gedankenlesen« und »Pacen derzeitigen Erlebens«. Beim Sprachmuster »Gedankenlesen« gibt der Redner vor, die Gedanken seiner Zuhörer zu kennen, ohne zu sagen, woher er diese Information hat. »Pacen derzeitigen Erlebens« heißt, der Redner beschreibt das Verhalten des Publikums in einer Art und Weise, die nicht bestritten werden kann. Beide Muster, in diesem Fall richtig angewandt, verstärken bei seiner Zuhörerschaft die enorme Zustimmung zu seiner Person, die in diesem Fall sicherlich großteils Anhänger seiner Politik ist.

> *Ich kann euch nur sagen, zu Recht fragen sich viele Menschen auch, wie geht's weiter, und ich versteh all diese Emotionen, denn wir haben als Volkspartei sehr hart gekämpft, dass wir 2017 diese Wahl gewonnen haben.*

> *Wir haben alles gegeben, um eine gute Regierung zu bilden und wir haben uns bemüht, die notwendigen Reformen in Österreich auch umzusetzen. Und ein Video mit Ideen des Machtmissbrauchs, mit Ideen der Korruption und der Steuergeldverschwendung hat nicht nur die FPÖ beschädigt, sondern dieses eine Video hat auch die Zusammenarbeit in der Koalition zerstört.*

Er erklärt, *warum* die Anwesenden hier versammelt sind. Kurz folgt auch hier dem 4MAT-System zur Strukturierung seiner Rede, damit sie leichter verständlich ist.

> *Und nicht nur, dass die Koalition zu Ende war, die freiheitliche Partei hat sehr schnell eine neue Koalition gebildet, nämlich mit der Sozialdemokratie, geeint im Hass auf die Volkspartei und mit einem klaren Ziel: nämlich »Kurz muss weg«.*

Kurz verwendet hier das harte Wort »Hass«. Hass ist nach dem Österreichischen Wörterbuch ein starkes und intensives Gefühl der Ablehnung und Feindschaft. Es beschreibt eine feindselige Ablehnung anderer Menschen oder Institutionen. Am 18. 5. 2019, kurz vor Sebastian Kurz' Pressekonferenz zum Ibiza-Video, skandierten Demonstranten am Ballhausplatz die Parole »Kurz muss weg«. Nach dem Bruch der Koalition mit der FPÖ waren es Medienberichten zufolge der renommierten österreichischen Tageszeitung »Die Presse« FPÖ-Anhänger, die diese Parole auf dem Viktor-Adler-Markt schrien. Die SPÖ hat sich mit ihrem Misstrauensantrag durchgesetzt. So wie Kurz das Wort »Hass« in seinen Formulierungen verwendet, entspricht es dem Muster des »Gedankenlesens«. Kurz gibt vor zu wissen, welche Gedanken FPÖ und SPÖ haben, ohne zu belegen, woher er das weiß. In seiner Rede verwendet er das Wort »Hass«, ohne es besonders zu betonen oder körpersprachlich hervorzuheben. Für jene Menschen, die mit dem Wort »Hass« eine Erinnerung verbinden, ist es jedoch eine starke Polarisierung, die Kurz nutzt.

> *Und, so ehrlich müssen wir sein, heute ist Ihnen das auch gelungen. Sie haben es geschafft, heute die Österreichische Bundesregierung niederzustimmen und abzuwählen.*

Kurz bringt in diesem Absatz eine Generalisierung in der Form »Sie haben es geschafft, heute die österreichische Bundesregierung niederzustimmen ...«. Diese Generalisierung manifestiert bei den Zuhörern eine Überzeugung in Form eines schmerzhaften Erlebnisses. Hier gibt es keine Alternativen mehr zu diskutieren, sie haben es gemacht, so ist es, Punkt.

Im folgenden Absatz verknüpft er diese Aussage mit der Bewertung »... das ist ungerecht, das ist inakzeptabel«. Das ist ein ideales *Warum* für den gleich folgenden *Was*-Teil. Denn dass dies ungerecht und inakzeptabel sei, ist ein wichtiger Grund für Kurz, jetzt hier zu stehen und seine Rede zu halten, und es ist ein wichtiger Grund für sein Publikum, ihm zuzuhören.

Und, sehr geehrte Damen und Herren, liebe Freunde, ich kann euch nur sagen, ich verstehe, dass gerade nach dem gestrigen Wahlergebnis [Anm. gemeint ist die EU-Wahl 2019. Die ÖVP gewinnt mit 35,4% der Stimmen, das ist ein Zuwachs von +8,4%-Punkten, die SPÖ erhält 23,6% der Stimmen, das ist ein Minus von -0,5%-Punkten und die FPÖ erhält 18,1% der Stimmen, das ist ein Minus von -1,6%-Punkten, Datenquelle BMI, https://www.vienna.at/ergebnis-der-eu-wahl-2019-so-hat-oesterreich-gewaehlt/621972 vom 27. 6. 2019] *viele zu Recht sagen, das ist ungerecht, das ist inakzeptabel.*

Es ist aus Sicht der ÖVP vor dem Hintergrund des EU-Wahlergebnisses ungerecht, da SPÖ und FPÖ Stimmen verloren haben und es sich dennoch erlauben, die Regierung Kurz, dessen ÖVP +8,4 Prozentpunkte dazugewonnen hat, zu stürzen, und SPÖ und FPÖ somit den aktuellen Wählerwillen hintergehen würden.

Es folgt nun der *Was*-Teil entsprechend der Struktur des 4MAT-Systems, das für eine gute Verständlichkeit der Rede hilfreich ist. Nachdem Kurz gerade gesagt hat, warum es für ihn notwendig ist zu sprechen und ihm zuzuhören, erklärt er im folgenden Was-Teil, was nun zu tun ist.

> *Aber ich bitte euch, nehmen wir diese Entscheidung zur Kenntnis. Es ist eine demokratische Entscheidung und für Wut, für Hass und auch für Trauer ist überhaupt kein Platz.*

Kurz verwendet den »Eingebetteten Befehl« »... nehmen wir diese Entscheidung zur Kenntnis ...«. Damit führt er weg vom Problem-Rahmen hin zu einem Ergebnis-Rahmen. Das bedeutet, alles, was wir erleben, sehen wir ab sofort im Lichte eines möglichen gewünschten Ergebnisses. Kurz weiß vermutlich auch, dass die negativen Emotionen wie Wut, Hass und Trauer die mögliche Denkleistung menschlicher Gehirne stark einschränken. Doch gerade jetzt ist hohe Denkleistung gefragt. Das ist zweifellos ein geschickter Zug in seiner Rede.

> *Wir sind, wir sind alle, wir sind alle als Volkspartei engagiert, weil wir ein klares Ziel haben, und das ist, unserem Land zu dienen. Wir haben uns in der letzten Woche bemüht, alles zu tun, um Stabilität sicherzustellen, um eine handlungsfähige Regierung auf die Beine zu stellen. Wir haben nach dem Auftrag des Bundespräsidenten innerhalb von 24 Stunden Experten ausgewählt und wir haben gewährleistet, dass Aufklärung stattfinden kann und Stabilität in Österreich vorhanden ist. Wir haben uns bemüht und wir haben uns angestrengt, und genau dieselbe Aufgabe haben wir jetzt im Moment.*

Kurz beschreibt weiter, was getan wurde und was weiter zu tun ist. Er fokussiert mit der Formulierung »… diese Aufgabe haben wir jetzt im Moment« zielsicher auf das Jetzt, und nicht auf irgendwann. Das hat das Potenzial, die versammelte Menge zu starken Verbündeten zu machen.

> *Ich habe vorhin nach der Abwahl im Parlament den Bundespräsidenten angerufen und ich habe ihm zugesichert, dass wir zur Verfügung stehen für eine ordentliche Übergabe an die Übergangsregierung und dass wir bedingungslos die Übergangsregierung unterstützen werden, egal, wen er aussucht.*

Kurz nutzt das Ansehen des Bundespräsidenten für seine eigene Reputation. Trotzdem er nicht mehr Bundeskanzler ist, bleibt das Verhältnis zum Bundespräsidenten ein enges. So möchte Kurz es jedenfalls vermitteln.

> *Denn es geht nicht um mich, es geht nicht um uns, sondern es geht um die Republik Österreich.*

Kurz adressiert mit den Worten »... es geht nicht um uns, sondern es geht um die Republik Österreich« ganz klar das türkise Mem, das holistische Ganze. Sich auf etwas gemeinsames Höheres zu berufen, schafft ein Gefühl von Zugehörigkeit, es einigt die versammelten Menschen und schweißt sie noch stärker zusammen.

Später im nächsten Absatz folgt der eingebettete Befehl »... da werden wir kämpfen ...« Es beginnt der *Wie*-Teil entsprechend des 4MAT-Systems, das Kurz anwendet, um seine Rede leicht verständlich zu machen. Reden, die dem 4MAT-Format folgen, also mit dem *Warum* der Rede, warum ist sie notwendig, beginnen, dann erklären, was ist zu tun, anschließend erläutern, wie sind genau die nächsten Schritte umzusetzen, und mit dem *Was-Wenn*-Teil, der Aussichten auf die Zukunft gibt, enden, erzeugen beim Publikum eine hohe Verständlichkeit.

> *Aber ich sage, aber ich sage euch auch ganz klar, ich sage euch auch ganz klar, genauso wie es jetzt wichtig ist, dass wir sicherstellen, dass es Stabilität in den nächsten Monaten gibt, genauso wichtig ist es, wie es in den nächsten Jahren in Österreich weitergeht, und liebe Freunde, ich verspreche euch, da werden wir kämpfen,* [Applaus] *wir werden sicherlich nicht ...*

Mit der Formulierung »... aber ich sage euch auch ganz klar, ... da werden wir kämpfen ...« verfällt Kurz in ein Kampfrhetorik-Muster, das mehrere Eingebettete Befehle enthält. Zu kämpfen, ohne zu sagen, wie zu genau zu kämpfen sei, eröffnet einen großen Interpretationsspielraum. Er hat sein Publikum jedoch auf diese Ansage gut darauf vorbereitet, ihm zuzustimmen.

Kurz spricht den obigen Satz wegen des Applauses nach seinen Worten »... da werden wir kämpfen, wir werden sicherlich nicht ...« nicht weiter, vermutlich, um mit einer etwaigen Negativformulierung nicht vom Kämpfen abzulenken und um aus der Kampfrhetorik herauszukommen. Hier bestünde sonst bei Verwendung schärferer Tonalität und höherer Stimmlage tatsächlich die Gefahr, mit Nazi-Rhetorik verglichen zu werden.

> *Wir haben in den letzten Tagen bei all den Wahlveranstaltungen von Sozialdemokratie und FPÖ immer eins gehört: »Kurz muss weg« – das einzige Programm dieser beiden Parteien.*
>
> *Und ich kann Ihnen nur eins sagen, ich muss die beiden enttäuschen, ich bin noch immer hier, ich stehe vor euch, als der, der ich bin, als einer von euch, der etwas verändern möchte, ganz gleich ob mit oder ohne Amt, ganz gleich, ob mit oder ohne Titel, und ich gebe euch heute ein Versprechen: Die Veränderung, die hier vor zwei Jahren begonnen hat, die wird mit dem heutigen Tag nicht enden. Wir können uns sicher sein, dass sie uns anpatzen werden. Wir haben erlebt, dass sie uns abwählen können, aber sie können sicherlich nicht die Veränderung aufhalten, die von uns ausgeht.*

Kurz wendet hier den Vergleichs-Rahmen an. Das heißt, er streicht die Unterschiede heraus zwischen dem, was laut seinen Aussagen die anderen Parteien wollten, und dem, was wirklich der Fall ist, nämlich dass er weiter aktiv ist und bleibt. Durch die Benennung dieses Kontrasts wird deutlich, wie stark er sich und seine Anhängerschaft sieht.

Und wir werden diese demokratische Entscheidung heute zur Kenntnis nehmen, aber genauso bitte ich euch, dass wir die nächsten Monate quer durch Österreich unterwegs sein werden mit den Menschen, wir werden um die Unterstützung der Bevölkerung werben, denn heute hat das Parlament entschieden, aber am Ende des Tages, im September, da entscheidet in einer Demokratie das Volk und darauf freue ich mich!

Kurz formuliert im obigen Absatz durch Anwendung des Musters des »Eingebetteten Befehls«, was die kommenden Monate zu tun ist, nämlich die Entscheidung zur Kenntnis zu nehmen und konkret zu handeln.

Mit dem letzten Satz »... im September entscheidet in einer Demokratie das Volk und darauf freue ich mich!« macht Kurz den Abschluss seiner Rede mit dem *Was-Wenn*-Teil entsprechend des 4MAT-Systems. Er zeigt damit für seine Zuhörer die Perspektive auf, was sein wird, wenn wir all das tun, was er in seiner Rede beschrieben hat. Statt »... darauf freue ich mich!« zu sagen, »... darauf freuen wir uns!« wäre eine Möglichkeit gewesen, die in dieser Rede erzielte Motivation der Zuhörer noch weiter zu verstärken.

Vielen Dank für eure Unterstützung.

Diese Abschlussfloskel scheint eine Art Gewohnheit von Kurz zu sein. In allen von mir analysierten Reden bedankt er sich am Ende. Es passt zu seinem Arbeitsstil der Beteiligung, »ich bin der Sager, ihr arbeitet mit«, der ihn immer wieder clean und glatt erscheinen lässt. Gerade inmitten seiner Fans, die ihn ohnehin als ihren Leader anerkennen, erachte ich diese Abschlussfloskel als zwecklos. Stark wäre aus meiner Sicht ein Abschluss, der lauten könnte: »Ich bin einer von euch!« Das erinnert an das Buch »Ich bin einer von euch!« von Papst Franziskus. Inmitten seiner Anhängerschaft passend, im Parlament eher nicht.

Zusammenfassend ist zu sagen:
Kurz steht auch bei dieser Rede stets aufrecht. Er ist voll bei der Sache und ist in Kontakt mit seinem Publikum. Er macht einen energiegeladenen Eindruck und zeigt eine gute Erdverbundenheit. Die Strapazen des Tages sind ihm anzusehen.

Kurz spricht im Wesentlichen ganze Sätze, die grammatikalisch richtig und wohlgeformt sind. Intonationsmuster, also Veränderung der Tonhöhe am Satzende je nachdem, ob es sich um eine Aussage oder eine Frage handelt, sowie bei Aufzählungen, werden verwendet. Eine gewisse Aufregung ist im Vergleich zu seinen Reden im Parlament zu bemerken.

Er verwendet sehr stark das Muster »Pacen derzeitigen Erlebens«, was einen gemeinsamen inneren emotionalen Zustand aller Anwesenden unterstützt.

Die Rede ist ebenfalls nach dem 4MAT-System aufgebaut. Sie ist daher insgesamt gut verständlich und gut strukturiert. Die Zuhörer sind auf der Videoaufzeichnung gut zu sehen und sie machen den Eindruck, dass sie der Rede jederzeit folgen konnten. Aus meiner Sicht ist es ihm gut gelungen, die Zuhörerschaft aus dem möglichen Zustand der Verzweiflung aufgrund der Abwahl der Regierung Kurz in einen emotionalen Zustand des Aufbruchs und der Motivation zu führen.

Kurz spricht bei dieser Rede mit kinästhetischer Wortwahl, das heißt, viel über Gefühle und Empfindungen. Dadurch wirkt dies Rede deutlich emotionaler als die bisher analysierten Reden. Die gezeigten Emotionen lassen die Zuhörer ebenfalls diese Emotionen verspüren. Wir kennen diesen Effekt als »Spiegelneuronen«-Effekt. Auch im Parlament Emotionen zu zeigen, wäre aus meiner Sicht gut geeignet, der ihm entgegenschlagenden Ablehnung zu begegnen. Mit Menschen, die keine Emotionen zeigen, können andere Menschen wenig anfangen. Menschen sind Emotionen, Emotionen sind Energy in Motion. Die parlamentarischen Reden z.B. zu Zeiten Leopold Figls waren vergleichsweise deutlich emotionaler und bildhafter in der Darstellung.

Das Charisma-Muster, mit einer tiefen Stimmlage und kinästhetischen Wortwahl beginnend, übergehend zu einer mittleren Stimmlage mit auditiver Wortwahl hin zu einer höheren Stimmlage mit visueller Wortwahl, ist bemerkbar. Vor allem gegen Ende seiner Rede war seine Stimmlage, im Vergleich zu Beginn der Rede, deutlich höher. Eine höhere Stimmlage macht es den Zuhörern einfacher, Bilder im Kopf zu generieren, als eine tiefe Stimmlage. Und genau die Bilder des Kämpfens und Werbens um Wählerstimmen, das Unterwegssein in den Bundesländern und das Bild vom Wahlsieg am Wahlsonntag im September 2019 sind es, die er vermittelt. Ich bin sicher, dass in der Zeit bis zum Wahlsonntag reale Videosaufnahmen von Kurz immer wieder zu sehen sein werden, die seine Zuhörer unbewusst an diese Rede vom 27. Mai 2019 erinnern werden.

Resümee: Sebastian Kurz gelingt eine motivierende Rede, die bei seinen Zuhörern Aufbruchsstimmung erzeugt. Er hält sich streng und scheinbar mühelos an das 4MAT-System. Die Verwendung sinnesspezifischer Wörter zeigt ihn mehr als bisher von seiner emotionalen Seite.

Wenn Sie, lieber Leserin und lieber Leser, einmal in die Situation kommen sollten, andere Menschen motivieren zu müssen, dann halten Sie sich strikt an das 4MAT-Format. Erklären Sie kurz, warum es die Situation erfordert, zu handeln, sagen Sie, was Sie möchten und was zu tun ist, sagen Sie, wie die nächsten Schritte zu gehen sind, und malen Sie am Ende ein schönes Bild vom erreichten Ziel. Zeigen Sie Ihre Emotionen, sagen Sie, was Sie fühlen, und was Sie am Ende sehen, hören und erleben werden.

Zum Vergleich – Was machen die anderen?

In diesem Kapitel werde ich Sebastian Kurz' Reden mit jenen seiner politischen Mitbewerber vergleichen. Ich möchte aufzeigen, welche relevanten Unterschiede die Verwendung von Rhetorik macht. Ich habe Pamela Rendi-Wagner, Herbert Kickl, Norbert Hofer und Beate Meinl-Reisinger dafür ausgewählt, da sie aus meiner Sicht bei der Nationalratswahl im September 2019 die wesentlichen Gegenspieler von Sebastian Kurz sind.

Auch in diesem Kapitel bin ich ausschließlich an der Rhetorik interessiert, und in keinem Fall an politischen Inhalten. Die Bewertung politischer Inhalte mögen Sie, liebe Leserin und lieber Leser, bitte selbst vornehmen. Vielleicht sehen Sie jedoch politische Inhalte nach der Lektüre dieses Buches aus einem anderen, neuen Blickwinkel.

Ein kleiner Hinweis: Auch hier sind die kursiven Texte Transkripte der YouTube-Videos, deren Quelle. Ich habe so genau wie möglich transkribiert. Sprach- und Grammatikfehler sind daher 1:1 wiedergegeben. Im Einzelnen geht es um folgende Reden:

- Pamela Randi-Wagner am 14. März 2017: Antrittsrede als Frauen- und Gesundheitsministerin
  https://www.youtube.com/watch?v=RpyI6QdqUgo
- Pamela Rendi-Wagner am 27. Mai 2019: Der Misstrauensantrag gegen die Regierung Kurz
  https://www.youtube.com/watch?v=ajYZ30SkYpc

- Herbert Kickl am 27. Mai 2019: Zum Misstrauensantrag gegen die Regierung Kurz
https://www.youtube.com/watch?v=uuHqmnqI940
- Norbert Hofer am 27. Mai 2019: Zum Misstrauensantrag gegen die Regierung Kurz
https://www.youtube.com/watch?v=GjoEezswtqs
- Beate Meinl-Reisinger am 27. Mai 2019: Zum Misstrauensantrag gegen die Regierung Kurz
https://www.youtube.com/watch?v=XI9j7JowNEY

Die Antrittsrede von Pamela Rendi-Wagner als Frauen- und Gesundheitsministerin

Rendi-Wagner macht am Beginn ihrer Antrittsrede als Frauen- und Gesundheitsministerin vom 14. März 2017 einen angespannten Eindruck. Es sieht so aus, als würde sie von einem Fuß auf den anderen steigen. Sie wirkt kurzatmig. Ihre Aufmerksamkeit hat sie nur auf sich gerichtet und nicht gleichzeitig auch auf das Publikum. Ihr Satir-Typ ist tendenziell der Ablenker, der Distractor. Sie dreht sich mit nach leicht nach vorne geneigtem Oberkörper unentwegt asymmetrisch um die eigene Körperachse. Sie richtet sehr oft ihre Notizen und erweckt den Eindruck, dass sie Sorge hätte, diese könnten verlorengehen. Selbst die Mitglieder ihrer eigenen Fraktion sitzen eher teilnahmslos da.

> *Ja, sehr geehrte Frau Präsidentin, sehr geehrter Herr Bundeskanzler, Herr Vizekanzler, sehr geehrte Kollegen und Kolleginnen, verehrtes hohes Haus und sehr geehrte Damen und Herren vor den Bildschirmen.*

Im Vergleich mit Kurz ist Rendi-Wagners Begrüßung weniger herzlich. Sie spricht von den »sehr geehrten Damen und

Herren vor den Bildschirmen« und nicht von »Liebe Österreicherinnen und liebe Österreicher.« Die Österreicher und Österreicherinnen, die im Parlament auf der Besuchertribüne sitzen, bleiben ausgeschlossen.

Es war genau vor einer Woche, als mich der Bundeskanzler darüber informierte, dass er mich gerne als neue Gesundheits- und Frauenministerin vorschlagen möchte. Seitdem sieben Tage, die, wie sie sich vorstellen können, mehr als ereignisreich waren, spannend, intensiv, arbeitsreich, schlaflos, ahm, das waren die letzten sieben Tage, und die Höhepunkte in diesen sieben Tagen waren zum einen die Angelobung, ahm, letzte Woche Mittwoch durch den Bundespräsidenten, und zweifelsohne der zweite Höhepunkt dieser ersten sieben, oder ja sieben Tage mittlerweile, hier die Vorstellung vor Ihnen, vor dem Hohen Haus als gewählte Vertreter und Vertreterinnen der Österreicher und Österreicherinnen.

Rendi-Wagner begründet ihr Dasein gleich mit einer Information, die sie durch den Bundeskanzler erhalten hat. Sie spricht ausschließlich über sich und ihre Befindlichkeiten. Das ist kein gut geeignetes und auch kein attraktives *Warum* man ihr zuhören sollte, da noch nichts Interessantes für die Zuhörer und Zuhörerinnen dabei war.

Rendi-Wagners Einleitung ist auch im Folgenden überschattet von negativen Emotionen der Unsicherheit und der Trauer. Das ist ebenfalls Priming, also die Grundierung, für ihre weiteren Ausführungen, die nun einen negativen Touch haben werden.

Es waren für mich aber persönlich nicht nur wirklich spannende und sehr besondere Tage, es waren auch emotional überschattete Tage und auch Wochen davor, und das möchte ich hier, hier im Parlament auch nicht unerwähnt lassen, und es ist für mich ganz wichtig, dass wir genau hier im Parlament an meine Vorgängerin Sabine Oberhauser erinnern. Denn genau hier im Parlament war für sie so ein wichtiger Ort ihres Wirkens, zuerst als Parlamentarierin, dann als Sozial- und Gesundheitssprecherin der sozialdemokratischen Parlamentsfraktion, schließlich als Gesundheits- und Frauenministerin dieses Landes, wo sie die Gesundheits- und die Frauenpolitik so maßgeblich in diesen Jahren, in denen sie hier gewirkt hat, mitprägen und gestalten konnte.

Wortwiederholungen, wie »... und das möchte ich hier, hier im Parlament ...« sind der wortwörtlichen Transkription der Videoaufnahme geschuldet.

Die mehrfache Erwähnung der verstorbenen Sabine Oberhauser signalisiert Unsicherheit. Bei aller Wertschätzung, die Rendi-Wagner für Sabine Oberhauser hat, sind diese Passagen Vergangenheitsbetrachtungen, die eher in einen Nachruf passen würden als in eine Antrittsrede einer neuen Ministerin.

Wie sie alle wissen, habe ich ja als Sektionsleiterin sehr intensiv mit Sabine Oberhauser, und ich sage, zusammenarbeiten dürfen. Es waren wirklich auch fruchtbare, sehr fruchtbare Gespräche und so eine sehr fruchtbare Kooperation, die wir hier hatten, eine sehr enge und auch sehr freundschaftliche Beziehung, und es ist für mich sonnenklar, dass wir auf dem Gebiet, auf dem ich mit ihr zusammengearbeitet habe, nämlich im Bereich der Gesundheitspolitik, viele der gemeinsamen ausgedachten andiskutierten und bereits auf den Weg gebrachten Projekte auf jeden Fall weiterführen werde und in Umsetzung bringen werde und dafür werde ich mich sehr stark machen.

Rendi-Wagner deutet vage an, *was* sie zu tun gedenkt. Sie gibt dafür keine geeignete Begründung, kein *Warum* ab. Dieser lange, in sich verschachtelte, Satz ist schwer verständlich und hat eine trance-erzeugende Wirkung. Die Zuhörer verlieren sich in ihren eigenen Gedanken, was fruchtbar bedeuten könne, oder suchen in ihren Erinnerungen Beispiele für die vielen gemeinsamen ausgedachten angedachten Projekte. Rendi-Wagner bleibt unkonkret.

> *Sabine Oberhauser war aber nicht nur eine profunde Kennerin des Gesundheitssystems. Sie war, und das ist mir hier ganz, ganz wichtig, sie war vor allem auch eine leidenschaftliche Frauenkämpferin oder Kämpferin für die Frauenrechte in diesem Land, und es ist für mich auch eine besondere Freude gewesen, genau am internationalen Frauentag letzte Woche Mittwoch als neue Frauenministerin angelobt zu werden, und es gab mir die Möglichkeit, am selben Abend in einer großen Veranstaltung bei uns im Ministerium sehr viele Vertreterinnen hier dieser vielfältigen Frauenorganisationen dieses Landes kennenlernen zu können, mit ihnen bereits in Diskussion gehen zu können, ihre Anliegen zu hören und auch darüber zu diskutieren, was in den letzten Jahrzehnten, und der Bundeskanzler und Vizekanzler haben das bereits angesprochen, schon erreicht wurde auf diesem Gebiet, und ohne diesen Errungenschaften in der Frauenpolitik würde ich wahrscheinlich auch nicht hier stehen, weil es hat mir Tore geöffnet als Mädchen, als Jugendliche, als Studentin und schließlich auch als Karrierefrau und ohne der es wahrscheinlich nicht möglich wäre, hier zu stehen und diese gläserne Decke, die sprichwörtlich gläserne Decke, durchdrungen zu haben.*

Der obige Absatz beginnt mit dem langen Satz, der erst am Ende des Absatzes endet. Rendi-Wagner steht weiter selbst im Mittelpunkt ihrer Aussagen und sie definiert sich über die Person Sabine Oberhauser. Rendi-Wagner offenbart damit einen Teil ihres Wertesystems und ihrer Denkmuster. Sie hebt ihre Rolle als »roter Häuptling« hervor, da sie mithilfe ihres »purpurnen Clans« eine Stärke erlangen konnte, die andere nicht haben. »Roter Häuptling« und »purpurner Clan« sind aus dem Kontext von Spiral Dynamics zu verstehen, nicht bezogen auf die Farbe der Partei. Spiral Dynamics stellt einen Rahmen dar, um dynamische Kräfte in Wirtschaft, persönlichem Leben und Politik zu verstehen. Die Farbe Purpur steht für ein Wertesystem, das auf Geben und Nehmen, auf Reziprozität, beruht, wie dies in einem Clan üblich ist. Die Farbe Rot steht für ein Wertesystem, das Macht repräsentiert, wo gekämpft wird und wo es darum geht, die Kontrolle zu haben und zu behalten.

> *Das sind Errungenschaften der letzten Jahrzehnte, aber gleichzeitig haben wir auch darüber diskutiert letzten Mittwoch, dass es noch so viel zu erreichen gibt und wo sehe ich großen Herausforderungen im Bereich der Frauenpolitik, was steht hier noch an. Schauen wir uns die Tatsachen an. Tatsachen ist, dass Frauen in diesem Land noch immer 20, mehr als 20 Prozent weniger verdienen für den gleichen Job als ihre männlichen Kollegen. Tatsache ist, dass die Vereinbarkeit von Beruf und Kindern zumeist, nicht in allen Fällen, aber zumeist, noch immer auf den Schultern der Frauen lastet.*

Rendi-Wagner macht Grammatikfehler, wie zum Beispiel »Tatsachen ist …«. Die Häufigkeit von Sprech- und Grammatikfehlern ist auffällig. Solche Fehler sind irritierend und lenken ab.

Tatsache ist, dass Frauen von Gewalt in sehr häufigen Fällen, nämlich jede fünfte Frau in diesem Land, bedroht oder betroffen ist, meist der Bekannten- oder Familienkreis, das ist eine sehr prekäre Situation, und diesen Dingen müssen wir uns stellen, das sind die Herausforderungen, die wir jetzt auch heute und in der Zukunft hier gemeinsam lösen müssen.

Rendi-Wagner generiert negative Emotionen wie Bedrohung durch Gewalt, ohne diese nachher aufzulösen. Diese negativen Emotionen bleiben im Gedächtnis der Zuhörer haften. Dass man diese Situationen lösen sollte, ist, denke ich, unbestritten. Die Frage, was sie zu tun gedenkt, bleibt unbeantwortet. Die vielen verwendeten Füllwörter, wie zum Beispiel »... wie wir auch heute und in der Zukunft ...« zeugen von einer massiven Unstrukturiertheit. Der Satz am Beginn des obigen Absatzes »Tatsache ist, dass Frauen von Gewalt in sehr häufigen Fällen, nämlich jede fünfte Frau in diesem Land, bedroht oder betroffen ist, meist der Bekannten- oder Familienkreis, das ist eine sehr prekäre Situation ...« ist grammatikalisch holprig. Weiters ist anzumerken, dass Rendi-Wagner keine Quellenangaben zu ihren statistischen Aussagen macht, so wie das in der Wissenschaft, aus der sie kommt, erforderlich ist, und auch im Parlament für Nachvollziehbarkeit sorgen würde.

Rendi-Wagner verwendet den Modaloperator der Notwendigkeit (»... gemeinsam lösen müssen«), ohne zu begründen, woher sie das weiß und warum wir das müssen. Ein Modaloperator formt Regeln, die autoritär wirken. Diese Form von Regeln finden im heutigen Wertesystem der Gesellschaft wenig Zustimmung und sie sind daher nicht im Sinne der Sache verwendet. Sie wirken hypnotisch. Sie lenken die Aufmerksamkeit der Zuhörerschaft auf die Frage »Warum müssen wir?« und lenken daher von den weiteren Ausführungen ab. Es ist hier wichtig zu wiederholen, dass wir in dieser Analyse auf die Form der Sprache achten, nicht auf den Inhalt. Sie hätte auch sagen können: »... wie wir alle spüren können, ist das eine sehr prekäre Situation. Ich lade Sie ein, hier und jetzt mit Ihrer ganzen Kraft bei der Lösung dieses Problems mitzuwirken.« Diese Aussage wirkt ebenfalls hypnotisch, jedoch gedanklich in die gewünschte Richtung der Rednerin, da nun nicht nach einer Antwort auf die Frage »Warum müssen wir?« unbewusst gesucht wird. Sondern durch »Pacen derzeitigen Erlebens« in der Form »... wie wir alle spüren können«, was ja bei Gewalt gegen Frauen sicherlich der Fall sein wird, wird unbewusst ein Gefühl der Zustimmung aufgerufen, dass sich auf die Einladung bei der Lösung des Problems mitzuwirken, zustimmend auswirkt.

> *Frauenpolitik ist Gleichstellungspolitik, sie ist aber auch Gesellschaftspolitik. Gesellschaftspolitik auch deswegen, wenn es den Frauen in diesem Land besser geht, geht es der Gesellschaft besser und davon profitieren wir alle und in diesem Sinn muss es ein gemeinsames Anliegen, nicht nur der Bundesregierung, sondern von uns allen sein, diese Anliegen der Frauen heute und morgen durchzusetzen.*

Die beiden Metaphern »Frauenpolitik ist Gleichstellungspolitik« und »Geht es den Frauen besser, geht es der Gesellschaft besser« werden zwar gemacht, aber im weiteren Verlauf der Rede nicht mehr verwendet. Sie gehen somit unter und verschwinden aus dem Gedächtnis der Zuhörer. Die verschachtelten Sätze bewirken ebenso, dass das Gehörte verhallt.

> *Sicher das vordringlichste Anliegen, und auch das wurde schon erwähnt und das freut mich, dass das alles schon diese Erwähnung und Bedeutung gefunden hat heute, ist das Schließen dieser Lohnschere. Beenden wir*

endlich dieses frauenpolitische Kapitel, schließen wir die Lohnschere zwischen Männern und Frauen. Und eine wichtige und die wichtigste primäre Maßnahme, und es sind viele, wie wir dazu brauchen, aber im ersten Schritt sicher die primäre Maßnahme ist die Forderung nach einem Mindestlohn von 1500 Euro. Warum ist es die wichtigste Forderung jetzt am Anfang, weil noch immer 200.000 Frauen in diesem Land unter diesen Lohnniveau leben und arbeiten und das ist eine inakzeptable Situation. Ein weiterer Beitrag zum Schließen der Lohnschere ist aus meiner Sicht zweifelsohne auch die Verbesserung für Frauen, was die Vereinbarkeit von Beruf und Kindern betrifft. Wichtige Maßnahmen, die wir in diesem Bereich setzen müssen: flächendeckender qualitativ gesicherter Ausbau der Kinderbetreuung, dazu braucht es die Kooperation, flächendeckender Ausbau der Ganztagsschulen und nicht zuletzt die Einführung des zweiten Gratis-Kindergartenjahrs. Wichtige Maßnahme, dass mehr Frauen hier berufliche und Kinder- und Familienziele hier unter einen Hut bringen.

Rendi-Wagner bringt nochmals negative Emotionen, ohne die Ursache zu adressieren und ohne sie aufzulösen. Sie spricht am Ende dieses Absatzes davon, dass sie sich stark machen wird, jedoch ohne zu sagen, wann dies der Fall sein wird. Das lässt die Zuhörerinnen und Zuhörer im Unklaren, wie es weitergehen soll.

Und schauen wir genauer hin, wenn es um das Thema von Gewalt bei Frauen geht's. Frauen sind hier zu einem hohen Maß bedroht. Setzen wir alle unsere Kräfte in unseren Wirkungsbereichen ein, um diese Gewaltsituationen zu vermindern und in diesem Land muss es jeder Frau möglich sein, die von einer Gewaltsituation bedroht oder betroffen ist, hier Anlaufstellen in diesem Land, ähm, z.B. in Form von Frauenhäusern oder Gewaltschutzzentren vorzufinden, auch dafür zur Absicherung dieser Anlaufstellen werde ich mich stark machen.

Sehr geehrte Damen und Herren, es geht hier nicht nur um die Frauenpolitik.

Wie Sie wissen, bin ich auch Gesundheitsministerin und ich möchte ganz kurz hier einleitend, auch über mich ganz kurz erzählen.

Rendi-Wagner stellt ihr Licht unter den Scheffel, da sie »ganz kurz« einleitend auch über sich »ganz kurz« erzählen möchte. Zunächst ist für eine einleitende Erläuterung über die Person Rendi-Wagner ihre Rede schon recht weit fortgeschritten. Vielleicht vermutet sie unbewusst, dass ihre medizinische Fachqualifikatione mit der Funktion einer Gesundheitsministerin nicht automatisch viel zu tun hat. Es könnte sich für manche auch die Frage stellen, warum sie nicht Fachärztin geblieben ist. Was könnte da »schiefgelaufen« sein, dass sie diesen Beruf nicht mehr ausführt. Diese Frage wirft sie nicht auf und sie bleibt daher auch unbeantwortet. Ich denke, diese Information ist die interessante für die Zuhörerinnen und Zuhörer. Rendi-Wagner wird, nachdem sie den Großteil ihrer Rede verwendet, um über sich zu erzählen, als egozentrisch wahrgenommen. Gleichzeitig braucht sie offensichtlich immer wieder neue Bestätigung von außen, was durch die Vielzahl von Verweisen auf Sabine Oberhauser deutlich wird. Sie tut sich schwer sich hinzustellen und zu sinngemäß zu sagen: »Ich bin gut und ich weiß, dass ich gut bin. Deswegen bin ich hier.«

Ich komme ursprünglich aus dem Bereich der medizinischen Forschung, bin Fachärztin für Tropenmedi-

zin, habe sehr viel im Bereich der Impfprävention, Infektionskrankheiten, Tropenmedizin geforscht und gearbeitet, im Ausland, aber auch an der medizinischen Universität Wien und wie Sie wissen, bin ich seit 2011 Sektionsleiterin im Bundesministerium für Gesundheit und Frauen, mittlerweile für den Bereich zuständig Öffentliche Gesundheit und Medizinische Angelegenheiten, und in diesem Bereich habe ich, und ich hab schon erwähnt, sehr stark und intensiv auch mit den jeweiligen Bundesministern Alois Stöger zu Beginn und dann Sabine Oberhauser zusammenarbeiten dürfen und hier auch Politik mitgestalten dürfen aus dem Blickwinkel des fachlichen Bereiches und es war für mich immer sehr fruchtbare Umsetzungsschritte, die wir hier setzen konnten, nicht zuletzt auch die Erkenntnis, die mich bewogen hat, diesen Schritt zu wagen, dass ich heute hier stehe.

Den Ausführungen dieses Absatzes ist schwer zu folgen. Ich glaube auch nicht, dass alle Abgeordneten wissen, dass sie seit 2011 Sektionsleiterin war. Die obigen Sätze klingen nach einer Wiederholung ihrer Worte zu Beginn ihrer Rede, in deren Mittelpunkt Sabine Oberhauser stand. Für den Zuhörer ist es aus meiner Sicht unmöglich geworden, einen Zusammenhang ihrer Rede zu finden.

Das Ziel einer modernen Gesundheitspolitik von heute muss es sein, dass Menschen in diesem Land nicht nur länger leben, nein, dass sie gesund länger leben und warum ist das so interessant sich genauer anzuschauen, weil wir wissen, dass es Menschen gibt und Bevölkerungsgruppen, denen es leichter fällt, gesünder zu leben als anderen, und wenn wir uns die österreichische Landkarte anschauen, dann gibt es Regionen und Bezirke, wo wir tatsächlich eine niedrigere Lebenserwar-

tung haben und eine schlechtere, schlechtere Gesundheitschancen der Menschen dort vorfinden als in anderen Bezirken und Regionen dieses Landes, und wir müssen uns die Ursachen dieses Ungleichgewichts, dieser gesundheitlichen Ungleichheit anschauen und die Ursachen liegen auf der Hand: es sind ungleiche Bildungschancen, es ist ungleiche Einkommensverhältnisse und ungleicher Sozialstatus.

Rendi-Wagner stellt ihre Ausführungen in den Problem-Rahmen. Es geht nicht um die Struktur des Problems, damit es gelöst werden kann. Sondern es geht um Rechtfertigungen. Die Schuld wird bei äußeren Umständen gesucht. Das ist ein typisch naturwissenschaftliches Muster, und tendenziell auch typisch für Angehörige medizinischer Berufe. Die Schuld den äußeren Umständen zu geben, untergräbt außerdem die ihr zuzuschreibende Kompetenz als Gesundheitsministerin. Sie spricht während dieser Rede nicht darüber, wie auch nur eines der von ihr angesprochenen Probleme konkret zu beheben sei.

Rendi-Wagner verwendet wieder den Modaloperator der Notwendigkeit: »Das Ziel einer modernen Gesundheitspolitik muss es sein …«, ohne zu begründen, warum es sein muss. Dieses »muss« ist anfällig für Widerspruch der Zuhörer. Es ist andererseits auch ein hypnotisches Sprachmuster. Die Zuhörer suchen unbewusst nach dem Warum und sind so von den weiteren Ausführungen abgelenkt.

Rendi-Wagner ist weiter im Problem-Rahmen und gibt die Schuld externen Umständen.

Das sind die wichtigsten sogenannten Gesundheits-Determinanten, Einflussfaktoren auf unsere Gesundheit. Diese Themen müssen wir uns genau anschauen, da müssen wir drauf bleiben, das müssen wir angreifen.

Rendi-Wagner verwendet auch hier wieder den Modaloperator der Notwendigkeit: »… das müssen wir …«, ohne zu begründen, warum wir das müssen. Die beiden Damen, die während der Videoaufzeichnung hinter Rendi-Wagner sitzen, machen auf mich einen definitiv uninteressierten Eindruck. Ebenso die meisten anderen Personen im Plenum, die bei diversen Kameraeinstellungen zu sehen sind.

> *Wie machen wir das, nicht mit dem Zeigefinger: Du musst dich besser ernähren, du musst dich besser bewegen. Nein, wir müssen Rahmenbedingungen schaffen, die Menschen unterstützen gesünder zu leben, die es ihnen leichter macht, gesünder zu leben und wir brauchen Partner, die diese Rahmenbedingungen für diese Menschen in diesem Lande schaffen, die es ihnen ermöglicht, ein gesundes längeres zufriedenes Leben in Wohlbefinden zu führen.*

> *Aber wenn Menschen dann am Ende des Tages wirklich krank werden, dann darf es keine Schuldfrage sein. Menschen in diesem Land, wenn sie krank werden, müssen sich auf ein qualitativ hochstehendes, effizientes und solidarisches Gesundheitssystem verlassen können, und dafür werde ich mich auch stark machen.*

Rendi-Wagner verwendet zum wiederholten Mal den Modaloperator der Notwendigkeit: »… das müssen wir …«, ohne zu begründen, warum wir das müssen. Sie stellt die Frage, wie ein Gesundheitssystem ausschauen muss, ohne sie zu beantworten.

> *Wie schaut ein effizientes, qualitativ hochstehendes Gesundheitssystem Versorgungssystem aus? Der Wandel der Zeit bedingt, dass ich auch das gesunde System hier modernisieren und weiterentwickeln muss,*

und wir müssen uns anschauen, was die veränderten Bedürfnissen der Patienten und Patientinnen, der Menschen, der Bevölkerung ist und was die veränderten Bedürfnisse auch der Arbeitnehmer in diesem System ist, nämlich der Ärzte und Ärztinnen und alle anderen Gesundheitsberufe, das sind die Ausgangssituationen, die wir zu betrachten haben.

Rendi-Wagner stellt im ersten Satz des obigen Absatzes eine interessante und wichtige Frage. Eine Beantwortung bleibt sie schuldig.

Menschen werden älter, die Pflegebedürftigkeit steigt, die Krankheitsbilder ändern sich, andere Anforderungen sind gegeben durch veränderte Lebensstile, wir müssen all diese Faktoren in Betracht ziehen, wenn es um die Weiterentwicklung eines modernen guten effizienten und zeitgemäßen Gesundheitssystems betrifft, und eines steht für mich fest: im Mittelpunkt eines modernen Gesundheitssystems musst immer der Mensch stehen.

Rendi-Wagner erklärt nicht, welche Faktoren sie meint. Der ganze Absatz ist kein Satz gemäß der Grammatik der deutschen Sprache. Ich habe wortwörtlich transkribiert und halte fest, dass diese Formulierungen so getätigt worden sind, wie sie hier abgedruckt wurden.

Zwei Themen, die ich im Bereich Gesundheit hier ganz kurz noch hervor greifen möchte, die ich hier sicher auf der Tagesordnung der nächsten Tage und Wochen hab, ist zum einen das Thema der Wartezeiten. Jeder von Ihnen kennt jemand, entweder im Bekanntenkreis oder aus eigener Erfahrung, die berichten über lange Wartezeiten im Bereich CT oder MRT.

Die Aussage nach dem Muster »Jeder kennt jemanden, der jemanden kennt, der berichtet von …« ist ein hypnotisches Sprachmuster in Form von »Ausgedehnten Zitate«. Zitate werden gestreckt, indem man in Zitate weitere Zitate einfügt. Die Zuhörer fangen an, nach Beispielen zu suchen und hören somit die weiteren Ausführungen nicht.

> *Das sind Dinge, die Menschen oft Zweifel lassen an unserem Gesundheitssystem, vor allem auch dann, wenn Leute, die private Mitteln hier einbringen, schneller zu Terminen kommen als jene, die es nicht tun. Das ist inakzeptabel und daher werden wir die Verhandlungsgespräche der Vertragspartner hier in den nächsten Wochen ganz genau beobachten und sollte hier keine Lösung durch die Vertragspartnerverhandlung erreicht werde, werde ich einen Gesetzesvorschlag hierzu einbringen, um diese inakzeptable Schieflage hier zu lösen. Auch das ist ein maßgeblicher Beitrag zu mehr gesundheitlicher Chancengerechtigkeit in diesem Land.*

Rendi-Wagner verknüpft die Form des *Gedankenlesens*, wenn sie sagt »Das sind Dinge, die Menschen oft zweifeln lassen an unserem Gesundheitssystem …« mit einem Werturteil, dass unterschiedlich lange Wartezeiten inakzeptabel sind. Da stellt sich einerseits die Frage, woher sie weiß, dass dies die Menschen am Gesundheitssystem zweifeln ließe und andererseits die Frage, wer behauptet, dass dies inakzeptabel sei und noch dazu gegebenenfalls eine Gesetzesänderung notwendig machen würde?

> *Es ist unbestritten, dass unser Gesundheitssystem vor Herausforderungen steht und eine Möglichkeit eines modernen weiterentwickelten Gesundheitssystems, vor allem im Bereich der Primärversorgung ist das moderne Primärversorgungssystem und es wurde auch schon*

erwähnt, es soll den Bedürfnissen der Patienten gerecht werden, wohnortnahe, serviceorientierte, niederschwellige Versorgungsangebote und auf der anderen Seite den Dienstnehmern, den Ärzten und Ärztinnen, den Gesundheitsberufen, ideale Arbeitsbedingungen bieten, die attraktiv sind, dass wir keine Versorgungsengpässe im ländlichen Bereich haben, dass sie nicht gezwungen sind, ins Wahlarztsystem zu flüchten, sondern dass wir hier unser System, wie wir es als solidarisches und effizientes Gesundheitssystem ansehen, dass wir dieses für die Zukunft absichern.

Die Formulierung, dass im Bereich der Primärversorgung ein modernes Primärversorgungssystem eine Möglichkeit eines modernen Gesundheitssystems sei, ist eine Tautologie. Etwas Gesagtes wird nochmals gesagt. Der gesamte Absatz wurde bereits an früherer Stelle in ähnlichen Worten gebracht.

Sehr geehrte Damen und Herren, sehr geehrtes Hohes Haus, all diese Maßnahmen kann ich allein als Gesundheits- und Frauenministerin nicht auf den Weg bringen, ich kann sie andenken, andiskutieren, aber ich brauche Sie alle für die Umsetzung, nicht nur meine Kollegen und Kolleginnen auf der Regierungsbank, nein, Sie auch hier im Parlament sind ganz wichtige Bündnispartner zum Umsetzen all dieser Maßnahmen für mehr Gesundheit in diesem Land, und für mehr Geschlechtergerechtigkeit. Ich zähle auf eine gute Zusammenarbeit, ich freue mich darauf und ich zähle sie zu meinen Verbündeten. Dankeschön.

Rendi-Wagner appelliert an die Unterstützung des Hohen Hauses für ihre Vorhaben. Sie sagt, dass sie es alleine nicht kann. Das könnte als Zeichen einer Selbstdisqualifikation verstanden werden, da sie ja offensichtlich zur Ministerin bestellt wurde, um die anstehenden Probleme zu lösen.

Zusammenfassend ist zu sagen:
Rendi-Wagner ist tendenziell mit sich selbst beschäftig. Sie steht unruhig und sie macht grammatikalisch immer wieder Fehler. Sie verspricht sich häufig. Sie spricht konsequent und konstant in einer Tonlage ohne hörbare Satzzeichen. Auch die vielen verschachtelten Sätze machen es für den Zuhörer schwierig, den Ausführungen zu folgen.

Sie dreht sich bis zum Ende ihrer Rede unentwegt von links nach rechts und wieder zurück, den Oberkörper dabei leicht nach vorne geneigt. Das dauernde Zurechtrichten ihrer Notizen, dies nicht nur am Beginn ihrer Rede, erweckt den Eindruck, dass sie Sorge hätte, diese könnten verlorengehen. Rendi-Wanger macht während ihres gesamten Auftritts einen eher kurzatmigen Eindruck.

Sie verwendet stark das visuelle Repräsentationssystem, das ist grundsätzlich sehr zu begrüßen. Sie spricht viel von »Das müssen wir uns anschauen« sowie in der kinästhetische in Form von »Da müssen wir draufbleiben«. Das sollte es den Zuhörern ermöglichen, innere Bilder und Gefühle zu entwickeln. Da sie allerdings dabei im selben Atemzug sehr häufig Modaloperatoren der Notwendigkeit in Form von »müssen« verwendet, ohne dabei anzugeben, woher sie das weiß oder wovon sie es ableitet, unterbindet sie das Generieren von inneren Bildern und inneren Gefühlen bei ihrer Zuhörerschaft. Übrig bleibt die Sichtweise des Problem-Rahmens: »Es ist sehr kompliziert. Die Schuld liegt bei den anderen.«

Die Rede ist im Wesentlichen eine Auflistung von *Was*-Teilen. Es wird weder vom *Warum* noch vom *Wie* oder von *Was-Wenn*-Aspekten dem 4MAT-System folgend gesprochen. Es bleibt eine einfache Aufzählung von Maßnahmen stehen, die in keinen Bezug gesetzt werden. Das

4MAT-System wäre geeignet, die Rede zu strukturieren und leicht verständlich zu machen.

Rendi-Wanger verwendet kein Storytelling-Format, auch nicht ansatzweise. Sie beschränkt sich, wie vorhin bereits erwähnt, eher auf eine Aufzählung von Problemen, Daten, Fakten und Forderungen. Dabei gebe es gerade aus dem Gesundheitssystem sicherlich eine Reihe von lehrreichen Geschichten über wahre Begebenheiten zu erzählen, die sie sogar persönlich erlebt hat.

Die Metaphern, die sie bringt, wie z.B. »Wenn es den Frauen gut geht, dann geht es der Gesellschaft gut« werden nicht weiterverwendet, sondern bleiben als Annahme im Raum stehen. Sie sind somit wirkungslos.

Durch den Fokus auf Probleme und durch die Schilderung von Problemfällen, wie z.B. »Gewalt gegen Frauen« oder »lange Wartezeiten«, werden tendenziell negative Emotionen geweckt, ohne diese durch mögliche Lösungen oder konkrete Maßnahmen aufzulösen.

Durch den Appell »Ich kann es alleine nicht, ich brauche Sie zur Umsetzung, ich zähle Sie zu meinen Verbündeten« offenbart Rendi-Wagner eines ihrer grundlegenden Denkmuster. Der purpurne Clan, der nach dem Schema der Reziprozität funktioniert, scheint ausgeprägt zu sein. Weitere Merkmale hierfür sind die Denkmuster »Heute helfe ich dir, morgen hilfst du mir« und »Ich bin eine von euch«. Rendi-Wagner sieht sich selbst so, dass sie durch Hilfe des »Clans« die sprichwörtlich gläserne Decke durchbrochen hat, und somit in der roten Häuptlings-Mem-Ebene angelangt ist. In der Art, wie sie beschreibt, die Position der Frauen- und Gesundheitsministerin erlangt zu haben, und wie sie von ihrer Vorgängerin spricht, ist laut Spiral Dynamics, einem Rahmen für das Verstehen dynamischer Kräfte in Gesellschaft und Politik, typisch für den Übergang vom purpurnen Clan-Level auf den roten Häuptlings-Level.

Aus Sicht der Spiral Dynamics ist es leicht nachvollziehbar, dass sie die Möglichkeit genützt hat, die Regierung Kurz zu stürzen. Für Menschen, die dem roten Mem zuzurechnen sind, wirken jene, die aus dem gelben Mem heraus agieren oft unbegreiflich und daher bedrohlich. Es herrscht dann Angst, ihre Macht zu verlieren, auch wenn es nur eine momentan vorhandene Macht des Einbringens eines erfolgsversprechenden Misstrauensantrags ist, für dessen Umsetzung Verbündete benötigt werden. Wenn das rote Mem auf Barrieren trifft, und die Person Kurz ist in diesem Fall sicherlich so einzuordnen, dann agiert Rot entweder mit »voller Kraft voraus« und/oder wehrt sich mit Händen und Füßen und »macht keine Gefangenen.« »Volle Kraft voraus« zeigt sich auf Rendi-Wagners Facebook Seite *(www.facebook.com/pamela.rendi.wagner)* mit dem Slogan »Nach vorn. Für Österreich« oder auf *www.pamelarendiwagner.at* mit dem Slogan »Ich will das Leben der Menschen besser und gerechter machen. Dafür renne ich und ich bitte euch: Rennen wir gemeinsam.« (Stand vom 8. Juni 2019)

Resümee: Rendi-Wagner macht einen engagierten Eindruck, was die Themen der Gesundheits- und Frauenministerin betrifft. Sie geht auch mit einem gewissen Respekt an die Sache heran und wertschätzt ihre beiden Vorgänger Alois Steger und Sabine Oberhauser. Die Themen, die sie während ihrer Rede anspricht, sind sicherlich relevant. Die Rede selbst ist allerdings so unstrukturiert, dass man ihr nicht folgen kann. Selbst ihre Parteifreunde wirken desinteressiert und klatschen aus Höflichkeit.

Liebe Leserinnen und Leser, wenn Sie Gelegenheit bekommen, eine Rede zu halten, bereiten Sie sich vor, nehmen Sie dieses Buch und andere Bücher über Rhetorik zur Hand, und entwickeln Sie zuerst das Ziel Ihrer Rede. Welche Botschaften sollen Ihre Zuhörer am Ende der Rede mitnehmen? Folgen Sie im Ablauf der Struktur des 4MAT-Formats und entwickeln Sie alle Aussagen so, dass sie auf das Ziel Ihrer Rede gerichtet sind. Nehmen Sie professionelle Hilfe in Anspruch, falls notwendig. Ihre Zuhörer und Zuhörerinnen werden es Ihnen danken.

Zum Misstrauensantrag – Pamela Rendi-Wagner am 27. Mai 2019

Rendi-Wagner steht leicht nach vorne gebeugt hinter dem Rednerpult und eine Anspannung ist zu bemerken. Sie hält sich am Rednerpult fest. Rendi-Wagner richtet im Laufe ihrer Rede permanent ihre Notizen zurecht, und sie steigt unentwegt von einem Bein auf das andere. Das untergräbt die Glaubwürdigkeit ihrer Aussagen.

> *Vielen Dank, Herr Präsident. Sehr geehrte Bundesregierung, Hohes Haus und sehr geehrte Damen und Herren!*

In der Begrüßung begeht Rendi-Wagner einen Rapport-Bruch mit dem Bundeskanzler. Sie begrüßt alle, außer ihn. Sie spricht, als wäre er nicht im Raum, es ist keine emotionale Beziehung hergestellt. So weit in der Videoaufzeichnung zu sehen ist, wendet sich Sebastian Kurz ihr zu. Sobald er allerdings realisiert hat, dass er nicht begrüßt wurde, sondern, wie wir im folgenden Absatz gleich lesen werden, direkt angegriffen wird, wendet er sich ab in Richtung seiner Minister, die rechts neben ihm auf der Ministerbank Platz genommen haben.

> *Herr Bundeskanzler, Sie haben jetzt sehr viel gesagt, aber Sie haben noch nicht gesagt, dass Ihre Bundesregierung gescheitert ist. Und Sie wissen, dass Sie als*

Bundeskanzler allein verantwortlich dafür sind, wie die Auswahl ihrer Minister und ihres Koalitionspartners aussieht. Und es war trotz aller Warnungen der Fall, dass Sie diese Koalition eingegangen sind, und Sie tragen aus unserer Sicht somit auch die Verantwortung für das Scheitern Ihrer Koalitionsregierung und die Verantwortung für die derzeitige Situation.

Rendi-Wagner verwendet die Sprachmuster des »Gedankenlesens«, indem sie sagt: »... Sie haben noch nicht gesagt ...« und »... Sie wissen, dass ...«. Das Erste impliziert, dass er es noch sagen würde, und das Zweite, dass er es weiß. In beiden Fällen behauptet sie etwas, ohne zu sagen, woher sie diese Information hat. Beides sind hypnotische Sprachmuster, die die Zuhörer dazu anregen, selbst darüber nachzudenken, und somit den weiteren Ausführungen nicht zuzuhören.

Die Generalisierung »... Sie tragen ... die Verantwortung für das Scheitern Ihrer Koalitionsregierung ...« wird als Überzeugung vorgetragen und somit zu einer Gesetzmäßigkeit erhoben. Warum sie zu dieser Überzeugung kommt, wird nicht angegeben. Ebenfalls ein hypnotisches Sprachmuster, dass die Zuhörerschaft von ihren weiteren Ausführungen ablenken wird.

Ihre Politik stößt Österreich, stößt dieses Land jetzt zum zweiten Mal in Neuwahlen, weil Sie nicht bekommen haben, was Sie wollten. Sie hätten diese Koalition nämlich einfach weitergeführt, dass haben Sie jetzt auch nicht gesagt, nämlich dann, wenn Sie ein Ministerium mehr dafür bekommen hätten, das Innenministerium, und jetzt, nachdem Ihr Scheitern, Ihr Scheitern Herr Bundeskanzler, offensichtlich geworden ist, fordern Sie von uns Abgeordneten des Nationalrates, Stabilität ein. Ja, Sie wollen Zustimmung für eine Regierung, die keine parlamentarische Mehrheit hat. Nen-

nen wir es beim Namen, Sie wollen Zustimmung und Vertrauen für eine ÖVP Alleinregierung – und zwar im Nachhinein, im Nachhinein, denn Sie haben selbst im Moment des Scheiterns Ihrer eigenen Bundesregierung es nicht der Mühe wert gefunden, mit der Opposition dieses Hauses zur Bildung einer Übergangssituation den Dialog zu suchen und um eine stabile Unterstützung zu werben. Nein, Ihr Handeln hat nichts mit Verantwortung zu tun.

Rendi-Wagner verwendet weiterhin sehr ausgeprägt das Sprachmuster des »Gedankenlesens«, wenn sie sagt: »... weil Sie nicht bekommen haben, was sie wollten«, »... Sie hätten diese Koalition einfach weitergeführt«, »... das haben Sie jetzt auch nicht gesagt«, »... Sie fordern von uns« und »... Sie wollen Zustimmung«. Diese hypnotischen Sprachmuster bringen in dieser geballten Form die Zuhörer in einen Trancezustand des inneren Suchens nach dem »Wie weiß sie das?«.

Die Aussage »Nein, Ihr Handeln hat nichts mit Verantwortung zu tun« ist widersprüchlich zur Aussage am Beginn »Sie tragen aus unserer Sicht auch die Verantwortung«. Mit widersprüchlichen Aussagen beschneidet sich jeder Redner und jede Rednerin die eigene Glaubwürdigkeit selbst. Sie verwendet Verantwortung in zwei unterschiedlichen Auslegungen. Einerseits, dass Kurz die aktuelle Situation verantwortet, also Verantwortlichkeit hat, und andererseits, dass er verantwortungslos handelt, also dieser Verantwortlichkeit nicht gerecht wird. In beiden Fällen spricht sie von Verantwortung. Diese Formulierungen in der Wortwahl sauber zu trennen, würde ihre Ausführungen klarer machen, zum Beispiel im Format: »Kurz hat diese dramatische Situation herbeigeführt, es war sein Werk. Gleichzeitig bevorzugt Kurz offensichtlich den Alleingang. Unsere Richtung ist eine andere, wir stürzen daher diese Regierung.«

Die im obigen Absatz gemachten Negationen bergen die Gefahr, dass genau das Gegenteil der Botschaft ankommt, die Rendi-Wagner geben will. Die Verwendung des Wortes »nicht« bedingt, dass sich der Zuhörer zuerst vorstellt, was nicht gewollt wird, und noch bevor das Wort »nicht« im Satzzusammenhang verstanden werden kann, ist die Vorstellung dessen, was eben nicht gewollt wird, in den Gehirnen der Zuhörer bereits präsent. Dies gilt sinngemäß ebenso für das Wort »keine«. Um dies zu verdeutlichen, hier der obige Absatz von Rendi-Wagner mit kleinen Modifikationen: Die Wörter »nicht« und »Nein« werden ersatzlos gestrichen, statt »keine« wird »eine« verwendet: »Ihre Politik stößt Österreich, stößt dieses Land jetzt zum zweiten Mal in Neuwahlen, weil Sie bekommen haben, was Sie wollten. Sie hätten diese Koalition nämlich einfach weitergeführt, dass haben Sie jetzt auch gesagt, nämlich dann, wenn Sie ein Ministerium mehr dafür bekommen hätten, das Innenministerium, und jetzt, nachdem Ihr Scheitern, Ihr Scheitern Herr Bundeskanzler, offensichtlich geworden ist, fordern Sie von uns Abgeordneten des Nationalrates, Stabilität ein. Ja, Sie wollen Zustimmung für eine Regierung, die eine parlamentarische Mehrheit hat. Nennen wir es beim Namen, Sie wollen Zustimmung und Vertrauen für eine ÖVP Alleinregierung – und zwar im Nachhinein, im Nachhinein, denn Sie haben selbst im Moment des Scheiterns Ihrer eigenen Bundesregierung es der Mühe wert gefunden, mit der Opposition dieses Hauses zur Bildung einer Übergangssituation den Dialog zu suchen und um eine stabile Unterstützung zu werben. Nein, Ihr Handeln hat mit Verantwortung zu tun.« Nur fünf kleine Modifikationen in einem Absatz, der aus 146 Wörtern besteht, verdrehen komplett die Bedeutung eines ganzen Absatzes. Rendi-Wagner geht hier mit dieser Art zu formulieren ein sehr hohes Risiko ein, missverstanden zu werden.

Ihre Vorgangsweise ist einzigartig in der Geschichte der zweiten Republik. Es ist ein schamloser, es ist ein zügelloser und verantwortungsvoller Griff nach Macht, den wir hier sehen. Aber die Macht in unserem Land, Herr Bundeskanzler, geht vom Volke aus und von den Menschen, und nicht von Ihnen.

Zur Aussage »Es ist ein schamloser, es ist ein zügelloser und verantwortungsvoller Griff nach Macht ...« ist Folgendes zu sagen: Rendi-Wagner meinte sicherlich »verantwortungsloser« statt »verantwortungsvoller Griff«. Das könnte ein Zeichen eines inneren Konflikts mit der Sache selbst sein, der sich unbewusst als Versprecher ausdrückt.

Die Aussage im nächsten Absatz »Ich verstehe, dass die ÖVP etwas nervös ist« entspricht dem Muster »Pacen derzeitigen Erlebens«. Dies sollte nur dann eingesetzt werden, wenn der Redner sich sicher ist, dass die Mehrzahl der Zuhörer dieses Erleben jetzt tatsächlich hat. Da diese Aussage Rendi-Wagners mit Lachen quittiert wird, war dies offensichtlich nicht der Fall. Dies untergräbt weiter ihre Glaubwürdigkeit. Angenommen, der Lacher wäre von der ÖVP taktisch eingesetzt worden, dann würde es meine Annahme bestätigen, dass das Pacen derzeitigen Erlebens missglückt ist, und die ÖVP eben nicht nervös war. Wäre die ÖVP nervös gewesen, hätte der Lacher wohl nicht diese Intensität gehabt.

Ich verstehe, dass die ÖVP etwas nervös ist an dem heutigen Tag, aber ich sage Ihnen, es ist ungeheuerlich, es ist ungeheuerlich in einer solchen Situation, die ein Präzedenzfall in der Geschichte der zweiten Republik ist, Zustimmung und Vertrauen einzufordern, was nur Ihren eigenen Wünschen entspricht. Wir Abgeordnete des Parlaments sind den Menschen verpflichtet, die uns gewählt haben und nicht den persönlichen Interessen eines Einzelnen. Die Situation, in die sich als Bundeskanzler, Sie sich befinden, ist keine alltägliche und man kann verstehen, dass es keine einfache ist. Gerade in solchen Situationen zeigt sich jedoch wahre Führungsstärke. Und anstatt das Verbindende vor das Trennende zu stellen, die Unterstützung der Abgeordneten dieses Hauses zu suchen, haben Sie sich entschlossen, den Weg alleine zu gehen und somit den Weg der Stabilität, die unser Land, die die Menschen in Österreich so dringend bräuchten, zu verlassen.

Ist es vollkommen gleichgültig, wer die Bundesregierung bildet? Ist es für Sie vollkommen nebensächlich vorher abzuklären, ob diese Ihre vorgeschlagene Regierung eine Mehrheit im Nationalrat hat? Sie, Herr Bundeskanzler, gehen davon aus, dass es die Pflicht von uns Abgeordneten ist, Ihr Handeln im Nachhinein zu rechtfertigen. Das hat nichts mit demokratischer Haltung zu tun.

Das Muster des »Gedankenlesens« wird mit den Worten »Sie, Herr Bundeskanzler, gehen davon aus, dass ...« weiter massiv eingesetzt. Auch in den folgenden Absätzen bedient Rendi-Wagner das Muster des »Gedankenlesens«, diesmal der Gedanken der Bevölkerung. Es besteht also weiterhin die Gefahr und die große Wahrscheinlichkeit, dass Menschen nicht mehr zuhören, da sie in ihren eigenen Gedanken schwelgen. In beiden genannten Fällen konstruiert Rendi-Wagner aus ihren »Erkenntnissen« ihres Gedankenlesens einen Vorwurf an Kurz. Kurz verwendet in seinen Reden ebenfalls das Muster des Gedankenlesens, allerdings mit einem wesentlichen Unterschied, nämlich dass er daraus eigene für ihn selbst notwendig erscheinende Aktionen ableitet. Rendi-Wagner verwendet Gedankenlesen nach dem Muster: »Ich weiß, was du denkst, deswegen verurteile ich dich.« Kurz hingegen in dieser Form: »Ich glaube zu wissen, was du denkst, das bedeutet für mich …«

Die Österreicherinnen und Österreicher haben sich von Ihnen verantwortungsvolles Handeln gewünscht und erwartet und diese Erwartung haben Sie nicht erfüllt. Es ist die Aufgabe des Bundeskanzlers, die Stabilität, insbesondere in Krisenzeiten, zu bewahren und zu fördern, und dieser Aufgabe sind Sie nicht gerecht geworden.

Wer Vertrauen will, muss Verantwortung leben, sehr geehrter Bundeskanzler. Das gilt in jeder Lebenssituation und insbesondere gilt das für eine Bundesregierung und ein Staatsamt wie Ihres.

»Wer Vertrauen will, muss Verantwortung leben« enthält den Modaloperator der Notwendigkeit, nämlich das »muss«. Es ist eine Generalisierung, die möglicherweise von anderen Menschen nicht geteilt wird, und somit zu Widerspruch führen kann. Wenn man hier anführt, dass gegen diese Regel »Wer Vertrauen will, muss Verantwortung leben« niemand etwas haben könne, da sie im Grunde inhaltlich stimme, dann ist dies eine inhaltliche Bewertung, die von anderen Menschen, die andere Lebenserfahrungen gemacht haben, nicht notwendigerweise ebenfalls als Regel anerkannt wird. Es wäre auch eine gänzlich andere Lebenserfahrung denkbar, die lauten könnte: »Vertrauen schenkt man, und Vertrauen bekommt man geschenkt.« Statt der Ursache-Wirkungsbeziehung »Zuerst musst du Verantwortung leben, dann erst darfst du Vertrauen wollen (das heißt nicht, dass du es dann auch bekommst)« sehen wir in der letzteren Lebenserfahrung eine linguistische Äquivalenz in der Form »Vertrauen zu schenken ist bedingungslos, Vertrauen geschenkt zu bekommen, ist ebenfalls bedingungslos gegeben.« Das Leben jener Menschen, die nach der ersteren Regel leben, unterscheidet sich sicherlich deutlich vom Leben der Menschen, die nach der letzteren Regel leben. Das Aufstellen von Universalgeneralisierungen, die möglicher Weise nicht alle Menschen im Raum teilen, ist somit riskant, wenn man Zustimmung möchte.

> *Was heißt Verantwortung? Aus unserer Sicht heißt Verantwortung, die mit einem Staatsamt verbunden ist, ein würdiger Repräsentant dieses Staates zu sein und es bedeutet, das Gemeinwohl, die Allgemeinheit im Blick zu haben, es bedeutet auch, einen Weg einzuhalten, der von Respekt, der von Kooperation und der von Dialogbereitschaft getragen ist. Sie, Herr Bundeskanzler, hingegen appellieren an Verantwortung und meinen sich selbst. Sie stellen das Ich vor das Wir. Verantwortung heißt, nicht aus dem Staatsamt heraus Wahlkampf zu führen, Staatsämter sind keine Wahlkampfbüros und Verantwortung heißt, Ihren vor ein paar Tagen bestellten Ministern Ihrer Regierung keine ÖVP-Aufpasser in die Kabinette zusetzen. Ja, Staatsämter verpflichten dazu, nicht den eigenen Vorteil in den Vordergrund zu stellen und sie verpflichten auch dazu, das Gemeinwohl, die res publica, das Interesse des Landes, der Menschen, vor alles andere zu stellen und es bedeutet, respektvoll miteinander umzugehen. Es bedeutet, dass man weiß, dass Kooperation, Dialog Grundvoraussetzung und Basis sind für Vertrauen. Und Vertrauen wiederum ist Voraussetzung für eine Mehrheit im Parlament, sehr geehrte Damen und Herren.*

Rendi-Wagner verwendet auch hier wieder viele Negationen in Form von »nicht« und »keine«. Es gelingt nicht zu definieren, was sie unter Vertrauen und Verantwortung wirklich versteht, sondern nur, was sie nicht darunter versteht. Das macht diesen Misstrauensantrag inhaltlich wenig belastbar und bringt Uneinigkeit bezüglich der Sinnhaftigkeit und Notwendigkeit in Rendi-Wagners eigenen Reihen.

Rendi-Wagner macht weiter mit dem Muster des »Gedankenlesens«, indem sie sagt: »Sie wollen nicht überzeugen, Sie wollen erzwingen.« Der folgende Modaloperator der Notwendigkeit »Vertrauen muss man sich erwerben, man muss hart dafür arbeiten« hat praktisch die Form eines Universalquantors, also einer generell gültigen Feststellung. Das ist gefährlich, da hier sehr leicht Widerspruch entsteht aufgrund von gegenläufigen Überzeugungen in unserer Kultur, wie z.B. »Vertrauen ist ein Geschenk.«

> *Und Herr Bundeskanzler, Sie wollen nicht überzeugen, Sie wollen erzwingen. Aber Vertrauen kann man nicht erzwingen, Vertrauen muss man sich erwerben, man muss hart dafür arbeiten. Und es ist mit der Würde des Staatsamtes eines Bundeskanzlers unvereinbar, den Dialog mit Abgeordneten zu vermeiden. Verantwortung bedeutet auch, sein eigenes Scheitern zu erkennen und zuzugeben. Ein verantwortungsvoller Umgang heißt, nur ein verantwortungsvoller Umgang mit seinem Staatsamt bildet Vertrauen, ein verantwortungsloser Umgang mit dem Staatsamt bildet den Boden für Misstrauen.*
>
> *Herr Bundeskanzler, Sie und Ihre ÖVP-Regierung genießen das Vertrauen der sozialdemokratischen Abgeordneten nicht.*

Das »nicht« im letzten Satz des obigen Absatzes an das Satzende zu stellen, ist riskant. Es kann leicht überhört werden. Viel günstiger wäre es, hier die Form eines »Konversationellen Postulats« zu wählen, also einen Befehl, der nicht wie ein Befehl klingt. Dieses könnte folgendermaßen lauten: »Spüren Sie, wie uns Vertrauen wirklich wichtig ist? Dies alles zusammengefasst können wir nur eines tun, nämlich einen Misstrauensantrag einbringen, den wir alle unterstützen.« Diese indirekte Formulierung hätte die Kraft eines Befehls.

> *Ich stelle hat daher den Misstrauensantrag gemäß Paragraph 55 der Geschäftsordnung des Nationalrats, der Abgeordneten Rendi-Wagner, Kolleginnen und Kollegen betreffend Versagen des Vertrauens gegenüber der Bundesregierung. Der Nationalrat wolle beschließen: Der Bundesregierung und der Staatssekretärin wird gemäß Artikel 74 Abs. 1 BVG in Verbindung mit Artikel 78 Abs. 2 BVG durch ausdrückliche Entschließung des Nationalrats das Vertrauen entsagt. Dankeschön.*

Der obige formale Misstrauensantrag wird mit einer vergleichsweise hohen Sprechgeschwindigkeit vorgetragen. Das könnte den Eindruck erwecken, dass sie sich dabei unwohl fühlt und ihn schnell hinter sich bringen möchte. Es gleicht einem Fluchtverhalten.

Zusammenfassend ist zu sagen:
Rendi-Wagner zeigt ein mutiges Verhalten. Sie nimmt das, ihr in ihrer Rolle als Obfrau einer Oppositionspartei gegebene, Machtinstrument des Misstrauensantrags in die Hand und zieht es durch. Sie ist dabei allerdings tendenziell sehr mit sich selbst beschäftigt, ihr Gesichtsausdruck ist starr und sie steht unruhig hinter dem Rednerpult. Sie verspricht sich zwar deutlich weniger oft als in ihrer Antrittsrede zur Frauen- und Gesundheitsministerin, macht allerdings Fehler, indem sie z.B. »verantwortungslos« mit »verantwortungsvoll« verwechselt, und damit die Bedeutung ihrer Aussagen streckenweise in eine Richtung verändert, die sie so sicherlich nicht wollte. Im Vergleich zu ihrer Antrittsrede als Frauen- und Gesundheitsministerin zeigt sie deutlich mehr

Selbstbewusstsein und ihre Aussagen sind vergleichsweise viel besser verständlich.

Generell verwendet Rendi-Wagner die Muster des »Gedankenlesens«, um daraus einen Vorwurf oder eine Anschuldigung zu konstruieren. Sie verwendet die Form des Modaloperators der Notwendigkeit, um ihre Regeln und Überzeugungen zu formulieren. Da diese Sprachmuster hypnotisch sind, lenken sie vom Inhalt ab.

Rendi-Wagners Vortrag ist im Wesentlichen eine Auflistung von *Was*-Themen. Also was getan oder nicht getan wurde, und was getan hätte werden sollen. Es wird in keinen Kontext gesetzt. Das 4MAT-System zur leichteren Verständlichkeit von Reden, wird ebenfalls nicht genutzt. Sie verzichtet am Beginn der Rede komplett darauf, den Zuhörerinnen und Zuhörern zu erklären, *warum* sie einen Misstrauensantrag einbringen wird. Die *Warums* kommen erst verstreut im späteren Verlauf des Vortrags, wo jene Zuhörer, die einen Grund benötigen, um zuzuhören, allerdings bereits durcheinander sind, weil sie das *Warum* unbewusst vermissen. Menschen, die ein *Warum* bräuchten, um zuzuhören, sind bereits lange verloren und hören nicht mehr zu. Sie verzichtet auch darauf, auf die Konsequenzen einzugehen, die eine Annahme oder eine Ablehnung des Misstrauensantrags bringen könnten. Die Form des Storytelling-Formats kommt ebenfalls nicht zur Anwendung.

Rendi-Wagner spricht, dem Rahmen von Spiral Dynamics zum Verstehen dynamischer Kräfte in Gesellschaft und Politik folgend, aus dem purpurnen Mem. Dies zeigt sich durch Sprachmuster der Reziprozität, entsprechend »So wie du mir, so ich dir.« Die Muster »Sie haben nicht, deswegen machen wir …« ziehen sich durch die gesamte Rede. Laut dem Modell von Spiral Dynamics ist dies ein typisches Verhalten des purpurnen Memes, des Denkmusters eines Clans. Im Clan ist es normal, für die Seinen zu sorgen, sich gegenseitig zu helfen. Stößt dieses purpurne Mem auf Barrieren, so wird der rote Häuptling zum Kampf ermächtigt. Möglicherweise ist die Sicht des Roten Häuptlings, dass der Bundeskanzler den Faktor Höflichkeit vernachlässigt hat. Das rote Mem fühlt sich nicht mehr respektiert und ist in Bedrängnis. Er greift zu seinen Machtmitteln. In diesem Fall zum Misstrauensantrag.

Sieht man sich in diesem Zusammenhang das Motivations-/Informations-Inventory von Rendi-Wagner an *[siehe Kapitel Kommunikationsfilter von Pamela Rendi-Wagner]*, wird die Sache ebenfalls deutlich. Sie fokussiert auf Unterschiede und erkennt jene Dinge leicht, die nicht passen. Ihre Regelstruktur ist Meine/Meine: Ich habe meine Regeln und meine Regeln gelten auch für dich. Ihr Convincer-Kanal ist Sehen. Sie muss etwas sehen, und das konsistent immer wieder, um überzeugt zu sein. Kurz bedient diesen Kanal des Sehens tendenziell nicht, da seine Sprache auditiv-digitalen Charakter hat. Er spricht in Logik und Abläufen und nicht in Bildern. Man darf an dieser Stelle nicht vergessen, dass Rendi-Wagner Medizinerin ist. Das LAB-Profil von Medizinern ist typisch ihres: tendenziell reaktiv, von externen Ereignissen motiviert, denkt wenig in Optionen, sondern mehr in Prozeduren, ist detailorientiert, sieht vorrangig die Unterschiede und nicht, was passt, ist objektbezogen auf die Sache und nicht auf die Person.

Resümee: Rendi-Wagners Rhetorik hat sich im Vergleich zu ihrer Antrittsrede als Frauen- und Gesundheitsministerin deutlich gesteigert. Sie ist definitiv ein gutes Beispiel, um zu zeigen, welche Verbesserungen in puncto Rhetorik möglich sind. Ihre Reden könnten jedoch noch deutlich wirksamer sein, sobald sie sich in ihrer Rede an eine wirkungsvolle Struktur, wie 4MAT oder Storytelling, halten würde. Die in ihrer Rede vorhandenen Quellen für potenzielle Missverständnisse und Fehlinterpretationen können zu Verwirrungen unter der Zuhörerschaft führen, und somit zum gedanklichen Ausstieg aus der Rede. Mit dem Handy spielende Abgeordnete sind die unerwünschte Folge.

Liebe Leserinnen und Leser, wenn Sie Gelegenheit bekommen, eine Rede zu halten, überlegen Sie sich genau, was Sie sagen wollen. Sagen Sie alles so, wie Sie es haben wollen. Vermeiden Sie zu viele Negationen. Negationen können tendenziell Bilder in den Köpfen Ihrer Zuhörer wecken, die für Ihren geplanten weiteren Gedankengang hinderlich sein können. Seien Sie sehr präzise in Ihren Formulierungen.

Herbert Kickl am 27. Mai 2019 – zum Misstrauensantrag gegen die Regierung Kurz

Herbert Kickl ist von Beginn seiner Rede an in Redner-Uptime, auf sich und gleichzeitig auf sein Publikum fokussiert. Er ist in Rapport, in emotionaler Verbindung, zu seinem Publikum. Dass er sich immer am Rednerpult festhält, vermittelt Aufgeregtheit. Sein Satir-Typ ist der des Anklägers. Er erhebt seinen rechten Arm und deutet mit ausgestrecktem Zeigefinger auf die Person, der er die Schuld zuweist. Er signalisiert dadurch Stärke, Dominanz und Uneinigkeit. Der Ankläger beschuldigt.

> *Sehr geehrter Herr Präsident! Meine sehr geehrten Damen und Herren! Hohes Haus! Liebe Zuseher, die Sie die Debatte vor den Bildschirmen zu Hause verfolgen! Es sind keinesfalls einfache Stunden, es sind keinesfalls alltägliche Stunden, die unser Land seit dem 18. Mai dieses Jahres durchlebt. Vieles ist undurchsichtig, vieles ist verworren, vieles ist unklar.*

Kickl beginnt damit, ein Werturteil abzugeben, indem er sagt: »Es sind keinesfalls einfache Stunden …«. Da nicht gesagt wird, wer dieses Werturteil abgibt, schließt er sich selbst aus diesem Werturteil aus. Damit distanziert er sich selbst von seiner Aussage.

> *Und ich denke, umso wichtiger ist es, Klarheit zu schaffen, Zusammenhänge aufzuzeigen, Hintergründe herzustellen, aufzuklären, wie es der Herr Bundeskanzler heute gesagt hat, und damit die Basis für Weichenstellungen zu haben, die für zwei Dinge in diesem Land sorgen: für Stabilität, aber auch für Sauberkeit, für Stabilität und für Sauberkeit.*

Kickl bringt ein kurzes *Warum* für seine Rede, warum man ihm zuhören sollte, die allerdings durch seine im vorigen Absatz gemachte Distanzierung untergeht. Ein starkes *Warum* ist nach dem 4MAT-System erforderlich, um die Rede zu strukturieren und für die Zuhörer einfach verständlich zu machen. Das fehlt hier. Er korrigiert noch seine Aussage »für Stabilität, aber auch für Sauberkeit« in »für Stabilität und für Sauberkeit«, was wesentlich stärker wirkt. Das »aber« signalisiert Polarität, die das vor dem »aber« Gesagte auslöscht, ein »und« verbindet.

Es folgt eine lange Auflistung von *Was*-Themen. Was alles war und was alles nicht war, und was alles hätte sein sollen.

> *Meine sehr geehrten Damen und Herren, eine solche Vorgangsweise nenne ich verantwortungsbewusst. Das ist die staatspolitische Verantwortung, die in diesen Stunden gefragt ist. Das ist die Staatsräson, von der so viel die Rede ist, und wir Freiheitliche nehmen diese Verpflichtung zur Staatsräson genauso ernst, und wir nehmen sie genauso wahr, wie wir die Tätigkeit in unseren einzelnen Ressorts im Zuge dieser Bundesregierung von der ersten bis zur letzten Minute wahr und ernst genommen haben.*

Hier lässt Kickl offen, welche Vorgangsweise er verantwortungsbewusst nennt. Es ist die Form des »Fehlenden Bezugsindex«, denn dieser Satz ruft bei den Zuhörern keine Erinnerung wach. Diese Aussage wirkt hypnotisierend, da die Zuhörer jetzt selbst unbewusst beginnen darüber nachzudenken, welche Vorgangsweise er gemeint haben könnte. Vielleicht die von Sebastian Kurz, die von der FPÖ, oder welche genau?

Ich habe Ihre Aussagen sehr genau verfolgt, Herr Bundeskanzler. Sie sagen, dass die Arbeit gut gewesen ist und notwendig für das Land. Da gebe ich Ihnen Recht. Sie sagen, dass es Ihnen leidtut, dass diese Koalition zerbrochen ist.

Da glaube ich eher, dass es Ihnen leidtut, dass Ihre Machtstrategie nicht aufgegangen ist. Und Sie sagen, dass die Freiheitliche Partei sich nicht nur selbst geschadet, sondern mit dem Video und den Enthüllungen die ganze Regierungsarbeit zerstört und beendet hat, und hier ist die Wahrheit definitiv eine andere.

Hier bringt Kickl das Muster des »Gedankenlesens«, die durch die Formulierung am Beginn »Das glaube ich eher, …« noch abgeschwächt wird. Das Muster des »Gedankenlesens« wirkt hypnotisierend und die Zuhörer sind von seinen weiteren Ausführungen abgelenkt.

Mit der Formulierung »… hier ist die Wahrheit definitiv eine andere« überlässt er es wieder dem Publikum, sich sein eigenes Bild zu machen. Er geht davon aus, dass die Zuhörer so denken wir er. Das muss nicht und wird nicht so sein. Somit entstehen in den Köpfen der Zuhörer jeweils unterschiedliche Bilder, die mit dem, von Kickl beabsichtigten, Bild wenig zu tun haben. Das verstärkt die Uneinigkeit unter den Zuhörern.

Wir, und da spreche ich für die freiheitlichen Regierungsmitglieder, meine sehr geehrten Damen und Herren, wir haben jeden Tag unsere Regierungsarbeit mit voller Leidenschaft, mit allem Einsatz, und ich spreche auch für mich persönlich, mit einem großen rot-weiß-roten, mit einem patriotischen Herz gearbeitet, gegen viele Widerstände und Anfeindungen, die es gegeben hat, und ich stehe auch nicht an zu sagen, wir haben sehr gut mit den Kolleginnen und Kollegen der Volkspartei zusammengearbeitet, auf Regierungsebene, und auch auf der Ebene des Parlaments. Dankeschön dafür!

Nachdem am Beginn der Rede kein *Warum* gebracht wurde, erscheinen die hier angeführten *Was*-Themen in keinem Kontext. Die Zuhörer setzen die Aussagen Kickls daher in einen jeweils von ihnen selbst gewählten Kontext. Dieser frei gewählte Kontext könnte die Bedeutung von Kickls Aussagen in eine Richtung verändern, die von ihm nicht gewünscht ist.

Auf Augenhöhe, ich möchte fast schon von einer freundschaftlichen Basis sprechen, haben wir gerade auch mit dem Bundeskanzler zusammengearbeitet und ich möchte sogar so weit gehen, dass unser Vertrauen in den Bundeskanzler in Wahrheit auch das ideelle Fundament dieses neuen Regierens gewesen ist. Wir haben selbstverständlich keine Sekunde gezögert nach dem Erscheinen dieses Skandalvideos die entsprechenden Konsequenzen zu ziehen, das ist ja eine Selbstverständlichkeit und jedem von uns war unmittelbar klar, dass es personelle Konsequenzen braucht, und dass es inhaltliche Konsequenzen braucht, und jene, die diese Bilder betroffen haben, die haben genauso wie wir es vertrauensvoll mit dem Bundeskanzler auch vereinbart haben, sich entsprechend zurückgezogen. Sie haben genau das getan, was wir in einem Vertrauensverhält-

nis miteinander vereinbart haben, und genauso haben wir freundschaftlich und vertrauensvoll den Weg weiter definiert, dass wir Norbert Hofer vorschlagen werden, um die Rolle des Vizekanzlers zu übernehmen, und dass wir ein inhaltliches Paket auf den Weg bringen werden, um all die Vorwürfe abzuarbeiten, um die es auch in diesem Video geht.

Kickl erklärt, wie wichtig ihm die Einhaltung von Vereinbarung erscheint. Aus Sicht von Spiral Dynamics spricht er aus dem blauen Mem, das sich durch klare Regeln, Pflichterfüllung und Gehorsam gegenüber Autorität definiert.

Wir haben unseren Teil der Vereinbarung gehalten und wir haben darauf vertraut, Herr Bundeskanzler, dass auch Sie den Ihren einhalten. In diesen nicht leichten Stunden haben wir ein ganz anderes Gesicht des Herrn Bundeskanzlers erlebt als dasjenige, dass wir immer kennen, dieses freundliche und ewig lächelnde. Er hat ein anderes Gesicht gezeigt. Er hat die ganze FPÖ für das Fehlverhalten von zwei Personen, die die Konsequenzen gezogen haben, so wie wir es uns vereinbart haben, in Sippenhaft genommen. Das hat er getan. Er hat versucht, eine schwierige Phase eines Regierungspartners auszunützen. Er hat versucht, den eigenen Machtbereich zu erweitern. Das war die Reaktion des Bundeskanzlers in diesen Stunden. Es ging ihm und seinen Beratern nur darum, das Innenministerium in den Griff zu bekommen. Denn, Herr Bundeskanzler, ich habe mit Ibiza und mit russischen Oligarchen vielleicht weniger zu tun als andere, die hier auf diesen Regierungsbänken sitzen. Ich habe gar keinen Bezug zu diesen Leuten. Es ging um etwas ganz, ganz anderes.

Zu den größten Ängsten des blauen Mems gehören die Verletzung von Regeln und die Störung des Systems. Diese Ängste werden im obigen Absatz beschrieben.

> *Es ging um die Wiederherstellung der wahren Machtachse der alten ÖVP, meine sehr geehrten Damen und Herren, und diese Achse besteht aus zwei Ressorts: das eine ist das Justizressort, das befindet sich in schwarzen Händen, das zweite ist das Innenressort. Da hat es ein Problem gegeben und dieses Leck musste geschlossen werden. Und in einer Hauruck-Aktion, wo Sie den Bundespräsidenten wahrscheinlich genommen haben, um es salopp zu formulieren, haben Sie eine Situation herbeigeführt, wo beide diese Ressorts in den Händen derselben Partei sind und damit genau das gemacht, was der Bundespräsident ausschließen wollte bei der Regierungsbildung. Jetzt haben Sie es wieder fest in Ihren Händen. Jetzt können wir uns fragen, warum ist das? Und ich gehe davon aus, meine Damen und Herren, dass wir in den kommenden Wochen und in den kommenden Monaten vielleicht Dinge erfahren werden, vielleicht noch einen Sittenbild zum Vorschein kommen wird in den Zusammenhängen, wo ich Ihnen nur sagen kann, dass vielleicht das, was wir auf den Bändern von Ibiza sehen, diese Dinge, die unter Alkoholeinfluss gesprochen wurden, gegen die Wirklichkeit, die nüchtern ist, verblassen könnten.*

Kickl bringt im obigen Absatz wieder das Muster des Gedankenlesens, wie zum Beispiel »... sie haben den Bundespräsidenten wahrscheinlich genommen ...« und konstruiert daraus einen Vorwurf an Sebastian Kurz. Er bringt Werturteile, wie zum Beispiel »... gegen die Wirklichkeit, die nüchtern ist, verblassen könnten«, ohne zu sagen, wer diese abgegeben hat. Damit distanziert er sich selbst davon. Er regt die Fantasie der Zuhörer an, um später, wenn tatsächlich ein bestimmtes, noch undefiniertes, Sittenbild zum Vorschein kommt, behaupten zu können, er hätte es vorhergesagt.

> *Und Herr Bundeskanzler, Sie reden in einer generösen Art über Ermittlungen. Das zeigt ja Ihr Selbstverständnis. Ich weiß nicht, ich war immer der Meinung, dass die Justiz von sich selbst aus ermittelt. Sie haben sich hier so hingestellt und so getan, als ob Sie irgendetwas freizugeben hätten in Richtung Ermittlungen, und jetzt gibt's einen zaghaften Ansatz nachdem Tage verstrichen sind, in denen alles beseitigt werden konnte, was zu beseitigen gewesen ist.*

Kickl wiederholt immer wieder das Muster des »Verlorenen Performativs«, diesmal gleichzeitig mit dem Muster des »Fehlenden Bezugsindexes«, indem er sagt, »... nachdem Tage verstrichen sind, in denen alles beseitigt werden konnte, was zu beseitigen war«. Denn was alles beseitigt wurde, und was zu beseitigen war, wird auch nicht ansatzweise erläutert.

> *Herr Bundeskanzler, Sie sind getrieben worden, Sie sind getrieben worden von jener alten ÖVP, von der Sie den Menschen im letzten Wahlkampf versprochen haben, dass Sie sie überwunden haben, dass Sie sie hinter sich gelassen haben, und dass Sie sie kontrollieren mit Ihrer groß inszenierten Generalvollmacht. Nichts davon ist wahr, meine sehr geehrten Damen und Herren.*

Kickl macht mit der Aussage »Nichts davon ist wahr ...« eine Feststellung, wo er nicht sagt, woher er es weiß.

> *Treiben kann man nur denjenigen, der sich treiben lässt und Sebastian Kurz hat sich treiben gelassen. Sie sind*

am Scheideweg gestanden, da das Regierungsprojekt, das Ihnen angeblich wichtig und teuer gewesen ist, dort die Machtinteressen, insbesondere der ÖVP Niederösterreich, wo ich mich frage, wo die große Problematik liegt, wenn andere politische Kräfte, als jene, die aus Niederösterreich kommen, in diesem Innenressort vielleicht mal einen Einblick nehmen. Diese Frage halte ich für unglaublich spannend und für unglaublich aufklärungswert.

Nun wieder *Gedankenlesen*, indem er sagt »... das Regierungsprojekt, das Ihnen angeblich wichtig und teuer gewesen ist ...«.

Die Freiheitlichen, wir haben uns für das Regieren entschieden. Wir haben uns für die Weiterarbeit im Interesse der Bevölkerung entschieden, weil wir wissen, dass die Menschen diese Regierungsarbeit geschätzt haben und dass niemand diese Neuwahlen will, weil sie nur Geld kosten und in Wahrheit unnotwendig sind.

Woher er weiß, dass die Menschen die Regierungsarbeit geschätzt haben, wird nicht erläutert.

Sie haben sich für was anderes entschieden. Sie haben sich, getrieben von anderen, Herr Bundeskanzler, ich weiß nicht, ob ich Ihnen das zugutehalten soll, oder ob ich Ihnen das vorwerfen soll. Beides kann man tun, beides wäre zulässig. Aber Sie haben in den Stunden nach der Macht gegriffen, inklusive der Möglichkeiten des Verschleierns, des Verhinderns und möglicherweise auch des Zudeckens. Im Interesse der alten ÖVP, nicht im Interesse der österreichischen Bevölkerung.

Kickl erläutert hier, wie sehr ihn die Störung seines Systems, nämlich dass er nicht mehr Innenminister ist, bedrängt. Seine Aussagen klingen wir Anklagen, die im Großteil seiner Rede auf Vermutungen beruhen, was Kurz gedacht haben könnte.

> *Und, Herr Bundeskanzler, Sie haben gedacht, die Freiheitliche Partei wird einknicken, Sie haben gedacht, dieses Spiel wird aufgeben und wir lassen uns mit irgendetwas abspeisen, damit Sie weitermachen können und dieses Problem erledigt haben. Da haben Sie uns unterschätzt. Da haben Sie uns wirklich unterschätzt, denn wir sind angetreten bei diesem Regierungsprojekt, um genau diese alte Form der Politik zu überwinden, die Sie jetzt wiederbeleben. Niederösterreich hat das Kommando übernommen.*

Kickl verwendet das Muster des »Gedankenlesens«, in dem er sagt: »... Sie haben gedacht ...« und »Da haben Sie uns unterschätzt«. Er sagt nicht, woher er das weiß und das bringt seine Zuhörer dazu, selbst darüber nachzudenken. Das lenkt die Zuhörer von seinen weiteren Ausführungen ab.

> *Es ist ein mehrfacher Vertrauensbruch, den wie hier erleben, und, Herr Bundeskanzler, ich verwende jetzt Ihre eigene Diktion: Dieser Griff nach der Macht ist widerlich. Das geht sich für uns nicht mehr aus und auch darüber werden die Wählerinnen und Wähler im September entscheiden.*

Hier wird mit den Worten »Es ist ein mehrfacher Vertrauensbruch, ...« wieder ein Werturteil gebracht, von dem er sich distanziert und somit seinem Satir-Typ des Anklägers widerspricht. Kräftiger wäre z.B. die Formulierung »Ich sehe dies als mehrfachen Vertrauensbruch.« oder »Das ist für mich ein mehrfacher Vertrauensbruch ... Sie sind daran schuld«.

Zusammenfassend ist zu sagen:
Kickl ist konsequent in Redner-Uptime, er ist auf sich und gleichzeitig auf sein Publikum fokussiert. Er wirkt energiegeladen. Er spricht klar und deutlich. Seine Aussprache ist gut verständlich. Er ist konsequent im Satir-Typ des Anklägers. Seine Körperhaltung drückt Anklage, Schuldzuweisung und Verurteilung aus. Sein zwischenzeitliches Festhalten am Rednerpult unterbricht den Ankläger-Typus und wirkt so, als würde er sich von seinen Worten distanzieren. Seine Tonlage ist entsprechend aufgeregt. Intonationsmuster sind kaum zu bemerken. Das macht es den Zuhörern schwierig zu folgen. Es ist keine Struktur erkennbar.

Kickl verwendet in keiner Weise das 4MAT-System. Es ist im Wesentlichen eine Abfolge von *Was*-Themen, was und was nicht geschehen ist oder geschehen hätte sollen.

Auffällig ist, dass Kickl konsequent Werturteile abgibt, die sich mit dem Muster des »Gedankenlesens« abwechseln. Die Werturteile werden in einer Form abgegeben, ohne zu sagen, wer der Bewertende ist. Er distanziert sich somit indirekt von diesem Werturteil, was ebenfalls dem Satir-Typ des Anklägers widerspricht. Das Muster des »Gedankenlesens« lenkt die Zuhörer weiter vom Inhalt ab. Die Zuhörer stellen sich unbewusst die Frage, woher und wie er das weiß.

Storytelling sowie das Auslösen von emotionalen Zuständen bei den Zuhörern kommt ebenfalls nicht vor. Seine Sprache ist auditiv-digital. Damit macht er es seinem Publikum schwer, innere Bilder, Geräusche, Töne oder Gefühle zu generieren.

Aus Sicht von Spiral Dynamics, dem Rahmen für das Verstehen dynamischer Kräfte in Gesellschaft und Politik, entspricht Kickls Verhalten dem des blauen Mems. Es geht ihm fortlaufend um Struktur- und Systemverletzungen, die Kurz begangen haben soll. Das blaue Mem verkörpert das rechthaberische Wir, es ist strukturiert und basiert auf zielbewussten Kontrollprozessen. Es herrschen Strukturen des

»richtigen« Lebens. Aus Kickls Sicht hat Kurz blaue Gesetze gebrochen und die Ordnung gestört. Kickl bezieht daher auch moralische Positionen, die er mit Werteurteilen begründet. Da es sich um Positionen des blauen Systems, des rechthaberischen Wir, handelt, fehlt in Kickls Werturteilen immer die Person, die die Bewertung abgegeben hat. Blau braucht autokratische Führung, eine Stimme der höheren Macht. Diese Stimme der höheren Macht wurde von Kurz während der Koalition offensichtlich geleistet. Dass von Kickl verlangt wurde, aus der Regierung auszuscheiden, wurde als Systembruch gewertet. Kickls Verhalten ist aus Sicht des blauen Mems sehr gut nachvollziehbar. Wenn Blau auf Barrieren stößt, wird es auf einen Kreuzzug für die gerechte Sache ziehen, Inquisition und Hexenjagd fördern, den Feind verteufeln und die »wahren Patrioten« vergöttern.

Resümee: Es geht Kickl ausschließlich um »sein« System des Innenministeriums, aus dem er als Innenminister entfernt wurde. Was die aktuelle Situation für Österreich bedeutet, kommentiert er in keiner Weise.

Meinen zu wissen, was andere denken, und daraus einen Vorwurf zu konstruieren, ist aus meiner Sicht nicht vertretbares Verwenden rhetorischer Techniken, das wir hier beobachten können.

Norbert Hofer zum Misstrauensantrag gegen die Regierung Kurz

Hofer macht einen sehr entspannten Eindruck. Er spricht langsam und gibt seinen Zuhörerinnen und Zuhörern die Gelegenheit, sich auf seine Rede einzustellen. Sein Satir-Typ ist Leveler, seine Körperbewegungen sind symmetrisch zur Körperachse. Damit signalisiert er, dass er die Wahrheit spricht. Sein Energielevel scheint niedrig zu sein, so als wäre er müde und wehmütig. Er macht tendenziell den Eindruck, mehr sich selbst und nicht auch gleichzeitig das Publikum im Fokus zu haben.

> *Herr Präsident! Herr Bundeskanzler! Geschätzte Mitglieder der Bundesregierung! Eine sehr beliebte und sehr erfolgreiche Koalition ist zu Ende gegangen. Ich glaube und ich behaupte, zu rasch und ich behaupte, auch zu leichtfertig.*

Auch Hofer gibt keinen Grund für seine Rede an. Er folgt somit nicht dem 4MAT-System, das es den Zuhörern erleichtert, der Rede zu folgen. Es wird kein Grund genannt, *warum* er spricht und warum man ihm zuhören sollte.

Es folgt eine Aufzählung von *Was*-Themen, was in der Zeit der Koalition alles passiert ist und was noch alles hätte passieren sollen. Die Aufzählung von Zahlen, Daten und Fakten ist emotionslos.

> *Es ist in dieser Zeit sehr viel gelungen. Es wurde die Schuldenpolitik beendet, es wurden die Menschen entlastet, Familien unterstützt mit dem Familienbonus, Arbeitslosenversicherungsbeiträge, Sozialversicherungsbeiträge gesenkt. Dinge sind auch offen geblieben, keine Frage, die Erhöhung von Mindestpensionen für all jene Menschen, die eine sehr geringe Pension haben, aber denen es wir verdanken, dass wir in diesem Land ohne große Sorgen leben dürfen, in einem Land, in dem es alles gibt, was Menschen brauchen, eine gute Ausbildung, eine intakte Umwelt, und eine gesunde Wirtschaft, ein gutes Bildungssystem. Alles das verdanken wir den Generationen vor uns.*

> *Diese Bundesregierung hat sich auch um mehr Sicherheit bemüht, eine Personaloffensive, damit junge Poli-*

zistinnen und Polizisten in diesem wirklich spannenden Beruf Fuß fassen können, Maßnahmen gegen die illegale Migration, auch im Bereich der Nachfolge von sehr, sehr alten Hubschraubermodellen beim Bundesheer, also wenn Militärs aus dem Ausland in Österreich zu Besuch waren und die Alouette gesehen haben, dann hat man geglaubt, es sind Ausstellungsstücke, man war dann sehr verwundert, dass da Menschen eingestiegen sind und weggeflogen, und auch die Nachfolge SAAB 105, die ist angestanden, wäre das ist noch offen, ein Flugzeug 50 Jahre alt, bedenken Sie, welche Fahrzeuge wir vor 50 Jahren, ich nicht, aber welche Fahrzeuge man vor 50 Jahren noch gefahren ist.

Es geht weiter mit Zahlen, Daten und Fakten. *Warum* er dies erzählt, bleibt dem Zuhörer vorenthalten. Der Zuhörer kann sich nur sein eigenes Bild machen. Damit ist er von den Ausführungen Hofers abgelenkt und mit sich selbst beschäftigt.

Offengeblieben ist auch die Frage der Finanzierung des Bundesheeres, weil auch der Bundespräsident betont hat immer wieder, dass unser Bundesheer, damit es auch den verfassungsmäßigen Auftrag erfüllen kann, die nötigen finanziellen Mittel benötigt. Auch dieser Punkt ist noch offen geblieben. Wenn ich mir mein Ministerium ansehe, dann ist vieles passiert, Schwerpunkt Forschung, Dekarbonisierung, autonomes Fahren, die Donauinitiative, um die Probleme, die wir dort haben, mit der Verschmutzung der Donau in den Griff zu bekommen, die Entbürokratisierung in der Luftfahrt, die 13,9 Milliarden Euro, die in nur fünf Jahren in die Schienen Infrastruktur investiert werden, 700 Millionen Euro in den Personenverkehr jährlich, 100 Millionen Güterverkehr.

Offengeblieben ist mein Hauptprojekt, und das tut mir sehr, sehr leid, nämlich die Nahverkehrsmilliarde, weil es mit dieser Nahverkehrsmilliarde gelungen wäre, auch in anderen größeren Städten in Österreich, die ähnliche Probleme haben wie Wien, den öffentlichen Verkehr massiv zu unterstützen. Und dieses Projekt steht jetzt. Oder das Ziel, den Transit durch Österreich teurer zu machen, es schwieriger zu machen für überladene LKWs, die Grenzen zu überqueren. Geplant war eine automatische Gewichtsmessung unmittelbar nach der Grenze durchzuführen, durch Sensoren im Boden, die Technik ist vorhanden. Wir hätten damit viel mehr LKW auf die rollende Landstraße gebracht. Es gab auch Gespräche zur NOVA, um auch bei der NOVA die Menschen deutlich zu entlasten und auch die Frage, ob man nicht jene, die sehr alte Fahrzeuge haben, die die Umwelt sehr stark belasten, auch finanziell unterstützt, damit sie auf Fahrzeuge umsteigen können, die weniger umweltbelastend sind und auch weniger verbrauchen und damit auch geringere Betriebskosten haben.

Hofer zählt weiter auf, was alles nicht mehr gelungen ist. Es geht ihm um sich selbst, als einen als quasi Unternehmer agierenden Minister und erst zweitrangig um die Sache.

Offen geblieben ist auch ein Projekt, das gegen Ende der Regierungsperiode eingeplant war, nämlich ein Modell der direkten Demokratie. Dass erstmals Bürger und Bürgerinnen in der Lage gewesen wären, aus eigener Kraft heraus verbindliche Volksabstimmungen in die Wege zu leiten. Das wäre ein völlig neuer Zugang gewesen. Freilich konnten wir uns in der Regierung zwar nicht darauf einigen, dass alles abgefragt werden kann, aber es wäre ein erster Schritt gewesen, ganz be-

stimmte Dinge auch direkt aus der Bewegung der Bürger heraus umsetzen zu können.

Und damit glaube ich, dass wir dieses Projekt zu leichtfertig auf's Spiel gesetzt haben.

An dieser Stelle finde ich es bemerkenswert, dass Hofer im folgenden Satz plötzlich von »Wir« spricht. Er sagt: »Und damit glaube ich, dass wir dieses Projekt …«. Warum ist ihm dieses Thema so wichtig, dass er sich selbst zum Teil davon macht? Er ist aus seiner Sicht als Minister, gleichsam als »Unternehmer«, damit gescheitert, und das schmerzt ihn, denn es war für ihn ein Prestigeprojekt.

Gabi Schwarzer, vorher am Rednerpult, ein Blick ins Burgenland, auch dort hat die ÖVP betont, nach dem Video von Ibiza, dessen Inhalt natürlich nicht entschuldbar ist, aber ich kann aus meiner eigenen Erfahrung als Minister sagen, ich hab niemals auf Bauaufträge Einfluss genommen.

Hofer bringt einige Negativformulierungen, was für ihn alles nicht in Frage käme und was er alles nicht gemacht hat. Nachdem er damit Gedanken in den Köpfen seiner Zuhörer auslöst, die er genau genommen vermeiden möchte, wären Positiv-Formulierungen, also was ist und sein soll, wesentlich günstiger. Mit der Formulierung »… ich hab niemals auf Bauaufträge Einfluss angenommen …« will er sich vom Scheitern »seines Unternehmens«, seines Ministeriums, distanzieren.

Das käme für mich absolut nicht infrage und das würden sich auch die ÖBB und die ASFINAG nicht gefallen lassen. Seien Sie versichert, wir haben an der Spitze der ÖBB eine hervorragende Persönlichkeit und auch die ASFINAG ist hervorragend geführt. Aber nach diesen Ereignissen hat auch die ÖVP im Burgenland gesagt, keine Koalition mit der FPÖ. Die SPÖ hat die Koalition nicht aufgekündigt und ich behaupte, es ist in einer Koalition ähnlich wie in einer Freundschaft im Leben, wo vielleicht ein Freund, ein Partner etwas tut, was unentschuldbar ist, wo man im ersten Augenblick sagt, das ist mit unserer Partnerschaft, mit unserer Freundschaft nicht vereinbar. Und wenn man es dann doch schafft, eine schwierige Zeit zu überstehen, dann funktionieren solche Freundschaften und Partnerschaften oftmals besser als jene, die noch nie eine Krise erlebt haben.

Hofer weint der gescheiterten Koalition nach und er bringt eine lehrreiche Metapher, nämlich »Schwierigkeiten stärken Partnerschaften«. Diese Metapher hat das Potenzial, Zustimmung zu generieren und ist ein gelungenes Priming, eine Grundierung, ihn später als Staatsmann wahrzunehmen. Wir werden sehen, dass er am Ende dieser Rede die Worte von Bundespräsident Van der Bellen verwendet, dass sich die Bevölkerung keine Sorgen machen solle.

Das Argument, dass Innenminister Kickl in dieser Funktion nicht gegen sich selbst ermitteln kann, trifft es deswegen nicht auf den Punkt, weil in der FPÖ der Generalsekretär keine Finanzverantwortung hat. Auch ich, meine Damen und Herren, war in diesem Jahr stellvertretender Bundesparteiobmann, und auch ich hatte keine Verantwortung für die Finanzen und daher, ja natürlich, der Finanzreferent hat Verantwortung für die Finanzen, aber ich hab die Finanzen prüfen gelassen, kann Ihnen versichern, dass es keine Großspenden gegeben hat, und wir werden noch einen Antrag einbrin-

gen, damit es für alle Parteien künftig keine Großspenden mehr gibt.

Auch hier weiter mit *Was*-Themen. Keine *Wie*-Themen, also wie die Probleme gelöst werden könnten. Es werden somit nur jene Menschen angesprochen, die an Informationen, Zahlen, Daten und Fakten interessiert sind. Jene, die Begründungen brauchen, die Anleitungen benötigen und jene, die inspiriert werden wollen, werden nicht bedient.

Und wir wollen auch sicherstellen, dass alles, wo es um Personenkomitees oder Vereine geht, in die Wahlkampfobergrenze mit einzuberechnen ist, und zwar alle Beträge, damit sich auch alle Parteien daran halten müssen.

Meine Damen und Herren, jetzt aber noch einmal zu der Frage, zu dem Gedanken, Herbert Kickl kann nicht gegen sich selbst ermitteln. Es gibt keine Ermittlungen, erstens, zweitens, denken wir doch zurück an die Causa Innenminister Strasser, da hatten wir auch einen Innenminister, der von der ÖVP gestellt wurde, und einen Justizminister, der ebenfalls von der ÖVP gestellt wurde. Und trotzdem wurde ordentlich ermittelt, und trotzdem kann man Vertrauen haben in die Behörden und in die Justiz.

Hofer bringt infolge ein Werturteil über sich selbst, wenn er sagt: »Daher glaube ich noch einmal, dass das Projekt …«

Daher glaube ich noch einmal, dass das Projekt zu leichtfertig aufgegeben wurde.

Die Aussage »Es war eine sehr beliebte Regierung …« ist hingegen ein Werturteil, wo der Bewertende nicht vorkommt. Somit distanziert sich auch Hofer, möglicherweise ungewollt, von dieser Aussage.

Es war eine sehr beliebte Regierung, sehr erfolgreich, und sie geht damit leider zu Ende. Heute steht ein Misstrauensantrag auf der Tagesordnung und es ist darüber zu befinden und abzustimmen. Und ich möchte eines betonen: Es gibt keine Krise des Staates. Wir haben eine Bundesverfassung, die sicherstellt, dass auch in schwierigen Situationen der Staat ohne Staatskrise in eine positive Zukunft blicken kann. Keine Einzelperson, keine Partei alleine kann eine Staatskrise in Österreich auslösen. Dafür bin ich den Machern der Bundesverfassung, den Autoren, sehr, sehr dankbar.

Hofer beginnt, Bundespräsident Van der Bellen zu pacen. Er imitiert die Worte und Gedanken, die Van der Bellen einige Tage zuvor gesagt hat. Damit generiert er Zustimmung.

Eine Regierung braucht eine Mehrheit und darum geht es heute. Eine Regierung braucht eine Mehrheit und in diesen Machtgleichgewicht zwischen Bundesregierung, Bundespräsidenten und dem Parlament ist vollkommen klar, dass keine Regierung arbeiten kann ohne eine Mehrheit im Nationalrat. Auch der Bundespräsident, der in diesen Tagen seine Aufgabe sehr verantwortungsvoll wahrnimmt, kann nicht ohne Mehrheit im Parlament eine Bundesregierung ernennen. Das ist unmöglich, weil diese Bundesregierung schon nach kurzer Zeit wieder davon bedroht wäre, dass sie die Mehrheit verliert. Daher, daher, daher Frau Kollegin funktioniert es nicht, denn Sie brauchen als Regierung die Mehrheit im Haus, unbedingt, sonst funktioniert es nicht.

Jetzt spricht er in der Wortwahl Van der Bellens. Wen er im vorigen Satz mit »Frau Kollegin« meinte, bleibt unerschlossen. Interessant ist, dass er sich inmitten des Pacens von Van der Bellen von einer Stimme stören lässt. Das ist ein Zeichen für Unsicherheit.

> *Daher darf ich den Menschen versichern, bitte machen Sie sich keine Sorgen. Eine Expertenregierung ist eine Regierung aus Experten, und nicht aus Menschen, die von ihrem Fach nichts verstehen. Besten Dank.*

Aussagen, wie »Machen Sie sich keine Sorgen« sind wenig hilfreich. Es wäre doch viel interessanter zu erfahren, was sich die Bevölkerung statt Sorgen nun machen sollte? Zuversicht wäre, neben vielen anderen möglichen positiven Gefühlen, eine gute Option. Auch zu sagen, es ist eine Regierung aus Experten, und nicht aus Menschen, die von ihrem Fach nichts verstehen, ist auditiv mehrdeutig und kann sehr leicht falsch verstanden werden, wie z.B. »... aus Experten, und nicht aus Menschen ...«. Formulierungen dieser Art sind gerade am Ende einer Rede besonders negativ, da sie bei den Zuhörern haften bleiben, sie können nicht mehr korrigiert werden, und sie färben rückwirkend auf die gesamte Rede negativ ab. Für das gekonnte Pacen von »Vorbildern« bedarf es mehr, als bloß zu versuchen, sie nachzumachen.

Zusammenfassend ist zu sagen:
Hofer macht einen entspannten Eindruck, wenngleich er wehmütig und müde wirkt. Er ist tendenziell mit sich selbst beschäftigt. Redner-Uptime ist daher nur schwach vorhanden. Er hat wenig Rapport, keine emotionale Verbindung, zu den Zuhörern. Sein Satir-Typ ist der Leveler. Damit will er signalisieren, dass er die die Wahrheit spricht. Seine Tonlage ist unaufgeregt und er klingt eher traurig. Intonationsmuster sind vorhanden, Satzanfang und Satzende sind erkennbar.

Er hat eine auditiv-digitale Sprache. Seine Wortwahl ist von Logik und Abläufen geprägt und ist emotionslos. Hofer verwendet klare Aussagesätze ohne hypnotische Sprachmuster. Er spricht im Wesentlichen über sich, seine Vorhaben und seine Wahrnehmungen.

Hofer verwendet in keiner Weise das 4MAT-System, das Reden strukturiert und leicht verständlich macht. Es ist im Wesentlichen eine Abfolge von *Was*-Themen, was und was nicht geschehen ist, was noch offengeblieben ist und was noch geplant war.

Das Ende seiner Rede erinnert an die Worte von Bundespräsident Van der Bellen von vor einigen Tagen vor dieser Nationalratssitzung. Er imitiert Van der Bellen und möchte so Zustimmung unter jenen Menschen generieren, die auch Van der Bellens Meinung sind. Damit es gut wirken kann, muss es allerdings professionell umgesetzt werden.

Aus Sicht von Spiral Dynamics, einem Rahmen zum Verstehen von dynamischen Kräften in Politik und Gesellschaft, spricht Hofer aus dem orangen Mem, dem Mem des klassischen Unternehmertums. Er spricht von Strategien, strategischen Prozessen und Abläufen. Es geht ihm darum, das Leben der Menschen durch den Einsatz von Technologie zu verbessern. Typische Beispiele, die Hofer bringt, sind autonomes Fahren und die Nahverkehrsmilliarde. Das orange Mem ist leistungsorientiert und weitgehend emotionslos. Hofer vertritt seinen Standpunkt, und zwar sehr unaufgeregt. Er hält Ausschau nach besonderen Zeichen, nach neuen Möglichkeiten, die ihn weiterbringen, seine Karriere weiter zu entwickeln. Er verwendet dazu das Pacen des Bundespräsidenten, indem er seine Wortwahl zur aktuellen politischen Lage Österreichs imitiert. Bundespräsident zu werden, ist für Hofer offensichtlich nach wie vor eine Denkvariante.

Wenn das orange Mem auf Barrieren trifft, wird es, laut Spiral Dynamics, was immer nötig ist, um zu gewinnen, auch tun.

Norbert Hofer und Herbert Kickl unterscheiden sich in ihren Reden sehr deutlich. Ihr Verhalten ist komplett unterschiedlich und die Verwendung von Sprachmustern ebenfalls. Sie agieren aus unterschiedlichen Spiral Dynamics Mems, Kickl aus dem blauen Mem und Hofer aus dem orangen Mem.

Resümee: Hofer geht es ausschließlich um sich selbst, dass er mit seinen Vorhaben, die lang und breit erläutert worden sind, nicht erfolgreich war. Er sieht sich dabei auch selbst in gewisser Weise mitschuldig zu sein. Kickl hingegen geht es um das System, und den Angriff auf das System und findet die Schuld ausschließlich außerhalb seines Systems. Wie sich das auf das weitere Vorgehen der FPÖ auswirken wird, wenn doch so unterschiedliche Werte- und Denkhaltungen aufeinandertreffen, bleibt interessant zu beobachten und abzuwarten. Ich sehe Kickl weiter in der Rolle des Anklägers agieren. Was das Handeln aus dem orangen Mem heraus betrifft, so sehe ich bei Hofer sicherlich mehr Gemeinsamkeiten mit Heinz-Christian Strache als mit Herbert Kickl.

Beate Meinl-Reisinger zum Misstrauensantrag gegen die Regierung Kurz

Meinl-Reisinger zeigt eine aufrechte Körperhaltung. Sie ist in Redner-Uptime, auf sich und ihr Publikum fokussiert. Die Verbindung zum Publikum ist emotional vorhanden. Ihr Satir-Typ ist Leveler, ihre Körperbewegungen sind symmetrisch zur Körperachse. Sie signalisiert damit, dass sie die Wahrheit spricht. Ein leichtes Wippen von links nach rechts und umgekehrt wirkt diesem Signal allerdings entgegen. Im Zuge der Rede wechselt sie allerdings sehr bald in den Satir-Typ des Anklägers. Ihre Rede ist emotional und mitreißend, wenn man sie mit jenen ihrer politischen Mitbewerber vergleicht.

> *Sehr geehrter Herr Präsident, verehrte Mitglieder der Bundesregierung, sehr geehrter Herr Bundeskanzler, werte Kolleginnen und Kollegen, werte Zuschauer.*
>
> *Bissl weniger Emotion, vielleicht ein bisschen mehr Sachlichkeit und kühlen Kopf jetzt. Es ist zweifelsohne die turbulenteste Zeit der österreichischen Innenpolitik, die nicht nur ich, sondern wahrscheinlich alle erlebt haben, und es ist höchst bedauerlich, welches Bild wir abgeben als Österreich im Ausland, aber auch als Politik gegenüber den Menschen.*

Nach der Begrüßung beginnt Meinl-Reisinger mit einem Appell, »Bissl weniger Emotion …«, und einem Werturteil, »Es ist zweifelsohne die turbulenteste Zeit …«. Da sie nicht sagt, wer dieses Werturteil gefällt hat, und auch nicht sagt, dass es von ihr sei, schließt sie sich selbst als Bewerterin aus diesem Werturteil aus und distanziert sich somit von ihrer eigenen Aussage. Der Appell ist somit ebenfalls wirkungslos.

> *Die Verunsicherung und vor allem der Vertrauensverlust, der einhergegangen ist, vor allem natürlich mit den Bildern in dem Video, die wir gesehen haben, bei den Menschen ist sehr, sehr schwer wiedergutzumachen, und wir alle miteinander haben Sorge dafür zu tragen, dass wir beweisen und sicherstellen, dass klar ist, dass wir nicht so sind.*

Es folgt ein weiteres Werturteil, ohne Angaben zu machen, wer der Bewertende ist und woher sie diese Information hat. Die Formulierung »… dass es bei den Menschen sehr, sehr schwer wieder gutzumachen ist …« ist ein hypnotisches

Sprachmuster, das die Zuhörer von den weiteren Ausführungen ablenkt. Die Zuhörer stellen sich unbewusst die Frage, ob es wirklich so ist …

Die verwendete Negativformulierung »… dass wir nicht so sind« wirft die Frage auf, wie wir sind. Dazu gibt es keine Ausführungen. Der Beweis wäre leichter zu erbringen, wenn bekannt wäre, was zu beweisen ist, und nicht, was nicht zu beweisen ist.

Meinl-Reisinger bringt kein *Warum* für Ihre Rede. Sie gibt keinen Grund an, warum sie jetzt spricht, und warum ihr zugehört werden soll. Sie folgt somit nicht dem 4MAT-System, das es den Zuhörern erleichtert, der Rede zu folgen. Die folgenden *Was*-Themen, was war, was nicht war, und was hätte sein sollen, sind daher in keinen Kontext gesetzt.

> *Dass mit den Populisten kein Staat zu machen ist, davor haben wir gewarnt. Dass die Nähe der FPÖ zu Russland auch dubiose Beziehungen beinhaltet, auch davor haben wir gewarnt, wir haben noch am Tag vor der Veröffentlichung des Videos gefragt an Sie, Herr Bundeskanzler, ob Österreich über die nötig scharfen Parteienfinanzierungsgesetze verfügt, dass wir ausschließen können, dass über dubiose Kanäle, über möglicherweise illegale Kanäle, Parteien finanziert werden, und Sie haben uns abgeschasselt, Sie haben gemeint, wir sind eines der transparentesten Länder und Recht haben wir gehabt, und wissen Sie was, ich bedaure, dass wir Recht gehabt haben. Wie recht wir gehabt haben, das haben wir im Video gesehen.*

Meinl-Reisinger spricht in einem Dauerton, der es defacto unmöglich macht, Sätze und Absätze ausfindig zu machen. Mehr Struktur könnte den Zuhörern helfen, ihren Argumenten leichter zu folgen.

Hier ist eine Partei, die bereit ist für den Griff zur Macht, die Interessen Österreichs, die Schätze Österreichs, das Wasser zu verraten und zu verkaufen für Macht, für Einfluss und für Gier. Das ist eine besondere Kategorie, die wir gesehen haben, für die ich mich sehr schäme, aber, und das möchte ich auch sagen, ein historischer Moment, ich nehme die FPÖ in Schutz, dass was wir nämlich gesehen haben in dem Video auch, diese Bereitschaft, dass man finanziert über Vereine, dass man sagt, na ja, da können wir schon irgendwas machen, wenn wir an der Macht sind, dass man auch versucht zumindest, über Medien sich Einfluss zu bekommen, das ist ja nicht neu, das ist ja ein Biotop in der Österreich Politik, das wir über Jahrzehnte gesehen haben, besonders in dem Video natürlich in einer Form, die auch strafrechtlich möglicherweise relevant ist, aber dass die Kultur der Intransparenz, der Freunderlwirtschaft, der Postenvergabe an Freunde, der Auftragsvergaben an Freunde, da sagen wir mal, der etwas verstrickten Parteienfinanzierung, sodass wir nicht wirklich offenlegen müssen, wie es ist, kultiviert wurde, und zwar zur Perfektion kultiviert wurde von SPÖ und ÖVP über Jahrzehnte, das wissen die Menschen in unserem Land auch, und deshalb habe ich klar gesagt, wenn wir eine Lehre daraus ziehen, dann dass diese Krise eine Chance ist, jetzt endlich ein für alle Mal aufzuräumen mit diesen Sumpf.

Sie bezieht im obigen Absatz, den sie mit »Das ist eine besondere Kategorie, die wir gesehen haben, für die ich mich sehr schäme, …« beginnt, sehr klar Stellung und äußert ihre Meinung, sie bezieht ihre Aussagen auf ihre Wahrnehmungen und eine Emotion. Sie verwendet sinnesspezifische Wörter, wie zum Beispiel »sehen«, »Intransparenz« und »verstrickt«. Das macht den Zuhörern möglich, innere Bilder und Emotionen zu generieren.

Meinl-Reisinger sieht die Möglichkeit, aus der Situation zu lernen und Lehren daraus zu ziehen. Wäre ihre Rede entsprechend des 4MAT-Systems aufgebaut, beginnend mit dem »Warum spreche ich?« und »Warum sollte man mir zuhören?«, weiter mit dem »Was ist zu tun?«, darauffolgend das »Wie« bezüglich der nächsten Schritte und ein Abschluss mit dem »Was-Wenn«-Teil, der darüber berichtet, was passiert, wenn wir das alles machen, würde die Chance auf tatsächliche Umsetzung der angesprochenen Lehren massiv steigen. Das 4MAT-Format gibt einen Rahmen, der es den Zuhörern ermöglicht, leicht zu folgen.

> *Macht macht anfällig für Machtmissbrauch, und niemand ist davor gefeit, das sage ich auch.*

Meinl-Reisinger bringt eine Generalisierung in Form einer Überzeugung, die lautet: »Macht macht anfällig für Machtmissbrauch.« Sie sagt nicht, woher sie das weiß und wann dies der Fall ist. Es ist ein hypnotisches Sprachmuster. Es legt weiters ein Denkschema offen, das Menschen unbewusst und dennoch erfolgreich daran hindern könnte, selbst an die Macht zu kommen.

> *Das heißt, wir müssen alle miteinander dafür Sorge tragen, dass es Politiker gibt, die freiwillig ihre Macht beschränken, die sich freiwillig einer umfangreichen Kontrolle unterwerfen, und die freiwillig den Weg der größtmöglichen Transparenz gehen, weil, nur dann können die Menschen in Österreich sicher sein, dass die Politikerinnen und Politiker, die sie vertreten, ausschließlich die Interessen dieser Menschen vertreten und niemandes sonst.*

Die Formulierung »... wir müssen alle miteinander dafür sorgen, dass es Politiker gibt, die ...« enthält einerseits den

Modaloperator der Notwendigkeit, das »müssen« und ist andererseits unvollständig spezifiziert. Sinnvollerweise können ja nur »alle« Politiker gemeint sein. Diese Sprachmuster sind hypnotisch und lenken den Zuhörer von der weiteren Rede ab.

> *Ja, das türkis-blaue Experiment ist gescheitert. Sie stehen auf dem Scherbenhaufen dieses Projekts, das, und das ist, glaube ich, kein Geheimnis, das wir in vielerlei Hinsicht aus tiefer Überzeugung abgelehnt haben, inhaltlicher Natur, personeller Natur und auch struktureller Natur.*
>
> *Wir sind nicht der Meinung gewesen, dass der Weg, den sie beschritten haben über die letzten Monate, der beste Weg ist für Österreich. Es war sehr, sehr viel Luftblasen, sehr viel Schaumschlägerei, kaum die Reformen, die wir wirklich eingemahnt haben und große Sorge um die Errungenschaften der liberalen Demokratie in unserem Land. Es war ein Fehler, die Rechtspopulisten an die Schalthebeln der Macht zu lassen. Ich glaube, auch das hat man gesehen und ich weil gerade vorhergesehen habe, es ist jetzt sozusagen ein Wieder-Ergreifen der Macht, es war ein Fehler, der FPÖ alle Schalthebel im Bereich der Sicherheitspolitik in die Hand zu geben, das ist wohl wirklich jeden sonnenklar. Ich bin allerdings auch etwas überrascht, Herr Kollege Kickl, dass die Bewertung der Person Sebastian Kurz vom Messias zum Leibhaftigen in so wenigen Sekunden vonstattengehen kann, das ist ja wirklich ein Rosenkrieg der Sonderklasse, der auch sehr, sehr unglaubwürdig ist.*

Meinl-Reisinger sagt »… wir sind nicht der Meinung gewesen, dass der Weg der beste ist für Österreich …«. Dieser unspezifische Vergleich ist ebenfalls hypnotisch. Es wird nicht angegeben, worauf sich dieser Vergleich bezieht. Es wird dem Zuhörer überlassen, was er meint, was der beste Weg für Österreich gewesen sei. Somit wird eine Chance vergeben, es aus Sicht der Neos zu erläutern.

> *Herr Bundeskanzler, ich bin der Meinung und sehr viele Menschen in Österreich waren das über die letzten Monate der Meinung, dass rote Linien viel früher hätten gezogen werden müssen. Rote Linien erst anzuziehen, wenn das Strafrecht hier hineinfährt, ist zu spät. Der moralische Verfall findet viel früher statt, oder, um einen Richter dieser Republik zu zitieren: »Nicht alles, was stinkt, ist strafrechtlich relevant.«*

> *Daher ist unserer Meinung nach auch nach diesem Auftauchen des Videos klar gewesen, dass an Neuwahlen kein Weg vorbeiführt.*

Meinl-Reisinger verwendet hier das Muster des *Gedankenlesens*, wenn sie sagt »... und sehr viele Menschen waren das über die letzten Monate der Meinung, dass ...«. Sie gibt nicht an, wie sie darauf gekommen ist und woher sie das weiß. Mit der Aussage »..., dass rote Linien viel früher hätten gezogen werden müssen« konstruiert sie daraus auch noch einen Vorwurf.

> *Bis dahin, was soll passieren? Meines Erachtens alles, dass wir das Vertrauen der Menschen die Politik wieder erlangen, und ich hab auch klar abgesagt und möchte, man kann sich ja nicht aussuchen, von welcher Seite Lob kommt, aber es ist keine Anregung gewesen und auch kein Wunsch, sondern eine Forderung, dass diese Regierung eine Verwaltungsregierung ist, dass keine wesentlichen Gesetze jetzt auf den Weg gebracht werden, die nicht vielleicht noch Aufschub haben könnten*

bis nach der Wahl. Es ist es im Übrigen auch eine Forderung an dieses Haus, dass wir uns selbst verpflichten, nicht wieder mit teuren Wahlzuckerl im freien Spiel der Kräfte, sozusagen ja Wahlzuckerl zu geben – wir haben das eh nie gemacht – sie müssen sich an der Nase nehmen, an der sich die Steuerzahlerinnen und Steuerzahler am Ende verschlucken. Daher habe ich auch diesen Pakt für Verantwortung vorgeschlagen, dass wir den alle miteinander unterzeichnen, denn das ist auch verantwortungsvoll für die nächste Zeit. Ich hab damit schon klar gesagt, was ich von Ihnen erwarte, als Regierung, als Kanzler und übrigens auch als ÖVP Parteichef. Ich nehme Sie beim Wort, wenn sie sagen, umfangreiche Aufklärung, und da will ich Sie auch gar nicht aus der Verantwortung lassen, da will ich Ihnen als Parlament ein enges Korsett geben, dass wir jetzt endlich aufräumen mit dem Sumpf. Ich will Ihnen auch ein enges Korsett geben als ÖVP Parteichef, dass Sie endlich offenlegen, wer die 13 Millionen finanziert hat des Nationalratswahlkampfs 2017. Ich will Ihnen auch ein enges Korsett geben, dass wir hier endlich miteinander beschließen, dass es klare strafrechtliche Sanktionen gibt bei illegaler Parteienfinanzierung und ich will Ihnen auch ein enges Korsett legen, dass Sie das Amt des Bundeskanzlers und der Ministerinnen und der Minister in den Ministerien nicht missbrauchen für Wahlkampf. Das alles können wir tun als Parlament, und das ist unsere Aufgabe als Parlament und dieser Aufgabe wollen wir als Neos nachkommen in den nächsten Monaten.

Wieder eine lange Liste von Was-sollte-getan-werden, ohne zu sagen, wie es aus Sicht der Neos konkret umgesetzt werden soll. Was soll es konkret bedeuten, wenn sie sagt »Ich nehme Sie beim Wort ...« oder »... ich will Ihnen auch ein enges Korsett legen, …«? Meinl-Reisinger könnte die Gelegenheit nutzen zu sagen, *wie* sie sich das vorstellt. Nachdem sie dies unterlässt, verpuffen diese möglichen Maßnahmen wirkungslos.

> *Es ist eine Aufforderung, tun wir das jetzt, beschließen wir jetzt, dass es keine Parteiwerbung mehr gibt oder parteitaktisch gefärbte Werbung mehr aus den Ministerien und Ministern. Wenn wir miteinander ausschließen wollen für die Zukunft, dass hier ein Bundeskanzler nicht das Parkett nutzen kann für Wahlwerbung, dann wäre das ein richtiger Schritt für die Zukunft. Im Übrigen hat mir das auch in der Vergangenheit nicht gefallen und da habe ich es auch immer wieder gesehen. Ich war letzte Woche klar, dass ich daran glaube, dass tatsächlich jetzt Parteitaktik keinen Raum einnehmen sollte.*

Während sie sagt »Es ist eine Aufforderung, tun wir das jetzt, beschließen wir jetzt, dass …« zeigt sie körpersprachlich unbewusst den Satir-Typ des Beschwichtigers, der um Vergebung bittet. Der Beschwichtiger signalisiert Hilflosigkeit und bittet um Unterstützung, indem er beide Handflächen nach oben richtet. Da dies bei kontroversiellen Aussagen eine gute Dämpfungsmethode ist, um Ärger zu vermeiden, bleibt ihre verbale Aufforderung, etwas zu tun, vollkommen wirkungslos. In Situation einer Aufforderung ist der Satir-Typ des Levelers geeignet, Zustimmung zu erhalten. Der Leveler bewegt hat beide Handflächen nach unten gerichtet und bewegt die Arme abwärts und dann nach außen.

> *Es gibt in dieser Republik tendenziell zu viel Taktiererei, parteipolitische Spielchen, als zu wenig. Was es braucht von uns allen, ist ein Verantwortungsbewusstsein für die Menschen und ein Verantwortungsbewusstsein für die Republik.*

Mit der obigen Aussage »Es gibt in dieser Republik tendenziell zu viel Taktiererei, parteipolitische Spielchen, als zu wenig« stellt sie die Behauptung auf, dass es Taktiererei und parteipolitische Spielchen braucht und diese in Ordnung seien.

> *Die Österreicherinnen und Österreicher werden im September zu Wort kommen entlang der Frage, wer soll den Kurs unseres Landes weiter bestimmen. Über die nächsten Monate erwarte ich nichts anderes als eine Verwaltungsregierung, die sozusagen das Nötigste auf den Weg bringt, aber ich erwarte mir auch, dass wir Druck aufbauen, dass wir endlich diese Chance nutzen, zu einer neuen politischen Kultur in diesem Land zu kommen, zu einer Kultur der Transparenz, zu einer Kultur der Sauberkeit, zu einer Kultur, die Kontrolle sucht und nicht umgeht, zu einer Kultur, die es ausschließt, dass wir die Interessen von Spenderinnen und Spendern vertreten, anstatt die Interessen von den Österreicherinnen und Österreichern.*

Meinl-Reisinger bleibt bis zum Ende ihrer Rede in *Was*-Themen, was aus ihrer Sicht zu tun sein. Sie geht auf kein *Wie* und kein *Was-Wenn* entsprechend des 4MAT-Systems ein, was zu einem besseren Verständnis ihrer Rede hätte führen können.

> *Das ist unser Auftrag für die nächsten Monate, das ist das, was wir den Menschen schuldig sind in unserem Land und das ist auch das, was Bundespräsident Van der Bellen gemeint hat, im Übrigen in Richtung aller Parteien, auch in Richtung von ÖVP, zu sagen, dass es jetzt darum geht, Verantwortung für das Land zu übernehmen, damit wir sagen können, so sind wir nicht, wir Österreicherinnen und Österreicher, so sind wir*

aber auch nicht als Politikerinnen und Politiker. Vielen Dank.

Am Ende ihrer Rede wäre es hilfreich zu sagen, wie wir Österreicher und Österreicherinnen, und wir Politikerinnen und Politiker, in Wirklichkeit sind, und nicht zu sagen, »... so sind wir nicht ...«. Sie hätte die Gelegenheit nutzen können, ihr Idealbild vorzustellen.

Zusammenfassend ist zu sagen:
Meinl-Reisinger macht einen sehr energetischen Eindruck. Sie beginnt im Satir-Typ des Levelers, der die Wahrheit spricht, und wechselt sehr bald in den Satir-Typ des Anklägers. Sie erhebt ihren rechten Arm und schwenkt ihn mit ausgestrecktem Zeigefinger oder mit der ganzen Faust immer wieder rasch nach unten, so als wenn sie auf etwas draufschlagen möchte. Sie möchte dadurch Stärke und Dominanz signalisieren.

Sie spricht praktisch ohne Unterbrechung, in einem Fluss, und sie macht es dem Publikum schwer zu folgen. In dieser Rede ist sind Strukturen von Sätzen und Absätzen schwer erkennbar. Somit kommen auch die vielen Gedanken öfters durcheinander.

Bei Meinl-Reisinger sind sehr viele Versprecher und sehr viele Fallfehler zu beobachten. Dies macht es noch schwieriger, ihren Ausführungen zu folgen.

Meinl-Reisingers Sprache ist sinnesbezogen. Sie verwendet Begriffe, die mit unseren Sinnesorganen wahrnehmbar sind und generiert damit innere Bilder, Vorstellungen, Geräusche, Töne und Gefühle. Sensorische Sprache ist emotional.

Wir erleben eine Aneinanderreihung von *Was*-Themen, was geschah und nicht geschah, was getan werden sollte und was nicht.

Sie verwendet kein Storytelling-Format, sondern verfällt während der Rede mehr und mehr in die Rolle der Anklägerin mit vielen Forderungen, ohne zu sagen, wie diese umgesetzt werden sollen.

Aus Sicht von Spiral-Dynamics spricht Meinl-Reisinger das grüne Mem an. Es geht ihr um ein gemeinschaftliches Wir, um menschliche Beziehungen und um einen Konsensprozess. Sie ist vom Wertesystem im Vergleich zu Rendi-Wagner, Kickl und Hofer am nächsten zu Sebastian Kurz und dennoch ein Stück weit entfernt. Kurz, als Vertreter des gelben Mems, wirkt integrierend, wenngleich er durch seine auditiv-digitale Sprache emotionslos, clean und glatt wirkt, und dies im viel Ablehnung beschert. Das grüne Mem möchte jedenfalls auch gerne integrierend wirken. Es ist allerdings noch damit beschäftigt, das innere Selbst zu erkunden. Darauf deutet die tendenziell unstrukturierte Verwendung von Sprache hin. Das grüne Mem sucht Konsens und sucht den mitfühlenden Menschen. Kurz könnte das repräsentieren, da er jedoch emotionslos wirkt, ist das grüne Mem von Kurz abgeschreckt. Das grüne Mem akzeptiert Autokratie, wenn alle ihren Anteil und Nutzen haben. Es wird eine fürsorgliche sozial verantwortliche Gesellschaft gesucht. Wenn das grüne Mem auf Barrieren stößt, wird es in eine rigide Haltung persönlicher Heiligkeit und politischer Korrektheit verfallen und arrogant die Motive eines jeden in Zweifel ziehen.

Resümee: Meinl-Reisingers energiegeladene emotionale Art und Weise zu reden, ist mitreißend, doch leider recht wirkungslos. Sie verschweigt den Zuhörern und Zuhörerinnen, wie nun die nächsten Schritte auszusehen haben. Nachdem sie ihr Publikum darüber im Unklaren lässt, passiert auch nichts.

Liebe Leserinnen und Leser, sagen Sie Ihrem Publikum immer, was es tun soll und wie genau die nächsten Schritte auszusehen haben. Menschen brauchen einen ganz klaren Call-to-Action, einen Handlungsaufruf, der begründet ist, und, bei Durchführung, eine Verbesserung in der Zukunft verspricht. Nutzen Sie daher das 4MAT-Format für das Design Ihrer Rede.

Fazit

Was machen Sebastian Kurz, Pamela Rendi-Wagner, Herbert Kickl, Nobert Hofer und Beate Meinl-Reisinger gut und welches Verbesserungspotenzial könnte es geben? Was können Sie sich für sich, liebe Leserinnen und Leser, mitnehmen?

Kurz ist der einzige der hier analysierten Redner, der konsequent das 4MAT-System einsetzt. Er gibt in seinen Reden einen Grund an, warum es jetzt notwendig ist, das Wort zu ergreifen und er setzt seine Aussagen somit in einen Kontext, in einen Bezugsrahmen, der Interesse weckt. Das macht seine Aussagen verständlich und klar. Man muss mit seinen Reden inhaltlich natürlich nicht einverstanden sein, dennoch wird die Diskussion über seine Inhalte durch die hohe Verständlichkeit seiner Aussagen gut ermöglicht. Er sollte aus meiner Sicht in Betracht ziehen, nicht zu perfekt »rüberzukommen« und nicht »zu« klar zu sein, um sich von Nazi-Rhetorik deutlich zu distanzieren. Die Verwendung sinnesbezogener Worte und sensorischer Sprache, auch im Parlament, könnte helfen, dass er die cleane und glatte Haut abgestreift, und er von seiner Zuhörerschaft als emotionaler Mensch wohltuend erlebt wird.

Pamela Rendi-Wagner ist zweifelslos eine mutige Frau an der Spitze der zurzeit stärksten Oppositionspartei. Ihre rhetorische Entwicklung, die sie in den vergangenen 24 Monaten gezeigt hat, ist beachtlich. Man darf nicht vergessen, dass Naturwissenschaftler, und Mediziner gehören hier dazu, aufgrund ihrer langen Ausbildung eine fachspezifische Sprachverwendung haben, die anderen fremd ist. Öffentliche Reden zu halten war für sie sicherlich lange Neuland. Die Verwendung einer wirkungsvollen Struktur, wie das 4MAT- oder das Storytelling-Format helfen, besser verstanden zu werden und so ihre Position zu festigen.

Herbert Kickl wird seiner Rolle als Ankläger gerecht. Er denkt in Systemen und es ist ihm wichtig, Verletzungen »seines« Systems, sowohl von innen als auch von außen, zu vermeiden. Seine Sprache ist klar und er ist gut verständlich. Für ihn ist klar, dass seine Regeln auch für alle anderen gültig zu sein haben. So verwendet Kickl in seinen Reden das Muster des »Gedankenlesen«, um daraus Vorwürfe an andere Personen zu konstruieren, nach dem Muster: »Ich weiß, was du denkst, und das, was du denkst, ich Grund genug für mich, dich zu verurteilen.«

Norbert Hofer ist darauf bedacht, als unternehmerisch denkender und besonnener Politiker wahrgenommen zu werden. Das stellt er gut dar. Seine langsame, unaufgeregte Art zu sprechen, unterstreicht dies. Es geht ihm, entsprechend des klassischen Unternehmertypus, um sich selbst und um seine Vorteile. Er wirkt jedoch wehmütig und müde, was seine Glaubwürdigkeit vermindert. Hofer agiert aus dem orangen Mem heraus. Er sucht nach Möglichkeiten und Anzeichen, wie er seine Karriere weiter entwickeln könnte. Dazu versucht er verstärkt die Wortwahl von Bundespräsident Alexander Van der Bellen zu nutzen, um staatsmännisch wahrgenommen zu werden.

Beate Meinl-Reisinger ist emotional und energiegeladen. Sie macht einen mitreißenden Eindruck, variiert ihre Stimmlage und ist körpersprachlich sehr aktiv. Anerkennung und Konsensfindung sind ihr wichtig. Sie verwendet sensorische Sprache und sinnesspezifische Wörter. Dadurch ermöglicht sie es ihren Zuhörern, innere Bilder und Gefühle zu generieren und emotional mitzugehen. Ihre Ideen und Argumente bleiben jedoch wirkungslos. Sie verschweigt ihrer Zuhörerschaft, wie genau die nächsten Schritte auszusehen haben.

Es fehlt der Call-to-Action. Daher bleibt unklar, was getan werden soll, und somit bleibt die Umsetzung aus. Die Anwendung des 4MAT- oder des Storytelling-Formats würde hier schnell und wirksam Abhilfe schaffen.

Wie beeinflussbar sind wir Menschen nun wirklich durch angewandte Rhetorik? Dieser Frage sollten wir nachgehen. Rhetorik ist die Kunst der Rede. Sie ist vom Inhalt der Rede unabhängig. Manche Redner sind charismatisch, bringen ihr Publikum zum Lachen, haben Humor, wecken auf und bringen Menschen ins Handeln. Manch anderen Rednern und Rednerinnen gelingt dies nur wenig. Laien können zwar die Wirkung, die eine Rede auf sie hat, beschreiben, erkennen aber nicht die rhetorischen Unterschiede zwischen dem einen und dem anderen Redner. Somit wirken wirklich gute Reden wie Magie, während andere wie Schlafmittel wirken.

Rhetorik birgt daher die Gefahr, missbräuchlich eingesetzt zu werden, und sie wird es. Mit missbräuchlich meine ich, dass Menschen zu Handlungen bewegt werden, die sie sonst niemals tun würden. Das beginnt beim Einkauf sinnloser Konsumartikel, führt über Kampfrhetorik und endet beim Marsch in den Krieg.

Ist es der Redner, dem die Schuld zu geben ist? Zweifellos, der Redner, wenn er missbräuchlich verführt, handelt er unethisch. Er beeinträchtigt dadurch das Gelingen des Lebens anderer Menschen. Weil Rhetorik zutiefst missbräuchlich verwendet werden kann, und die Nazi-Propaganda hat dies getan, ist es umso wichtiger, Missbrauch zu erkennen und zu vermeiden helfen. Damit dies gelingen kann, ist Wissen erforderlich. Ein Wissen, das ähnlich ist dem Wissen über Zauberkunststücke, die uns faszinieren, beeindrucken und uns manchmal vor lauter Verwunderung nur noch den Kopf schütteln lassen.

In den folgenden Kapiteln lade ich Sie, liebe Leserinnen und Leser, ein, wertvolle Hintergrundinformation zu erhalten. Sie sollen entscheiden können, inwieweit Sie sich in Zukunft von Reden nur beeindrucken lassen, oder hinter die Kulissen schauen möchten, um zu begreifen, was die Magie der Rhetorik ausmacht.

Die Macht der Sprache

Um es gleich vorwegzunehmen: Sprache ist weit mächtiger, als wir uns dies oft bewusst machen. Unsere Sprache ist die mächtigste Droge, die wir Menschen haben. Wie wir sie anwenden, entscheidet über Leben und Tod. Sie kann uns himmelhochjauchzend und in Bruchteilen einer Sekunde zu Tode betrübt machen. Warum das so ist und wie Sie es steuern können, erfahren Sie in diesem Abschnitt. Probieren Sie es am besten gleich aus und machen Sie sich Ihr eigenes Bild.

Wie wir auf Muster reagieren

Wir Menschen reagieren auf gleiche äußere Reize immer gleich. Menschen lernen durch Nachmachen und Nachahmen. Schon im Mutterleib beginnt es damit. Die weibliche Eizelle verschmilzt mit der männlichen Spermienzelle. Beide Zellen tragen nicht nur das Erbgut in Form der DNA in sich, sondern noch viel mehr Informationen unserer Vorfahren. Erst in den letzten Jahrzehnten wurde dies entdeckt und wissenschaftlich erforscht. Die DNA ist eigentlich »nur« eine Blaupause, also eine Vorlage, wie unsere Körperzellen aufgebaut sein sollen und wie wir funktionieren sollen. Um die DNA gibt es noch wesentlich mehr Informationsspeicher, die gleichsam »über« der genetischen Information der DNA liegen. Man nennt diese Wissenschaft daher »Epigenetik«.

Sowohl Ei- als auch Spermienzelle beherbergen Informationen darüber, wie sich unsere Vorfahren verhalten haben. Dazu gehört, wie sie sich ernährt haben, was ihnen im Leben wichtig war, wie sie mit Herausforderungen umgegangen sind und vieles mehr. Allen diesen Verhaltensmustern liegen Emotionen zugrunde. Diese Emotionen bilden sich im Körper unter anderem durch Hormone und Neurotransmitter ab. Es gibt Glückshormone wie z.B. Dopamin und Serotonin und Stresshormone wie Noradrenalin oder Cortisol. Diese Hormone werden über den Blutkreislauf im Körper verteilt und gelangen letztendlich an unsere Zellen. Sie docken an die Zellmembran an und geben den Zellen einen Produktionsbefehl wie in einer Fabrik. Gleichzeitig werden diese »Befehle« im Zellinneren gespeichert. In unseren Zellen befinden sich also Informationen, die darüber Auskunft geben, wie es uns bisher in unserem Leben ging und wie wir uns dabei gefühlt haben. Ei- und Spermienzellen tragen diese Informationen ihrer Vorfahren natürlich ebenfalls in sich.

Im Zuge der Verschmelzung von Ei- und Spermienzelle werden diese Informationen mit übertragen. Ebenso in der nun stattfindenden Zellteilung bleiben diese Informationen, die nun mütterlichen und väterlichen Anteil haben, erhalten. Nachdem sich durch Zellteilung in weiterer Folge unsere Organe entwickeln, sind diese Informationen in allen unseren Organen ebenfalls vorhanden.

Bei Herztransplantationspatienten machte man eine spannende Entdeckung: Diese Patienten zeigten nach der Transplantation Vorlieben für bestimmte Speisen oder Hobbys, die ihnen vor der Transplantation ganz und gar nichts bedeuteten. Umso interessanter war die Erkenntnis, dass die Herzspender genau diese Vorlieben hatten. Das bedeutet nichts anderes, als dass zumindest in unserem Herzen und in vermutlich allen unseren Körperzellen unsere Vorlieben in gewisser Art und Weise gespeichert sind.

Im Mutterleib erleben wir jede Erfahrung, die unsere Mutter während der Schwangerschaft macht. Wir beginnen von ihr persönlich, Reaktionsmuster zu lernen. Nach der Geburt geht es weiter, und wir machen unzählige weitere Erfahrungen. Wenn wir als Kleinkind etwas erleben, worauf wir (noch) keine Reaktion wissen, so schauen wir zu unserer engsten Bezugsperson. Wir machen in dem Moment nach, was uns gezeigt wird. Sie können das jederzeit auf jedem Kleinkinderspielplatz beobachten: Ein Kind stürzt und wendet seinen Blick zur Mutter: Bleibt diese ruhig, bleibt auch das Kind ruhig. Wird diese aufgeregt, fängt das Kind zu weinen an. So werden Verhaltensmuster installiert.

Somit entsteht eine Kette von Auslöser und Reaktion, Auslöser und Reaktion, usw. Wir nennen diese Auslöser von Verhalten auch Trigger und das Programm, das zur Reaktion, also zum Verhalten führt, Strategie.

Diese Strategien bleiben uns oft ein ganzes Leben lang erhalten. Wir erweitern unser Set an Strategien laufend, indem wir Neues lernen. Radfahren ist eine typische Strategie. Wir setzen uns auf das Fahrrad und fahren, falls wir es gelernt haben, los – vollautomatisch und alle dazu notwendigen Bewegungen erfolgen vollkommen unbewusst. Probieren Sie doch einmal, nur so zu tun, als könnten Sie nicht Rad fahren. Das Gleiche gilt für Auto fahren, morgendliche Rituale, Ernährung, Partnerschaft, Sex usw. Und ebenso gilt dies für unsere Kultur. In unserer Kultur gibt es Verhaltensweisen, die als in Ordnung gesehen werden, und solche, die eben nicht so bewertet werden. Was in fremden Kulturen als Zeichen der Zustimmung gilt, wie z.B. Rülpsen, ist in unserer westeuropäischen Kultur verpönt.

So gibt es eine schier unendliche Vielfalt an Strategien, kultureller und persönlicher Natur, die letztendlich auch unsere kulturelle und persönliche Identität widerspiegeln.

Die Trigger, die unsere menschlichen Reaktionen auslösen, kennt ein guter Redner. Er kann mit dem dahinterliegenden Wertesystem unserer Gesellschaft perfekt umgehen. Die Trigger, die ein Redner verwendet, sind nicht nur sprachlicher Natur. Trigger sind genauso das Ambiente, die Kleidung, Mimik, Gestik, Körperhaltungen, Nähe und Berührungen, um einige zu nennen.

Wie kann Sprache wirken?

Sprechen ist ein Teil menschlichen Verhaltens. Um zu sprechen, müssen wir Teile unseres Körpers bewegen und diese Bewegungen koordinieren. Um sprachliche Laute zu generieren, atmen wir aus und bewegen gleichzeitig Kehlkopf, Zunge und Kiefer. Für jeden Laut braucht es spezifische Bewegungen vieler unterschiedlicher Muskeln. Für die Abfolge von Lauten, damit Geräusche entstehen, die wir als Sprache bezeichnen würden, braucht es spezifische Abfolgen dieser Bewegungen. Sprechen und Sprache an sich sind höchst komplexe Vorgänge in unserem Gehirn, die ebenfalls vollautomatisch und somit unbewusst ablaufen.

Die Funktion unseres Nervensystems ist also eng mit unseren sprachlichen Fähigkeiten verbunden. Es sind dahinterliegende Strategien im Spiel, die uns das Sprechen und das Generieren von Sprache ermöglichen.

Wir Menschen benutzen Sprache auf zwei Arten: zur Darstellung und Repräsentation unserer Erfahrungen. Diese Aktivitäten bezeichnen wir als Denken, Folgern, Fantasieren oder Üben. Wir schaffen dadurch ein inneres Modell unserer Erfahrungen, das wir mit Sprache beschreiben. Diese Modelle verwenden wir im Laufe unseres Lebens immer wieder, um später das Gehörte und andere Sinneswahrnehmungen darauf zu projizieren. Unsere Erfahrungen machen wir mithilfe unserer Sinnesorgane, die uns unsere Wahrnehmungen der Umwelt liefern. Wenn wir z.B. im Straßenverkehr unterwegs sind, läuft im Normalfall alles automatisch ab. Ebenso werden kritische Situationen voll automatisch abgearbeitet und im Idealfall gemeistert. Erst danach beschreiben wir innerlich für uns selbst, was wir erlebt haben und über unsere Sinnesorgane gesehen, gehört, gespürt, gerochen und geschmeckt haben. Mit unserer Sprache schaffen wir uns eine Beschreibung dessen, was wir erlebt haben. Wir schaffen uns innere Repräsentationen der Umwelt.

Wir benutzen Sprache genauso, um das Erlebte anderen Menschen mitzuteilen. Wir verwenden Sprache zur Kommunikation, indem wir reden, diskutieren, schreiben, lehren oder singen. Im vorigen Beispiel würden wir Sprache einsetzen, um unsere Erfahrung einer bestimmten Verkehrssituation anderen mitzuteilen. Wir erzählen unseren Partnern, Freundinnen oder der Polizei davon. Wir wissen bereits, dass der Zuhörer unsere Erzählung, die er über seine Sinnesorgane wahrnimmt, auf seine spezifischen Erfahrungen projiziert und sich ein eigenes Bild macht von dem, was er soeben gehört und erlebt hat. Unser Zuhörer verwendet nun seine Sprache zur inneren Darstellung und Repräsentation seiner Erfahrungen, die er mit dem Sprecher gerade macht.

In jeder Kommunikation werden die Verwendung von Sprache einerseits zur inneren Darstellung von Erfahrungen und andererseits zur Mitteilung des Erlebten an andere Menschen, immer wieder in Schleifen durchlaufen. Dass dies ein enormes Potenzial für Missverständnisse ist, liegt wohl auf der Hand.

Wir sind durch Verwendung unserer Sprache in der Lage, bei uns selbst und bei unseren Zuhörern bestimmte Emotionen hervorzurufen.

Wie bereits betont, ist es wichtig zu verstehen, dass es nicht der Inhalt ist, der die Emotion hervorruft, sondern *wie* uns der Inhalt vermittelt wird. Mit *wie* meine ich, welche Sprachmuster dafür verwendet werden. Das *Was* ist der Inhalt. Das *Wie* ist, wie wir dem Inhalt Bedeutung geben. Das *Wie* wird massiv durch den Redner beeinflusst.

Was verstehen wir unter Sprachmuster?

Die Menge der auf uns eintreffenden Sinneseindrücke pro Sekunde ist enorm und fast unvorstellbar groß. Es sind mehrere Millionen Informationseinheiten pro Sekunde. Das ist eine beachtliche Menge. Diese Flut könnte leicht zu einer permanenten Überlastung unseres Bewusstseins führen. Damit wir diese permanente Überlastung vermeiden, haben wir Strategien entwickelt, um damit fertig zu werden. Wir wollen uns ja in dieser Welt gut zurechtfinden können. Eine Überlastung unseres Bewusstseins wäre dabei nicht hilfreich.

Wir erinnern uns, dass wir Sprache benutzen, um unsere Erfahrungen darzustellen und intern abzubilden, zu repräsentieren. Wir nennen diesen Vorgang »Erinnern«.

Diese Strategien sind daher sprachlicher Natur.

Es sind im Wesentlichen drei Strategien, die wir anwenden:

- Tilgung
- Generalisierung
- Verzerrung

Diese Sprachmuster, die ich in der Folge genauer beschreibe, finden in jeder Kommunikation statt, nicht nur bei Rednern. Es ist auch ganz natürlich, dass, wenn Menschen sich in ein Gespräch vertiefen, sie sich in einem Trance-Zustand befinden, voll aufeinander konzentriert. Hypnotische Zustände treten also nicht nur auf, wenn sie bewusst von jemandem herbeigeführt werden, sondern sie finden regelmäßig und unbewusst statt. Sie gehören zu unserem Alltag, auch wenn wir es bewusst nicht bemerken.

Tilgung – Unwichtiges weglassen

Tilgung ist nichts anderes als Ausblenden. Erinnern wir uns an eine Zeit, in der wir so richtig verliebt waren. Wir haben nur das Gute und das Schöne an der anderen Person wahrgenommen. Der Blick durch die rosarote Brille. Auch wenn unsere Eltern und Freunde schon die Hände über den Kopf zusammengeschlagen haben, uns gewarnt haben, uns vor Augen führen wollten, mit welch schrecklichem Menschen wir zusammen sind – wir haben es ausgeblendet. Erst wenn wir die rosarote Brille abgenommen haben, wenn die erste Zeit der großen Verliebtheit vorbei war, dann, aber erst dann, ist uns auch selbst aufgefallen, dass wir nicht zusammengepasst haben, nicht wahr?

Durch den Prozess der Tilgung lassen wir nur die Teile der Erinnerung in unser Bewusstsein gelangen, die uns im betreffenden Moment relevant und wichtig erscheinen. Welche Teile das im Konkreten sind, wird durch unsere Filterprogramme bestimmt. Diese Filter haben wir uns im Wesentlichen in unserer Kindheit angeeignet. Was uns weder motiviert noch was wir benötigen, um Information zu verstehen, und was nicht wichtig ist, nehmen wir nicht wahr. Wir ignorieren alles, was uns irrelevant erscheint und diese Information wird getilgt, also vom Bewusstsein ferngehalten.

Wenn Menschen zu sich oder zu anderen sagen »Ich bin nicht gut genug«, wird wichtige Information getilgt. Nämlich die Information, im Vergleich zu wem oder wozu sie sich als nicht gut genug empfinden. Man spricht in diesem Fall vom Sprachmuster des Unspezifischen Vergleichs. Diese Form ist leider weit verbreitet. Schon in sehr jungen Jahren hören Kinder diese Aussagen von ihren Eltern oder von anderen wichtigen Bezugspersonen. Sie glauben es im Kindheitsalter noch ungefiltert, da sie keine Referenz haben.

Wenn Menschen Aussagen treffen wie z.B. »Man hört mir nicht zu«, so ist dies ebenfalls eine Tilgung, da nicht angegeben wird, wer nicht zuhört. Es fehlt der Bezugsindex.

Indem wir mithilfe eines Coaches unsere Aufmerksamkeit auf die fehlenden Teile richten, können wir sie hinterfragen. Das hebt die Tilgung auf und eröffnet die weitere Entwicklung unserer Persönlichkeit.

Gute Redner verwenden bewusst das Muster der Tilgung, um ihre Aussagen zu verallgemeinern, ihre politischen Gegner zu schwächen und ihrem Publikum Interpretationsspielraum zu geben. Fehlt nämlich der Bezugsindex oder, wie beim Unspezifischen Vergleich, die Referenz, so muss sich diese der Zuhörer selbst suchen. Dieser unbewusste Vorgang versetzt Menschen in einen tranceähnlichen Zustand, der sie für Suggestionen leichter empfänglich macht. Rednerinnen und Redner sind an dieser Stelle gefordert, verantwortungsvoll mit Suggestionen umzugehen. Zuhörer und Zuhörerinnen sind aufgerufen, sich »ihre« Redner gewissenhaft auszusuchen und genug über Rhetorik zu wissen, um Manipulationsversuche sofort zu entlarven.

Wird hingegen das Muster der Tilgung unbeabsichtigt verwendet, wie wir das in den Analysen der Reden beobachten konnten, treten Effekte ein, die der Redner oder die Rednerin nicht beabsichtigt hat. Sein Publikum sucht unbewusst nach dem fehlenden Bezugsindex und ist für diesen Zeitraum von der Rede abgelenkt.

Generalisierung und Überzeugungen machen Regeln

Stellen Sie sich vor, Sie müssten sich jeden Morgen überlegen, wie Zähneputzen funktioniert. Oder jedes Mal, wenn Sie in Ihr Auto einsteigen, müssten Sie fragen, wie Sie den den Motor starten. Seltsam wäre das, oder? Sie haben generalisiert. Generalisierung erleichtert uns das Leben. Wir dürfen davon ausgehen, dass Dinge jeden Tag gleich sind. Wir dürfen uns darauf verlassen, dass gewisse Regeln universale Gültigkeit haben. Wir dürfen darauf vertrauen.

Generalisierung ist unabdinglich, um überhaupt lebensfähig zu sein. Sie ist notwendig, um uns in unserer Umwelt zurechtzufinden. Wir reduzieren daher die Informationsmenge, mit der wir uns beschäftigen, indem wir sie generalisieren. Wir erkennen Regelmäßigkeiten und fassen ähnliche Dinge zusammen. Wir abstrahieren. Wie zum Beispiel Stühle und Stifte. Es gibt unzählige Formen, sowohl von Stühlen als auch von Stiften, und dennoch fassen wir sie in Klassen zusammen. Das erleichtert uns den Umgang damit.

Generalisierungen formen Gesetzmäßigkeiten und sie sind Sammlungen allgemeiner Prinzipien, die uns Aufschluss über die Funktionsweise unserer Umwelt geben. Generalisierungen ermöglichen uns, Vorhersagen zu treffen.

Es ermöglicht uns auch, jedes beliebige Auto zu fahren. Wir brauchen das Fahren nicht neu zu erlernen. Obwohl auch Schalthebel unterschiedlicher Automarken oft unterschiedlich sind, die Autos sich in der Motorisierung und im Aussehen oft deutlich unterscheiden, sind die Funktionen im Grunde jedoch gleich.

Gleichzeitig kommen wir durch Generalisierungen an unsere Grenzen. Vor vielen Jahren nahm ich einen Firmenwagen, um von Wien nach Linz zufahren. Die Tankuhr zeigte einen leeren Tank an. Ich fuhr zur Tankstelle. Aus mir unerklärlichen Gründen schnappte der Tankstutzen jedoch dauernd ab. Es war mir nicht möglich, den Tank zu füllen. Na gut, dachte ich mir, hier gibt es wohl ein Problem mit der Zapfsäule. Ich fuhr zu nächsten Zapfsäule 15 Meter weiter. Doch auch hier, das gleiche Problem. Schon leicht gereizt, die Zeit wurde knapp, zur nächsten Tankstelle. Jedoch auch dort, das gleiche Problem. Das Auto ließ sich nicht tanken. Es dauerte, bis ich entdeckte, dass der Tank gar nicht leer, sondern vollgefüllt war. Der Unterschied war, dass bei meinem Privatwagen der Zeiger der Tankuhr bei leerem Tank ganz links steht, während das beim Firmenwagen genau umgekehrt der Fall war. Ich bin somit einer meiner Generalisierung aufgesessen. Tankuhren können, auch wenn sie grundsätzlich gleich funktionieren, im Detail unterschiedlich sein.

Menschen generalisieren ihre gemachten Erfahrungen. Oft wird aus einer einmal im Leben gemachten schlechten Erfahrung eine Überzeugung. Nehmen wir beispielsweise an, jemand hat ein einziges Mal eine Rede gehalten und sie kam beim Publikum nicht gut an. Der Redner wusste zu diesem Zeitpunkt nicht weiter und fühlte sich schrecklich und verloren. Aufgrund dieser emotionalen Erfahrungen könnte die Überzeugung entstehen: »Ich bin kein guter Redner.« Somit wurde aus »Meine Rede kam nicht gut an« die Überzeugung »Ich bin ein schlechter Redner«. Solche Überzeugungen sind für die betroffenen Personen oft sehr nachteilig.

Viele Überzeugungen wirken im Hintergrund und wir wissen häufig gar nicht, dass wir sie haben. Unser Verhalten ist entsprechend unserer Überzeugungen. Wir »müssen« uns so verhalten, dass wir unseren Überzeugungen gerecht werden, damit wir sie aufrechterhalten. Wenn wir zum Beispiel ein Kompliment oder ein Geschenk bekommen, aber der Überzeugung sind, dass wir es nicht verdienen, so werden wir es ablehnen und zurückweisen.

In Diskussionen entdecken wir oft, dass Menschen auf ihren Überzeugungen beharren. Oder haben Sie schon einmal erlebt, dass jemand am Ende einer Diskussion sagte: »Ja, Sie haben völlig Recht. Wie konnte ich es nur nicht sehen. Ich werde meine Ansichten auf der Stelle ändern.« So etwas gibt es kaum, nicht wahr?

In unserer Kindheit übernommene Generalisierungen wirken nach. Kinder hören oft Aussagen wie »Das wirst du nie können« und Ähnliches. Eine einzelne, vielleicht auch einmalige Erfahrung, wird generalisiert und zu einer Gesetzmäßigkeit für das gesamte weitere Leben erhoben. Man spricht hier von *»Universalquantoren«*.

Redner können Generalisierungen nutzen, um ihre Gesetzmäßigkeiten zu formulieren oder, möglicherweise unbewusst, zu verraten. »Sie müssen sich im Klaren sein« ist eine generalisierte Notwendigkeit. Weit und breit keine Angabe davon, warum dies so sein sollte. Ein *»Modaloperator« der Notwendigkeit.*

Beide sprachlichen Beispiele, Universalquantor und Modaloperator der Notwendigkeit, sind so formuliert, als würden sie generell gelten und Gesetzmäßigkeiten darstellen, die gar keine sind.

Verzerrungen zerren zurecht

Die rosarote Brille tilgt nicht nur, sie verzerrt auch, und zwar gewaltig. Werden unerwünschte Eigenschaften des Liebespartners zwar wahrgenommen, jedoch heruntergespielt und geglaubt, er oder sie werde sich sicherlich ändern, dann ist dies eindeutig eine Verzerrung der Realität. Die Weisen dieser Welt wissen, dass dies niemals der Fall sein wird (eine Generalisierung), wenngleich es Ausnahmen gibt.

Verzerrungen treten dann ein, wenn Informationen, die eigentlich miteinander nichts zu tun haben, in Zusammenhang gebracht werden. Das hilft uns, unsere Erfahrungen zu erklären, zu interpretieren und einem Sinn zuzuordnen. Daraus werden Schlussfolgerungen gezogen, die einzementiert werden.

Politische Reden sind oft Meisterwerke von Verzerrungen. Dinge werden in einen Zusammenhang gebracht, den es nicht gibt. Trainer nutzen die Aussage: »Durch Zuhören werden Sie lernen«, oder: »Dass Sie hier sind, zeigt mir, dass Sie bereit sind, mehr zu erfahren.« In diesem Fall ist dies eine *»Ursache – Wirkungs«-Beziehung*. Aussagen dieser Art sind durchaus dazu geeignet, Menschen in einen tranceähnlichen Zustand zu versetzen. Sie versuchen, den wahren Zusammenhang für sich zu erschließen und fangen an, in ihrem Erfahrungsschatz zu suchen. Genau in diesem Moment ist das

Unbewusste bereit, weitere Suggestionen aufzunehmen, die bei dieser Suche hilfreich sein können.

»Schau wie sie dich anschaut, sie mag dich!«, das glaubten wir Burschen in der Hochzeit unserer Pubertät nur allzu gern. Es war viel zu selten der Fall. Zwei Dinge wurden gleichgesetzt, die miteinander so gar nichts zu tun hatten. Wir nennen dieses Konstrukt eine »Komplexe Äquivalenz«. Dinge werden gleichgesetzt, miteinander zu tun haben sie nichts.

Halluzinationen und *Kreativität* sind zwei weitere Beispiele für Verzerrungen der Wirklichkeit. Kreativität und Vorstellungskraft setzen die Fähigkeit zu verzerren geradezu voraus. Sich die Zukunft auszumalen, den Gedanken freien Lauf zu lassen, Visionen zu zeichnen – all dies braucht diese wirkungsvolle Fähigkeit der Verzerrung.

Negativformulierungen vernichten

Das Beispiel vom rosaroten Elefanten, an den wir jetzt ja nicht denken sollen, kennen wir alle. Davon zu sprechen, was wir nicht haben wollen, erachte ich als sehr ungeschickt. Was bringt es schon zu wissen, was nicht sein soll. Selbst wenn es uns gelingt, dass das, was nicht sein soll, nicht ist, heißt dies noch lange nicht, dass wir das haben, was wir wollen.

Aus diesem Grund erachte den Hype um Fehlerkultur völlig deplatziert. Natürlich ist es so, dass uns die Realität Feedback liefert, das wir oft nicht erwartet hätten. Aufgrund von Tilgungen, Generalisierungen und Verzerrungen haben wir eine spezifische Landkarte unserer Realität in unserem Kopf. Wir wissen, dass Landkarten nur ein Abbild des Geländes sind, und nicht das Gelände selbst. Genauso wie eine Speisekarte in einem Restaurant eben nicht die Speise ist. Durch ein herzhaftes Hineinbeißen in die Speisekarte lässt sich dies für jedermann sehr leicht verifizieren. Viel geschickter ist es, aus Erfolgen zu lernen. Zu lernen, wie etwas funktioniert. Hypothesen für Erfolg zu entwickeln und diese mit den gemachten Erfahrungen »feinzutunen«, das ist das wahre Geheimnis für Erfolg. Lernen von den Besten durch Best Practice Sharing.

Negativformulierungen drücken aus, was nicht sein soll, und nicht das, was sein soll. Unsere Gehirne sind nicht in der Lage, nicht an etwas zu denken, ohne daran zu denken. Redner, die viel mit Negativformulierungen arbeiten, bringen ihre Zuhörer auf viele Gedanken, die sie nicht haben sollten. Das wird schwierig.

Entscheidend ist, dem Zuhörer das zu vermitteln, was er dem Wunsch des Redners entsprechend denken soll. Redner sollen sich so ausdrücken, dass sie das, was sie sagen wollen, so sagen, wie Sie es möchten und es sein soll.

Negativformulierungen sind nicht nur negativ. Sie lassen sich rhetorisch brillant einsetzen, wie z.B. »Wenn Sie die Partei xy nicht möchten, dann wählen Sie besser uns!« Der Satzteil »... wählen Sie uns!« beinhaltet auch einen eingebetteten Befehl. Der Gedanke an die Partei xy wird geschickt mit »Wählen Sie besser uns!« verknüpft.

Hypnotische Sprachmuster einfach anwenden

Tranceähnliche Zustände erleben wir mehrmals über den ganzen Tag verteilt. Trance bedeutet, dass wir auf etwas so fokussiert sind, dass wir alles andere rundherum tilgen, generalisieren oder verzerren. Ein typischer Trancezustand liegt vor, wenn Menschen mit dem Handy in der Hand telefonierend Auto fahren. Die Umgebung wird ausgeblendet. Wie gefährlich dies ist, liegt auf der Hand. Wenn Menschen im Flow sind, sich zu 100% auf eine Tätigkeit fokussieren, dann ist dies ein Trancezustand. Von der Umgebung wird so gut wie nichts bewusst wahrgenommen.

Hypnose ist die bewusste Herbeiführung von Trancezuständen durch einen Hypnotiseur. Der Hypnotiseur lenkt die fokussierte Aufmerksamkeit seines Klienten auf sich. Dies macht er durch Rapport und hypnotische Sprachmuster.

Gute Rednerinnen und Redner sind zweifelsfrei in der Lage, ihr Publikum in Trancezustände zu führen. Wenn die Menschen an ihren Lippen hängen, die Zeit wie im Flug vergeht, der Vortrag leider viel zu schnell zu Ende ging und alle mit einem Lächeln und mit Leichtigkeit den Saal verlassen, dann sind dies durch die Redner herbeigeführte Trancezustände, die durch hypnotische Sprachmuster induziert worden sind. Als Beispiel sei genannt, wenn der Redner sein Publikum auffordert, eine positive Erinnerung wachzurufen: »Liebes Publikum, erinnern Sie sich jetzt an eine Zeit, in der Sie wussten, dass Ihnen alles gelingen kann und Ihnen alles ganz leichtfällt.« Nachdem die meisten Menschen solche Erinnerungen haben, spüren sie jetzt, wie es sich damals angefühlt hat, und sie erleben die positive Emotion von damals.

Hypnotische Sprachmuster sind absichtlich formulierte Tilgungen, Generalisierungen und Verzerrungen. Es wird absichtlich Mehrdeutigkeit in den Aussagen verwendet. Sie erlauben dem Zuhörer, in seinem Inneren nach einer persönlichen »Vervollständigung« zu suchen. So bringen sie einen in einen Trancezustand. Menschen in tiefen Trancezuständen sind extrem offen für externe Suggestionen, die bis hin zu posthypnotischen Kommandos reichen können.

Wir kennen eine beträchtliche Anzahl hypnotischer Sprachmuster. Der US-amerikanische Psychiater und Psychotherapeut Milton H. Erickson war ein Meister auf dem Gebiet der Hypnose, die er zu medizinischen Zwecken einsetzte. Wir Menschen verwenden natürliche Sprache, um unsere Erlebnisse zu repräsentieren. Dies lässt den Schluss zu, dass wir natürliche Sprache verwenden können, um unsere Erlebnisse, unsere Erfahrungen und Überzeugungen zu verändern. Dies wird durch hypnotische Sprachmuster möglich gemacht. Redner, die Rhetorik- oder NLP-Ausbildungen absolviert haben, wissen darüber Bescheid und sie werden es einsetzen, um ihre Botschaften zu transportieren.

Gedankenlesen verbindet

Beim Sprachmuster des »Gedankenlesens« gibt der Redner vor, die Gedanken oder Gefühle seiner Zuhörer zu kennen, ohne zu sagen, wie er zu diesem Wissen kam. Ein Beispiel: »Ich weiß, dass Sie sich wundern, ...«. Vielleicht wundern Sie sich jetzt, wie der Redner das weiß. Ein guter Redner ist stets in Rapport mit seinem Publikum. Er hat eine energetische Verbindung, er spürt die Energie im Raum. Daher wird er nur Gedanken seines Publikums formulieren, von denen er sicher sein kann, dass sie von den meisten Zuhörern tatsächlich gedacht werden.

Die meisten Menschen kennen diese Zusammenhänge nicht. Das heißt jedoch nicht, dass es sie nicht gibt. Hören wir also, wie jemand zu uns sagt »Ich weiß, dass Sie sich wundern, ...«, dann gibt es von den meisten Menschen im Raum eine Zustimmung, ein Ja, und sie freuen sich, dass der Redner sie so gut zu kennen scheint. Das verbindet.

Manche werden sich auch fragen: »Wie weiß er das?« Diese Frage löst wiederum eine innere Suche nach einer passenden Antwort aus, die Trance erzeugend ist.

Pacen derzeitigen Erlebens generiert Zustimmung

Das Sprachmuster »Pacen derzeitigen Erlebens« bedeutet, die Erfahrung, die das Publikum gerade macht, so zu beschreiben, dass sie nicht bestritten werden kann. Der Redner paced, hält Schritt, mit dem derzeitigen Erleben des Publikums.

Aussagen wie »Während Sie hier sitzen und aufmerksam zuhören, …« generieren unbewusst zustimmende Gedanken, die den Zuhörer in eine positive Emotion bringen. Der Passus »aufmerksam zuhören« ist gleichzeitig ein »eingebetteter Befehl«.

Auch hier ist der Redner gefordert, das derzeitige Erleben seines Publikums wahrzunehmen und verbal zu spiegeln. Das Publikum kann Aussagen der Art »Während Sie hier sitzen …« sofort überprüfen, bejaht diese und verknüpft diese Bejahung mit dem zweiten Teil der Aussage »und aufmerksam zuhören«.

Diese Verknüpfung kann unterschiedlich stark sein. Die schwächste Form ist die einfache Konjunktion: der Gebrauch des Wortes »und«, z.B.: »Sie sitzen hier, lauschen dem Klang meiner Stimme und hören mir mehr und mehr interessiert zu …«

Eine stärkere Form der Verknüpfung ist das implizite Kausativ, wie z.B. hier: »Während Sie hier sitzen und dem Klang meiner Stimme lauschen, hören Sie mir mehr und mehr interessiert zu …«

Die stärkste Art der Verknüpfung ist die Ursache-Wirkungs-Beziehung, wie z.B.: »Hier zu sitzen und dem Klang meiner Stimme zu lauschen wird Sie mehr und mehr interessiert zuhören lassen …« Dass dieser Satz semantisch fehlgeformt ist und die Logik nicht stimmt, hat keine Relevanz. Einzig und allein die erfolgreiche Verknüpfung zwischen der ersten mit der zweiten Aussage im Satz zählt. Die erste Aussage »Hier zu sitzen …« kann nicht bestritten werden, ihr wird zugestimmt, und diese Zustimmung überträgt sich auf die zweite Aussage »… wird Sie mehr und mehr interessiert zuhören lassen«. Sitzen und Zuhören sind hier als Beispiele genannt. Wichtig ist, dass die erste Aussage vom Zuhörer nicht bestritten werden kann, dass etwas formuliert wird, was der Zuhörer jetzt tatsächlich macht. Die zweite Aussage soll jene Tätigkeit beschreiben, die sich der Redner vom Zuhörer jetzt wünscht.

Menschen nutzen unbewusst die Modellbildungsprinzipien des kausalen Zusammenhangs und der Ursache-Wirkungs-Beziehung, um ihre Erlebnisse zu organisieren.

Eine weitere Form von »Pacen derzeitigen Erlebens« sind Beschreibungen des nicht-beobachtbaren Erlebens des Publikums. Der Redner kann dem Publikum Aussagen anbieten, die vage und nicht eindeutig sind, für einen ungeschulten Zuhörer jedoch sehr spezifisch klingen, wie folgendes Beispiel: »... und möglicherweise bemerken Sie eine bestimmte Empfindung ...« Klar, jeder Zuhörer hat zu jedem Zeitpunkt eine bestimmte Empfindung. Es ist somit eine zutreffende Beschreibung. Sie generiert Zustimmung.

Pacen, das Schritthalten mit dem Erleben des Publikums, ist notwendig, um darauffolgend zu *leaden*, also zu führen. Man kann sich dies wie im Radrennsport vorstellen. Der Pacemaker fährt zunächst in der Geschwindigkeit des Radrennläufers, sie verschmelzen miteinander, haben Rapport hergestellt. Sobald Rapport gefestigt ist, erhöht der Pacemaker seine Geschwindigkeit und leaded, er führt den Radrennläufer zu einer höheren Geschwindigkeit. Hier ist es natürlich wichtig, dass der Rapport erhalten bleibt und der Radrennläufer nicht verlorengeht.

Eingebettete Befehle erkennen und entscheiden

Das Sprachmuster »Eingebetteter Befehl« wird gerne zur Handlungsaufforderungen verwendet. Es ist eine Form des Leadings, des Führens.

Direkte Handlungsaufforderungen stoßen oft auf Ablehnung. Sich direkt etwas anschaffen zu lassen, wollten wir als Kinder schon nicht, als Erwachsene erst recht nicht.

»Eingebettete Befehle« sind eleganter. Beispiele dafür sind: »Ich frage mich, ob Sie bemerkt haben, dass wir hier handeln müssen« oder »Ich frage mich, ob Sie bemerken, dass wir in einer starken Position sind«. Der »Eingebettete Befehl« ist, folgenden Gedanken zu haben: »Wir sind in einer starken Position.«

Ist zwischen Redner und Publikum Rapport hergestellt, besteht eine hohe Wahrscheinlichkeit, dass das Publikum dem Eingebetteten Befehl Folge leisten wird. Redner, die Rapport zu ihren Zuhörern haben, erreichen deren Unbewusstes, das während dieser Verbindung die gegebenen Suggestionen des Redners kritiklos akzeptieren wird.

Das Einbauen von »eingebetteten Befehlen« ist natürlich eine sehr subtile Art, das Publikum zu beeinflussen. Hier stellt sich die Frage, ob dies erlaubt und ethisch korrekt ist. Aus meiner Sicht ist diese Frage eindeutig mit Ja zu beantworten. Zuhörer gehen zu einem Vortrag oder zu einer Rede, um Informationen zu erhalten, um beeinflusst zu werden und sich eine Meinung zu bilden. Jeder Erhalt von Informationen ist eine Beeinflussung, da durch unsere automatische Bewertung dieser erhaltenen Information körperliche Zustände ausgelöst werden, die wir als Emotionen wahrnehmen. So ist auch das Bilden einer eigenen Meinung eine Form von Beeinflussung. Durch die Information, die ich erhalte, komme ich auf neue Gedanken. Somit wurde ich beeinflusst. Ist das deswegen schon Manipulation? Und wo beginnt Manipulation? Manipulation beginnt aus meiner Sicht dort, wo sich der Zuhörer nicht mehr wehren kann, beeinflusst zu werden, weil er es nicht bewusst wahrnimmt, dass er schon manipuliert wird. Es ist daher auch eine Frage der persönlichen Bildung und des Wissens um dieses Thema, wo Manipulation für jemanden beginnt.

Wir sollten lernen, gut wählen zu können, welche Informationen wir an uns heranlassen. Wir sollten bewusst sein, welche Reden wir uns anhören. Wir sollten erkennen können, welche Sprachmuster verwendet werden. Dieses Buch ist daher eine wertvolle Informationsquelle, um in Zukunft die Form der verwendeten Sprache wahrzunehmen, Muster zu erkennen und gegebenenfalls innerlich zurückzuweisen. Ein guter Gedanke in diesem Fall könnten sein: »Danke für die Trance-Einladung. Ich lasse Sie an mir vorübergehen.«

Double-Binds entlarven

Bei einem Double-Bind werden dem Zuhörer zwei Wahlmöglichkeiten gegeben, die vom Redner beide gewünscht sind, und diese werden durch ein »oder« getrennt. Ein Beispiel: »Früher oder später werden Sie sich dafür entscheiden.« Es werden als Wahlmöglichkeiten vorgegaukelt, wo in Wirklichkeit gar keine sind.

Konversationelle Postulate als indirekte Befehle nutzen

Die Kommunikation hat die Form einer Frage, die wortwörtlich genommen mit Ja oder mit Nein zu beantworten ist. Es erlaubt zu wählen, ob geantwortet wird und vermeidet so autoritäres Verhalten.

Ein Beispiel: »Spüren Sie, dass dies etwas ist, das Sie verstehen können?« oder »Ist es möglich, das Fenster zu schließen?«

Der Redner verwendet indirekte Kommunikation und umgeht damit mögliche Probleme des Widerstands. Es wird dem Zuhörer scheinbar überlassen, so zu reagieren, wie er möchte. Diese Form hat die Kraft eines Befehls.

Angehängte Fragen, Bestätigungsfragen
Dies sind Fragen, die einer Aussage angehängt werden, um Widerstand abzubauen. Ein Beispiel ist: »Sie verstehen das, nicht wahr?« Es gibt viele Formen angehängter Fragen, wie z.B. »..., oder? ..., stimmt's? ..., ist es nicht so?« usw.

Angehängte Fragen deuten darauf hin, dass der Redner Widerstand bezüglich seiner Aussagen vermutet.

Weitere Sprachmuster sowie detaillierte Erklärungen und mögliche Anwendungen finden Sie hier: Richard Bandler & John Grinder: Metasprache und Psychotherapie: Die Struktur der Magie I., Junfermann Verlag 2011.

In der Sprache der fünf Sinne sprechen

Für jeden Redner ist es wichtig, dass seine Botschaft ankommt. Das Publikum will hören, was der Redner zu sagen hat. Deshalb sind die Worte und die Wörter, die der Redner verwendet, entscheidend. Es muss sichergestellt sein, dass die verwendeten Wörter die Botschaft tatsächlich repräsentieren. Andernfalls geht die Botschaft unter.

Menschen haben unterschiedliche Arten der Informationsverarbeitung. Manche ziehen es vor, Dinge zu sehen, andere wiederum Dinge zu hören. Wieder andere wollen berühren und berührt werden, begreifen und verstehen.

Wir Menschen nehmen die Signale aus der Umwelt mit unseren Sinnesorganen wahr. Es sind im Wesentlichen Lichtwellen, Schallwellen, Druckwellen und andere Formen von Energie, wie z.B. Temperatur sowie Geschmacks- und Geruchspartikel. Wir sehen mit den Augen, hören mit den Ohren, fühlen mit der Haut, riechen mit der Nase und schmecken mit der Zunge. Neben dem Fühlen mit der Haut auf externe körperliche Einflüsse wie Berührung, nehmen wir auch interne körperliche Signale, wie z.B. Druck, Zug und Schmerzen, wahr. Wir fühlen ebenso Energie im Raum wie zum Beispiel Wärme und Kälte. Wir empfangen energetische Schwingungen, die oft durch das Konzept der Spiegelneuronen beschrieben werden.

Die Informationsübertragung in unserem Gehirn und in unserem gesamten Körper erfolgt über Nervenzellen mithilfe eines elektromagnetisch-biochemischen Prozesses. Mittels eines Elektro-Enzephalogramms (EEG) können Gehirnströme aufgenommen und gemessen werden. Das Frequenzmuster dieser Gehirnströme lässt Rückschlüsse auf den inneren Zustand des Gehirns zu. So treten bei Menschen, die sich in großem Stress befinden, höhere Frequenzen auf als bei entspannten Menschen. Dazu gibt es umfangreiche Untersuchungen. Wir spüren auch und können unterscheiden, wenn Menschen in unserem Umfeld im Stress sind oder wenn sie entspannt sind. Es scheint daher so zu sein, dass Menschen miteinander in Resonanz gehen können.

Wir erinnern uns an den Musikunterricht in der Schule. Die Stimmgabel, die den 440 Hz Kammerton a produziert, sehen wir vor uns. Schlägt man diese Stimmgabeln an, werden Schallwellen ausgesendet. Dringen diese Schallwellen an eine noch stumme Stimmgabel, die ebenfalls auf den Kammerton a gestimmt ist, so fängt auch diese an zu schwingen. Dieses Konzept der Resonanzkreise verwenden wir seit Beginn des Rundfunks täglich. Die Auswahl des Senders, das Tunen des Radios, stellt das Gerät genau auf die Sendefrequenz des Rundfunksenders ein. Dadurch wird es erst möglich, das gesendete Programm zu empfangen. Mobilfunkempfang basiert auf demselben Prinzip.

Das EEG beweist uns, dass unser Gehirn ebenfalls elektromagnetische Felder, ähnlich eines Rundfunksenders, aussendet. Das diese von anderen Gehirnen empfangen werden können, liegt auf der Hand.

Somit umfasst der Sinneskanal des Fühlens neben

Druck und Temperatur von außen, Druck und Temperatur von innen auch das Wahrnehmen von Energiemustern, die von »benachbarten« Körpern ausgesendet werden. Die Erkenntnisse aus der Quantenphysik lassen vermuten, dass diese »benachbarten« Körper durchaus weit voneinander entfernt sein dürfen.

Wir nehmen über den visuellen, den auditiven, den kinästhetischen, den gustatorischen und den olfaktorischen Kanal gleichzeitig eine große Menge an Sinneseindrücken auf. Sie gelangen in unseren unbewussten Speicher der Erinnerungen, in unser Unbewusstes. Jener Teil, der in unseren bewussten Verstand, in unser Bewusstsein kommt, ist stark gefiltert. Diese Filtermechanismen sind unter anderem Tilgung, Generalisierung und Verzerrung.

An dieser Stelle ist es wichtig zu wissen, dass Menschen jeweils unterschiedliche Sinneskanäle für die Wahrnehmung ihrer Umwelt bevorzugen. Mithilfe unserer natürlichen Sprache beschreiben wir unsere Wahrnehmungen. Die Worte und Prädikate, die wir dafür verwenden, entsprechen unserem präferierten Sinneskanal.

Hier Beispiele für Wörter, die dem visuellen Sinneskanal zuzuordnen sind: sehen, Sicht, Vision, farbig, Ausblick, Einsicht, spiegeln, beobachten, Aussehen, Bild, Fokus, überblicken, Perspektive, Dämmerung, düster, erscheinen, verschwommen, neblig, Einblick, starren, Glitzer, erleuchtend, ausblenden, erschauen, beobachten, Bild, glühen, brillant, lebhaft, strahlen, Szene, glanzlos, Blitz, zeigen, glitzern, Highlight, hell, transparent, undurchsichtig, Schnappschuss.

Hier Beispiele für Wörter, die dem auditiven Sinneskanal zuzuordnen sind: hören, zuhören, klingen, Ton, Akzent, musikalisch, rufen, klingeln, sagen, klicken, mitschwingen, Rhythmus, Harmonie, sich einstimmen, rasseln, im Ohr sein, ins Ohr geben, sprechen, reden, verstärken, kratzen, Dialog, rau, klingeln, Glocke läuten, Missklang, schrill, Philharmonie, Lärm, ruhig, Melodie, brummen, brüllen, ankündigen, stumm, laut, flüstern, misstönend, Kadenz, Sinfonie, sagen, Echo, brabbeln, knurren.

Und hier Wörter, die dem kinästhetischen Sinneskanal zuzuordnen sind: fühlen, packen, ziehen, greifen, reiben, klebrig, in Besitz nehmen, zu Potte kommen, warm, Berührung, Druck, Griff, Struktur, schwer, fest, durchrutschen, glitschig, fangen, weich, sandig, drängend, Stich, stechen, Kontakt, prickelnd, zementieren, wackeln, Haken, fest, eng weich, hart, scharf, springen, stolpern, schlagen, hinwerfen, rau, verkrampft, Bewegung, Stoß, Kitzel, kitzeln, mimen, Eindruck, graben, Druck.

Um unsere Wahrnehmungen mithilfe unserer natürlichen Sprache beschreiben und organisieren zu können, führen wir Selbstgespräche. Diese Selbstgespräche verwenden Kategorien, um unsere Wahrnehmungen einzuordnen, mit früheren Erfahrungen zu verbinden, zu bewerten und Zusammenhänge herzustellen.

In unserem Geist spielen sich nun sechs verschiedene Dinge ab: Wir sehen Bilder, hören Geräusche und Klänge, empfinden Gefühle, riechen und schmecken und wir führen innere Selbstgespräche. Man nennt diese Kategorien »interne Repräsentationssysteme«, da sie die mit unseren Sinnesorganen gemachten Wahrnehmungen intern, in unserem Geist, repräsentieren.

Das auditiv-digitale Repräsentationssystem verwendet keine sinnesspezifische Sprache, es wird als »digital« bezeichnet, sondern es bedient sich der Logik, der Abläufe und der Funktionen, die angelernt wurden. Das auditiv-digitale Repräsentationssystem ist ein durch Schule und Studium erlerntes System.

Beispiele für auditiv-digitale Wörter sind: grundlegend, Prozedur, Tendenz, Wissen, Modell, Theorie, Prinzip, Bedeutung, wissen, spezifisch, interessant, offensichtlich, zufällig, speziell, typisch, gewöhnlich, ausgezeichnet, denken, verstehen, integriert, wachsend, erweitert, systematisch, optimal, kompatibel, Paradigma, Kontingent, Idee, interaktiv, ausgewogen, variabel, ökologisch, Grenze, reziprok, Übergang, Erfahrung, lernen, modular, virtuell, wertsteigernd, Applikationen, Flexibilität, Konzept, Rahmen, logisch.

Das präferierte Repräsentationssystem einer Person lässt sich am Sprachgebrauch dieser Person erkennen:

Beispiele für *visuelle Redewendungen* sind: Das sieht gut aus. Das gefällt mir. Das kann ich mir vorstellen. Ein Auge auf sie werfen. Vier Augen sehen mehr als zwei. Den Durchblick haben. Etwas im Fokus haben. Etwas im Auge behalten.

Beispiele für *auditive Redewendungen* sind: Hört sich gut an. Klingt gut. Das ist wie Musik in meinen Ohren. Das Gras wachsen hören. Die Alarmglocken schrillen. Ich kann das nicht mehr hören. Jetzt hat es bei mir geklingelt. Das klingt nach Ärger.

Beispiele für *kinästhetische Redewendungen* sind: Fühlt sich gut an. Greift sich gut an. Das begreife ich. Etwas in den Griff bekommen. Ein Gespür entwickeln. Ein heißes Thema. Das geht mir durch und durch. Da steigt es in mir hoch. Das schlägt sich auf den Bauch. Die Kirche im Dorf lassen.

Beispiele für *olfaktorische Redewendungen* sind: Das duftet wie Rosen. Du riechst gut. Wie herrlich sich das anriecht. Das stinkt zum Himmel. Das stinkt mir. Die Nase über etwas rümpfen. Die Nase voll haben. Die Lunte riechen.

Beispiele für *gustatorische Redewendungen* sind: Schmeckt scheußlich. Eine Gaumenfreude. Da rinnt mir das Wasser im Mund zusammen. Das hat einen bitteren Beigeschmack. Auf der Zunge zergehen lassen. Da bleibt mir die Spucke weg.

Beispiele für *auditiv-digitale Redewendungen* sind: Ich weiß. Ist mir klar. Kenne ich. Das steht auf meiner Liste. Ein guter Plan. Wir checken das.

In unserer westlichen Kultur sind Bilder sehen (visuell), Geräusche oder Klänge hören (auditiv), Gefühle empfinden (kinästhetisch) und ein inneres Selbstgespräch führen (auditiv digital) die wichtigsten internen Repräsentationssysteme.

Menschen bevorzugen meist eines dieser vier (visuell, auditiv, kinästhetisch, auditiv-digital) Repräsentationssysteme. Informationen werden am liebsten und leichtesten aufgenommen, wenn sie im bevorzugten Repräsentationssystem geliefert und die entsprechenden Wörter und Redewendungen verwendet werden.

Ein guter Redner berücksichtigt während seiner Rede alle diese Repräsentationssysteme gleichermaßen, um den jeweils spezifischen Präferenzen seiner Zuhörer gerecht zu werden.

Die Präferenz des Repräsentationssysteme spiegelt sich auch in der Körperhaltung, Atmung und Tonlage einer Person wider.

Menschen mit visueller Präferenz zeigen tendenziell eine gerade und aufrechte Körperhaltung. Sie atmen im oberen Teil des Brustkorbs. Sie sprechen eher schneller und lauter und ihre Stimme geht vom oberen Teil des Kehlkopfes aus.

Menschen mit auditiver Präferenz zeigen tendenziell eine weniger aufrechte Körperhaltung und sie neigen den Kopf oft zur Seite. Sie nutzen zur Atmung den Brust- und Unterbauchbereich. Ihre Stimme ist melodisch und rhythmisch, sie geht vom Brustkorb aus.

Menschen mit kinästhetischer Präferenz haben tendenziell eine eher gebeugte Körperhaltung. Ihre Atmung geht eher vom Zwerchfell aus. Ihre Stimme ist tief und weich, sie sprechen eher langsam und machen viele Pausen.

Menschen mit auditiv-digitaler Präferenz tragen ihren Kopf tendenziell erhoben und haben ihre Hand oft am Kinn. Ihre Atmung wirkt eingeschränkt, angespannt und kurz. Die Stimme wirkt monoton und verhalten.

Bei Rednern, die als besonders charismatisch gelten, wurde ein bestimmtes Muster entdeckt, wie sie die unterschiedlichen Repräsentationssysteme verwenden. John F. Kennedy und Martin Luther King wurden ebenfalls auf diese Weise analysiert.

Charismatische Redner beginnen im kinästhetischen Modus, also langsam und in tiefer Tonlage und sie verwenden kinästhetische Wörter. Sie machen oft lange Pausen. Im weiteren Verlauf ihres Vortrags wechseln sie zum auditiven Modus. Der Stimmsitz wandert in den Brustbereich, sie sprechen etwas schneller in mittlerer Tonlage. Weiter geht es zum visuellen Modus. Der Stimmsitz wandert in Richtung Kehlkopf. die Sprechgeschwindigkeit wird weiter erhöht und die Tonlage ebenfalls. Das Verändern des Stimmsitzes und der Stimmlage lässt sich in Sprechtrainings einfach erlernen. Welche Worte aus welchem Repräsentationssystem an welcher Stelle der Rede verwendet werden, ist Teil der Planung der Rede.

Die Sequenz von kinästhetisch zu auditiv und weiter zu visuell bezeichnet man als »*Charisma-Muster*«.

Diese Vorgangsweise stellt sicher, dass sowohl zu den Personen mit kinästhetischer Präferenz als auch zu den auditiven und den visuellen Zuhörern Rapport hergestellt werden kann. Dies lässt sich bereits sehr gut am Beginn einer Rede erreichen.

Intonationsmuster anwenden

Intonationsmuster helfen dem Zuhörer, das Gehörte besser gliedern zu können. Sie geben Orientierung bezüglich der Form und des Aufbaus der Rede. Sie zeigen, wo ein Gedanke abgeschlossen wird und ein neuer aufgegriffen wird. Sie zeigen, wo eine Frage gestellt wird oder eine Aufzählung gemacht wird. Intonation macht es einfacher zuzuhören und dem Gesagten zu folgen.

Die Tonlage am Ende eines Satzes gibt der Aussage eine Bedeutung. Stimmen Tonlage und Wortwahl nicht überein, wird der Zuhörer verunsichert und vertraut eher der »Tonlage«, als dem gesprochenen Wort.

Frage: Handelt es sich um eine Frage, dann soll die Tonlage der Stimme am Satzende angehoben werden. Dies signalisiert, dass etwas unabgeschlossen ist, eine Antwort fehlt. Das Anheben der Tonlage am Ende des Satzes bedeutet aber keine Handlungsaufforderung an das Publikum, sich aktiv zu beteiligen. Der Redner sollte sich daher beim Stellen seiner Frage auch keine aktive Antwort seitens des Publikums erwarten. Dass sich manche Zuhörer die gestellten Fragen innerlich beantworten, ist natürlich möglich und erwünscht.

Aussage: Am Ende eines Aussagesatzes wird die Tonlage der Stimme am Satzende leicht gesenkt. Das gibt dem Zuhörer Orientierung. Handelt es sich noch nicht um das Satzende, sondern um einen »Beistrich«, dann wird die Tonlage leicht angehoben. Der Satz ist ja noch nicht fertig, es kommt noch etwas. Bei Aufzählungen werden die einzelnen Punkte am besten andeutungsweise gerufen, und zwar in jeweils leicht unterschiedlicher Tonlage. Dies dient ebenfalls zur Orientierung für das Publikum.

Befehl: Bei einem Befehl, bei einer Handlungsaufforderung, wird die Tonlage am Satzende rasch gesenkt und unmittelbar danach eine Sprechpause gemacht. Dies unterstreicht den Befehlscharakter.

Mit dem 4MAT-System überzeugen

Das 4MAT-System ist ein System, das eine Rede strukturiert und der überwiegenden Zahl von Zuhörern verständlich macht. Nachdem das 4MAT-System sich damit beschäftigt, wie eine Rede leichter verstanden werden wird und es nicht um den Inhalt der Rede geht, kann das 4MAT-System den NLP-Methoden zugeordnet werden. Es ist aus einer Studie über Lernstile hervorgegangen, die von Bernice McCarthy in den 70er Jahren des 20. Jahrhunderts durchgeführt wurde. Sie stellte fest, dass Kinder auf unterschiedliche Art und Weise lernen. Dieses Lernen geschieht durch das Stellen spezifischer Fragen. McCarthy konnte vier Grundkategorien erkennen, in der sich die Fragen unterschieden. Einige Kinder wollten Begründungen für das hören, was von ihnen verlangt wird und warum sie etwas lernen sollten. Sie fragten ständig nach dem *Warum*. Andere fragten nach Fakten und Information. Sie wollten mehr wissen, was Sache ist. Sie fragten nach dem *Was*. Wieder andere wollten die Dinge ausprobieren und fragten, wie etwas funktioniert und wie sie etwas machen können. Sie fragten nach dem *Wie*. Die restliche Gruppe wollte zukünftige Konsequenzen erforschen und wollte daher wissen: *Was ist, wenn?* Der herkömmliche Schulunterricht beantwortet im Wesentlichen nur die Frage nach dem Was.

Erwachsene bevorzugen ebenso jeweils einen dieser Lernstile. Dennoch sind die meisten Reden ausschließlich auf das Was fokussiert, also auf Informationen, Zahlen, Daten und Fakten. Die Lernstile der Erwachsenen sind kulturell und je nach Berufsbild unterschiedlich.

Diese Gruppe der *Warum*-Menschen lernt am besten, wenn sie die Gründe für etwas erfährt und darüber diskutieren können. »Warum sollten wir das tun?« oder »Warum ist es von Wert?« sind die gestellten Fragen. Die Gruppe der *Was*-Menschen lernt am besten, wenn man ihnen Informationen vermittelt. Sie machen sich Notizen und schreiben sehr schnell alles auf. *Warum*-Menschen benötigen zuerst Antworten auf die *Warum*-Fragen, bevor sie beim *Was* mitmachen. Die *Wie*-Menschen lernen am leichtesten, wenn sie etwas tun können. Theorie und Begründungen interessieren sie wenig. Sie wollen Dinge ausprobieren und verzichten gerne auf Handbücher und Anleitungen. Diese Gruppe der *Was-Wenn*-Menschen lernt am besten durch eigene Entdeckungen. Wenn sie an etwas herangehen, verändern sie gerne die Aufgabenstellung und sie machen ihr eigenes Ding. Sie wollen die Konsequenzen entdecken und Inspiration erfahren.

Ein guter Redner spricht alle vier Lernstile an, und zwar in einer bestimmten Reihenfolge:

1. Er beginnt mit dem *Warum*-Typus: Warum-Typen benötigen zuerst Begründungen, bevor sie der restlichen Information Beachtung schenken.
2. Anschließend werden Informationen für den *Was*-Typus vermittelt.
3. Dann bekommen die Zuhörer erklärt, *wie* es umgesetzt werden soll.
4. Zum Abschluss wird für den *Was-Wenn*-Typus erläutert, was geschehen würde, wenn er es täte, und was, wenn nicht. Was würde wahrscheinlich passieren, wenn vom Plan abgewichen wird und welche weiteren Möglichkeiten sich, auch spekulativ, entwickeln könnten.

Ein Beispiel für diese Struktur könnte folgendermaßen aussehen:

1. Wir sind heute hier zusammengekommen, um Klarheit zu erlangen.
2. Um Klarheit zu erlangen, ist es notwendig zu verstehen, woher wir kommen, was unsere Ziele sind, und was uns wichtig ist.
3. Die Fragen, woher wir kommen, was unsere Ziele sind, und was uns wichtig ist, bearbeiten wir in Form eines Brainstorming-Prozesses im World-Café-Format.
4. Die Klarheit, die wir erlangen werden, wird unsere Zusammenarbeit erleichtern, wir werden uns besser verständlich machen und wahrscheinlich sind wir dann noch attraktiver am Markt.

Redner machen oft den Fehler, dass sie komplett auf den *Warum*-Teil vergessen, und gleich mit dem *Was*- oder dem *Wie*-Teil beginnen. Menschen neigen zur irrtümlichen Annahme, dass es ohnehin allen klar ist, warum etwas zu tun ist, und es alle wissen und verstehen. Diese Annahme ist unrichtig. Wir alle haben unterschiedliche Erfahrungen und ein unterschiedliches Set an Überzeugungen und Wahrnehmungen. Das *Warum* ist entscheidend, um die Zuhörer zu synchronisieren und ihnen einen Grund zu geben, hier zu sein.

Es ist wichtig, Gründe zu erfahren, selbst wenn sie banal erscheinen. So werden auf Flughäfen Verspätungen damit begründet, dass das Flugzeug zu spät von der letzten Destination weggekommen sei. Verspätungen im Zugverkehr werden auf einen internationalen Rail-Delay zurückgeführt. Wie banal auch immer, sie geben den Menschen ein *Warum* das sie benötigen, um ihre nächsten Schritte zu rechtfertigen.

Wertesysteme werten, was wertvoll ist

Werte beschreiben, was Menschen wirklich wichtig ist. Werte sind Annahmen und Überzeugungen. Ein hoher Wert ist für einen Menschen eine unerschütterliche Richtlinie, nach der dieser Mensch wertet und handelt. Die Erwartungshaltungen, die in die Erfüllung der Werte gesetzt werden, sind die Triebkraft menschlichen Handelns. Werte sind emotional besetzt, da sie Erfahrungen bewerten.

Für jeden unserer Lebensbereiche haben wir jeweils unterschiedliche Wertesets. Lebensbereiche sind Familie, Freundschaften, Beruf und Karriere, Gesundheit, persönliche Entwicklung und Spiritualität. Pro Lebensbereich sind unsere Werte in Hierarchien geordnet. Es gibt jeweils einen höchsten Wert. Die darunter liegenden Werte stützen die jeweils darüber liegenden Werte.

Werte sind einerseits aufgrund der Kultur gegeben, andererseits entspringen sie aus der persönlichen Lebenserfahrung eines Menschen. Die Erziehung, die ein Mensch genossen hat, zählt ebenso zu den persönlichen Lebenserfahrungen.

Gerade in unserer heutigen Zeit erfahren wir, dass den jungen Menschen der Generation Y und Z andere Dinge wichtig sind als den Babyboomern und deren Eltern. Dies ist sicherlich den jeweiligen so unterschiedlichen Erfahrungen der frühen Kindheit geschuldet, die die Babyboomer im Vergleich zur Generation Z machten. Während die einen unter teilweise massiven Entbehrungen aufwuchsen, war für die anderen der uneingeschränkte Zugriff auf Handy und Internet sowie ein Leben im Überfluss selbstverständlich.

Das Verhalten von Einzelnen, einer Gruppe, einer Kommune und einer Gesellschaft richtet sich nach der vorherrschenden Wertehierarchie aus. Somit wird verständlich, dass sich Menschen unterschiedlicher Kulturen unterschiedlich verhalten und oft wenig bis kein Verständnis füreinander haben. Unterschiedliche Generationen und unterschiedliche Kulturen stehen also in einem gewissen Wettbewerb zueinander. Sie verstehen einander nur sehr bedingt. Das schwierige Verständnis unterschiedlicher Generationen ist gegeben, obwohl sie die gleiche Muttersprache sprechen. Jedoch der Gebrauch der Sprache ist unterschiedlich. Wie Sprache verwendet wird, ist kulturabhängig.

Rahmen und Kontext machen den Unterschied

Eine sehr alte Geschichte des chinesischen Taoismus handelt von einem Bauern, der in einem armen Dorf wohnt. Weil er ein Pferd besaß, das er zum Pflügen und für Transportzwecke benutzte, hielt man ihn allgemein für wohlhabend. Eines Tages lief das Pferd davon. Als alle Nachbarn dies als schrecklichen Verlust beklagten, sagte der Bauer nur: »Wer weiß, wozu es gut ist.«

Ein paar Tage später kehrte das Pferd zurück und brachte zwei Wildpferde mit. Da jubelten die Nachbarn über das Glück des Bauern, doch dieser sagte wieder nur: »Wer weiß, wozu es gut ist.«

Am nächsten Tag versuchte der Sohn des Bauern, auf einem der beiden Wildpferde zu reiten. Doch das Pferd warf ihn ab und er brach sich ein Bein. Die Nachbarn bedauerten den Bauern wegen seines Unglücks, doch dieser sagte wieder nur: »Wer weiß, wozu es gut ist.«

In der folgenden Woche kamen die Offiziere ins Dorf, um junge Männer für den Armeedienst auszuwählen und mitzunehmen. Den Sohn des Bauern verschonten sie wegen seines gebrochenen Beins. Als die Nachbarn den Bauern erneut beglückwünschten, antwortete er: »Wer weiß, wozu es gut ist.«

Die Bedeutung eines jeden Ereignisses und einer jeden Botschaft hängt vom »Rahmen« ab, in dem wir es wahrnehmen. Verändern wir den Rahmen, verändert sich die Bedeutung. Wildpferde zu besitzen, kann eine gute Sache sein. Sieht man es jedoch im Kontext des Unfalls, dann eher nicht. Die Veränderung des Rahmens macht deutlich, dass die Bedeutung einer Handlung und die Handlung selbst getrennt betrachtet werden können. Im obigen Beispiel ist der Besitz von Wildpferden die Handlung, die der Bauer setzt, während die Bedeutung, Wildpferde zu haben, sich laufend verändert. Einmal ist es vorteilhaft, ein anderes Mal zum Nachteil. Je nachdem, was durch das Rundherum, was durch den Rahmen bestimmt ist, passiert.

Die Bedeutung von Botschaften hängt also vom Kontext oder/und von der Perspektive ab, in dem ein Mensch die Botschaft übermittelt bekommt oder in den man die Botschaft setzt. Eine Grundannahme der allgemeinen Kommunikationstheorie lautet, dass sich die Bedeutung eines Signals auf den Rahmen oder den Kontext, in dem es in Erscheinung tritt, beschränkt. Das Quietschen eines Schuhs auf einem vielbenutzten Gehweg ist für sich alleine betrachtet relativ unwichtig. Nehmen wir dieses Geräusch jedoch spät in der Nacht und allein im Bett liegend vor unserem Fenster wahr, kann die Bedeutung eine völlig andere sein. Genauso hat das Licht des Leuchtturms für den Landbewohner keine großartige Bedeutung, für ein Schiff im Nebel, das sich daran orientieren kann, sehr wohl.

Dinge in einem anderen Licht zu sehen, ist sogar eine Weisheit aus dem Volksmund.

Ein guter Redner definiert immer den Kontext, und somit den Rahmen, in dem er seine Botschaft verstanden wissen möchte. Er definiert die Perspektive, von der aus sein Thema betrachtet werden soll. Man bezeichnet den Vorgang des Rahmen-Gebens als *»Framing«*. Tut er dies nicht, so überlässt er es dem Publikum. Dies hat einige gravierende Nachteile. Erstens braucht es Zeit, einen Kontext zu wählen. Das lenkt von der Rede ab. Zweitens setzt jeder Zuhörer seinen Kontext beliebig nach eigenem Gutdünken. Drittens hat jeder Zuhörer einen wahrscheinlich anderen Kontext gewählt und bewertet somit unterschiedlich im Vergleich zu den anderen. Viertens entspricht wohl keiner der von den Zuhörern gewählten Kontexte dem Kontext, den sich der Redner gewünscht hätte. Ein guter Redner definiert daher immer den Kontext seiner Botschaften.

Es gibt unterschiedlichste Rahmen, die ein Redner verwenden kann.

Obwohl-Rahmen verstärken

Um einen Nebensatz an einen Hauptsatz anzuhängen, gibt es verschiedene Möglichkeiten der Konjunktion. Irrtümlicherweise wird dabei oft das Wort »aber« verwendet. Dies stört allerdings die Konjunktion, und stellt den Nebensatz in den Mittelpunkt. Dies wird vom Redner meist nicht beabsichtigt, wirkt jedoch beim Publikum. Redner, die dies so machen, zerstören ihre soeben gemachten Aussagen gleich wieder selbst.

Hier ein Beispiel:

- »Heute scheint die Sonne, *aber* morgen wird es regnen.« Der Fokus liegt auf »... morgen wird es regnen«.
- Tauscht man das »aber« gegen ein »und«, so sind beide Satzteile gleichwertig. So, als wären es zwei nebeneinanderstehende Aussagen, die ja tatsächlich miteinander nichts zu tun haben: »Heute scheint die Sonne *und* morgen wird es regnen.«
- Um den Hauptsatz »Heute scheint die Sonne, ...« noch zu stärken, verbinden wir den Nebensatz mithilfe des Wortes »obwohl«. ": „Heute scheint die Sonne, *obwohl* es morgen regnen wird." Die wahrgenommene Bedeutung hat sich nun gewandelt.

Ergebnis-Rahmen statt Problem-Rahmen lösen

Wo wir unsere Aufmerksamkeit hinrichten, fließt unsere Energie.

Der Ergebnis-Rahmen stellt mögliche Ergebnisse in den Fokus. Er macht uns auf Möglichkeiten aufmerksam.

Hier ein paar Beispiele:

- »Was wollen Sie?« statt »Was ist nicht in Ordnung?«
- »Wie können Sie es bekommen?« statt »Warum ist das ein Problem?«
- »Welche Ressourcen sind verfügbar?« statt »Wer hat es verursacht? Wessen Schuld ist es?«

Positive Umformulierung statt Negativ-Aussage verwenden

Negative Aussagen fokussieren genau auf das, was nicht gewünscht ist. Ein guter Redner sagt es so, wie er es möchte.

Hier ein paar Beispiele für mögliche Umformulierungen in die positive Richtung:

- »erschwinglich« statt »zu teuer«
- »kluge Nutzung der Ressourcen« statt »Verhinderung von ...«
- »Erfolgswunsch« statt »Angst vor Misserfolg«
- »leicht und bequem« statt »zu mühsam«
- »klug und intelligent« statt »dumm«

Eine gute Praxis kann es sein, negative Aussage und positive Formulierung gemeinsam zu nutzen:

- »Wir sollten weg von der Angst vor dem Misserfolg hin zur Formulierung unserer Erfolgswünsche.«
- »Statt einer Verhinderungspolitik können wir uns auf die kluge Nutzung von Ressourcen fokussieren.«
- »Weg von dummen Statements hin zu klugen und intelligenten Aussagen.«

Ökologie-Rahmen checken

Dieser Rahmen betrachtet die Langzeitwirkung einer Sache. Er beurteilt Ergebnisse in Hinblick auf ihre größere Bedeutung. Eine größere Bedeutung können Auswirkungen auf Familie, Beruf und Freunde sein. Es werden die Folgen bedacht und überprüft, und ob Interessen zusammenpassen. Der Ökologie-Rahmen ermöglicht neue Sichtweisen, indem man sich gedanklich in einen Zeitpunkt in der Zukunft versetzt und rückblickend auf die möglichen Erfahrungen blickt.

Im Ökologie-Rahmen stellen sich die Menschen folgende Fragen:

- »Wie wirkt sich unser Tun langfristig aus?«
- »Sind die zu erwartenden Ergebnisse für alle Betroffenen in Ordnung?«
- »Wer ist noch betroffen?«
- »Ist die Umsetzung des gemachten Plans für alle zumutbar?«

Ziele-Rahmen setzen

Durch Anwendung des Ziel-Rahmens werden Ergebnisse danach beurteilt, ob sie uns dem Ziel näherbringen. Dieser Rahmen ist immer gemeinsam mit dem Ökologie-Rahmen zu verwenden. König Midas vergaß dies in der Antike, da er sich erfolgreich wünschte, dass alles, was er berührte, sich in Gold verwandeln solle. Da er auf den Ökologie-Rahmen vergaß, waren Tiere und Nahrungsmittel miteingeschlossen und sie wurden ebenfalls durch seine Berührung zu Gold verwandelt.

Passende Fragen des Ziel-Rahmens sind:

- »Was will ich erreichen?«
- »Welchen Nutzen habe ich davon?«
- »Was kommt danach?«

Dieser Rahmen eignet sich auch perfekt, statt Schuldige in der Vergangenheit zu suchen, Ziele in der Zukunft zu definieren.

Backtracking-Rahmen deckt auf

Als Backtracking-Rahmen bezeichnet man jene Technik, die Worte der anderen Person, oft einschließlich Gestik und Mimik, exakt zu wiederholen. Dieser Rahmen hilft, um sich auf das Gegenüber einzustellen.

Passende Fragen sind hier:

- »Darf ich mich vergewissern, dass ich Sie richtig verstanden habe …?«
- »Sie sagen …?«
- »Kann ich das Gesagte so zusammenfassen …?«

Eine Bezugnahme des Redners auf eine Person im Publikum, mit der er vor seinem Auftritt gesprochen hat, kann ebenfalls als Backtracking-Rahmen wirken.

Vergleichs-Rahmen offenbart relevante Unterschiede

Dabei beurteilen wir Unterschiede, und vor allem den Unterschied, der den Unterschied macht. Dieser Rahmen kann auch als Kontrast-Analyse verstanden werden.

Passende Fragen sind hier:

- »Inwiefern ist das anders?«
- »Wodurch zeichnet sich das aus?«
- »Was sind die wichtigsten Variationen?«

Als-ob-Rahmen schafft Möglichkeiten

Bei diesem Rahmen stellt man sich vor, etwas sei wahr, um so Möglichkeiten zu finden und auszuprobieren. Wenn Menschen nicht weiterwissen, wenn ihnen nichts mehr einfällt, dann wirkt dieser Rahmen wahre Wunder.

Folgende Fragen sind hier geeignet:

- »Tu einfach so, als ob du es könntest/wüsstest …!«
- »Wenn ich dich fragen würde …, was wäre deine Antwort?«

Verhandlungs- bzw. Zustimmungs-Rahmen einigt

Dieser Rahmen bewertet nach Einigung. Man geht davon aus, dass man sich in einer Verhandlung befindet und alle eine Einigung erzielen wollen.

Die Schlüsselfrage lautet: »Worauf können wir uns heute verständigen?«

Wie- statt Warum-Rahmen löst auf

Warum-Fragen fragen nach Gründen und generieren Rechtfertigungen. *Warum*-Fragen eignen sich zur Ermittlung und Erforschung von Gesetzmäßigkeiten. *Wie*-Fragen allerdings decken die Struktur des Problems auf:

Geeignete *Wie*-Fragen lauten:

- »Wie wird dieses Problem gemacht?«
- »Wie kann ich lernen, dieses Problem ebenfalls zu machen?«
- »Wie lässt sich das Problem lösen?«

Re-Framing, die Veränderung des Rahmens, in der Aussagen zu betrachten sind, ist eine der wichtigsten Fähigkeiten eines guten Redners. Er stellt damit seine Botschaften in den passenden, von ihm gewünschten, Rahmen und beeinflusst, welche Bedeutung seinen Aussagen gegeben wird.

Priming ist wie Farb-Grundierung

Priming ist eine Form des Framings. Ein bestimmter Kontext wird vor den Beginn der Rede gesetzt. Die Zuhörerinnen und Zuhörer werden dadurch in einen gewünschten emotionalen Zustand versetzt. Während der Rede wird indirekt auf den früheren Kontext referenziert. Dies ruft den damit verbundenen emotionalen Zustand wieder auf.

Stellen wir uns folgendes Experiment vor: Einer Gruppe willkürlich ausgewählter Personen wird auf der Straße ein Becher mit kaltem Getränk in die Hand gegeben mit der Bitte, es einige Minuten zu halten. Einer anderen Gruppe willkürlich ausgewählter Personen wird ein Becher mit heißem Getränk in die Hand gegeben ebenfalls mit der Bitte, es einige Minuten zu halten. In beiden Fällen spüren die Personen, die die Becher halten, es kalt oder heiß in ihrer Handfläche. Den Personen wird gedankt und sie gehen weiter. An der übernächsten Straßenecke werden diese Personen nun befragt, wie sie denjenigen, der sie gebeten hat, den Becher zu halten, einschätzen: warm und fürsorglich oder kalt und eher unfreundlich. Richtig, die Einschätzung entspricht größtenteils der Temperatur des Bechers, den sie gehalten haben.

Weitere Beispiele für Priming-Effekte finden Sie hier: *www.plakos.de/priming-effekt-test*

Priming kann natürlich auch dazu verwendet werden, um seine eigene Leistungsfähigkeit und Konzentration zu stärken.

Gute Redner beginnen immer mit einer positiven Botschaft und mit einem positiven Statement. Das primed das Publikum positiv, auch wenn die dann folgende Nachricht schlecht ist, wird sie im Lichte der vorhergehenden positiven Botschaft als weniger negativ aufgenommen. Es stärkt so die wahrgenommene Kompetenz des Redners.

Storytelling fesselt Zuhörer

Geschichten erzeugen Emotionen. Geschichten erlauben es, in das Unbewusste des zuhörenden Menschen vorzudringen. Geschichtenerzählern hören wir gerne zu. Mit Geschichten, die uns als Kind erzählt worden sind, haben wir begonnen, die Welt zu begreifen. Geschichten haben uns zu Abenteurern und Helden gemacht. Geschichten sind positiv besetzt. Wir hinterfragen nicht, und nehmen die Botschaft unkritisch auf. Geschichten stimulieren unsere Kreativität. Unser Gehirn entwickelt mögliche Lösungen und viele Szenarien. Märchen enden oft mit den Worten: »Und wenn sie nicht gestorben sind, dann leben sie noch heute!« Das eröffnet uns alle Möglichkeiten und macht uns kreativ, denn Helden sind unsterblich. Es sind hypnotische Sprachmuster, die unser Gehirn in den »Alpha-Zustand« bringen, in dem wir besonders gut und leicht lernen können.

Geschichten erzeugen Priming, sie erinnern uns gerne an die guten Zeiten unserer Kindheit.

Spannung und Entspannung ist nicht nur ein hervorragendes Konzept für körperliche Betätigung. Storytelling funktioniert nach dem gleichen Schema. Es ermöglicht es, die Aufmerksamkeit über einen längeren Zeitraum aufrecht zu erhalten. Über spannungsreiche Charaktere und Handlungsbögen kann dies über viele Jahre hinweg wirken. Denken wir nur an die erfolgreichen Fernseh- und Netflix-Serien. Mit trockenen Präsentationen von Zahlen, Daten und Fakten wäre dies wohl kaum möglich.

Gute Redner verpacken ihre Botschaft in Storys. Nicht nur ihre Botschaft, sondern jeder ihrer Auftritte ist ein Priming für die nächste Rede.

Ein Drama in fünf Akten

Eine gute Story ist ein Drama in fünf Akten:

- Einleitung mit überraschendem und erregendem Moment
- Steigerung der Komplikation bis zum Höhepunkt
- Höhepunkt
- fallende Handlung
- Auflösung und Entspannung

Es geht also um eine Heldenreise. Der zukünftige Held, der bisher ein normales Leben führte, muss seine gewohnte Welt verlassen. Er tritt seine Reise an, die voll von Komplikationen ist. Mehreren Problemen muss er sich stellen. Mithilfe eines Mentors kann er am Höhepunkt selbst die schwierigste Herausforderung lösen. Sein Leben ist transformiert und er nimmt seine Lernerfahrungen mit. Er kehrt zurück und lebt sein neues Leben, bis ihn wieder das Abenteuer ruft.

Bekannte und sehr bewährte Formate sind die Formate der Heldenreise nach Campell und der Heldenreise nach Vogler. Ob »Star Wars«, »Shreck« oder »The Matrix«, die Heldenreise findet sich in den meisten großen Storytelling-Formaten unserer Zeit wieder. Ebenso ist Steve Jobs berühmte Stanford-Rede aus dem Jahre 2005 nach diesem Format entworfen.

Storytelling nach Pixar

Ein einfacheres Format ist die Formel des Animationsunternehmens Pixar, das sich gut für mündlich erzählte Geschichten verwenden lässt:

- Es war einmal vor langer Zeit …
- Jeden Tag, …
- Als an einem Tag …
- Deshalb, …
- Daher …
- Bis endlich …

Sowohl Politik als auch Unternehmen sollten sich viel mehr als Mentoren verstehen, um ihre Wähler bzw. ihr Publikum zu Helden ihres eigenen Lebens zu machen. (Literaturhinweis: Miriam Rupp: Storytelling für Unternehmen, 2016 mitp Verlags GmbH & Co KG.)

Metaphern öffnen Zugänge

Wir alle verwenden in unserer Kommunikation Metaphern. Dies oft unbemerkt. Wir schenken ihnen normalerweise keine besondere Aufmerksamkeit. Wir stehen auf Standpunkten, bringen jemandem etwas bei, oder schieben Argumente zur Seite. Wir gehen in die Zukunft oder holen Bilder aus der Vergangenheit hervor. Wir knüpfen Kontakte, manchmal funkt es sogar. Manchmal sind wir von unseren Gefühlen übermannt, ringen mit dem Ärger und lassen Zorn gehen. Es ist Zeit, das Licht der Aufklärung zu bringen.

Metaphern sind universell verbreitet. Sie verraten viel über unser Denken, sie sind unverzichtbar. Metaphern sind in der Lage zu reframen, und somit Bedeutung zu verändern. Metaphern bestimmen unsere Wahrnehmung, unser Denken und unser Handeln. Unsere Wirklichkeit wird durch Metaphern bestimmt. Da Metaphern sich von Kultur zu Kultur unterscheiden, sind auch deren Wirklichkeiten, die sie bestimmen, verschieden.

Metaphern sind nicht nur Elemente der Sprache, sondern des Denkens und der Kognition. Es sind Konzepte, nach denen wir leben. Eine von Sebastian Kurz in seiner Regierungserklärung verwendete Metapher »Veränderung schafft Hoffnung« ist zweifelsfrei eines seiner politischen Denkkonzepte. Das lässt sich durch wiederholte Beobachtung seiner Körpersprache ableiten, wenn er diese Metapher verwendet. Er steht jedes Mal fest, mit beiden Beinen auf dem Boden. Wäre es ein ausschließlich von Werbestrategen gut erdachter Slogan, denn er selbst nicht teilen würde, so wäre seine Standfestigkeit vermindert und wir könnten zusätzlich andere unbeabsichtigte Mikrobewegungen, wie zum Beispiel leichtes Flattern einer Wange, beobachten. Es stellt sich die Frage, ob unbeabsichtigte Mikrobewegungen wegtrainiert werden können? Ja, und zwar dann, wenn er den Slogan zu seinem eigenen macht, und dann wird Slogan erst recht Teil seines Denkkonzepts. Zusammenfassend ist zu sagen, wenn Menschen die Unwahrheit sagen, zeigt sich dies durch körperliche Schwäche. Umfangreich verfügbare kinesiologische Muskeltestverfahren bestätigen dies.

Andererseits besteht das Wesen einer Metapher darin, dass wir durch sie eine Sache oder einen Vorgang in Begriffen einer anderen Sache bzw. eines anderen Vorgangs verstehen und erfahren können. Metaphern schaffen so etwas wie Parallelwelten. Metaphern sind Verzerrungen und »komplexe Äquivalenzen«. Sie stellen zwei Dinge gleich oder zueinander in Bezug, die miteinander nichts zu tun haben.

Analysieren wir die verwendeten Metaphern sehr sorgfältig, so erkennen wir Lebenskonzepte und politische Konzepte. Metaphern beschreiben den Denkrahmen, in dem gedacht wird. Wir können mithilfe der vom Redner verwendeten Metaphern das Verhaltensschema dieser Person vorhersagen.

Ein guter Redner wählt die Formulierung seiner Metaphern sehr sorgsam. Sie sind Parameter seiner Authentizität und der Glaubwürdigkeit, die ihm sein Publikum schenkt. Ausgefeilte Slogans professioneller Werbestrategen hingegen kommen, wenn sie nur »gute Sprüche« sind, unauthentisch an. Als Zuhörerin und Zuhörer dürfen wir uns hier auf unser Gefühl verlassen, ob wir etwas als authentisch wahrnehmen, oder eben nicht. Professionelle Werbestrategen erheben, wenn sie richtig gut sind, als Basis für ihre Arbeiten das Wertesystem ihrer Klienten heran, und entwickeln ihre Strategien darauf aufbauend.

Emotionale Zustände gezielt hervorrufen

Bis jetzt haben wir uns über die Wirksamkeit von Sprache und Sprachmustern unterhalten. Jeder Redner, jede Rednerin ruft beim Publikum ständig innere emotionale Zustände hervor. Die Zuhörer befinden sich in jedem Moment in einem physiologischen und emotionalen Zustand. Dieser beeinflusst deren Aufmerksamkeit und somit, ob und wie die Botschaft ankommt und wie sie verarbeitet wird.

Jedem Redner ist daran gelegen, dass sich die Zuhörer in einem emotionalen Zustand befinden, der gewährleistet, dass alles optimal aufgenommen werden kann und entsprechende Folgeaktivitäten gesetzt werden.

Die Fähigkeit, das Publikum in bestimmte emotionale Zustände zu versetzen, verwandelt jeden Redner vom bloßen Informationslieferanten zum unterhaltsamen und fesselnden Präsentator. Ein guter Redner sollte sein Publikum am Beginn seiner Rede in einen Zustand der Neugierde versetzen. So wird das, was er zu sagen hat, mit Spannung erwartet.

Als ersten notwendigen Schritt dafür haben wir Rapport kennengelernt. Rapport ist unerlässlich, um die Zuhörer zu bewegen. Das Elizitieren (Hervorrufen) unterschiedlicher emotionaler Zustände während eines Vortrags macht diesen erst so richtig spannend. Auch ein politisches Publikum möchte unterhalten werden und vor allem Sicherheit, Zuverlässigkeit und Stabilität erfahren.

Im Folgenden stelle ich vier Möglichkeiten, wie emotionale Zustände gezielt hervorgerufen werden können:

- *Redner versetzt sich selbst in den gewünschten emotionalen Zustand:* Der Redner versetzt sich selbst in den Zustand, den er bei seinen Zuhörern haben möchte. Ist der Redner mit seinem Publikum in Rapport, so folgt ihm dieses und der innere emotionale Zustand der Zuhörer passt sich an.
- *Der Redner lässt sein Publikum erinnern:* Der Redner fordert sein Publikum auf, sich an eine Situation zu erinnern, die der Zuhörer tatsächlich erlebt hat und in der er

im vom Redner gewünschten emotionalen Zustand war. Dies funktioniert mit folgendem Muster:

- Können Sie sich an eine Zeit erinnern, wo Sie ganz entspannt waren?
- Können Sie sich an eine spezifische Zeit erinnern?
- Wenn Sie sich jetzt an diese Zeit erinnern, gehen Sie genau zurück zu dieser Zeit. Sehen Sie, was Sie gesehen haben, hören Sie, was Sie gehört haben, und ganz und gar fühlen Sie, was Sie gefühlt haben.

Wichtig ist, dass der Redner sein Publikum sich ausschließlich an Erfahrungen erinnern lässt, die sie auch alle gemacht haben. Sonst würde es nicht funktionieren. Deshalb bedienen sich gute Redner »universeller« Erfahrungen. Eine Erfahrung wird als universell bezeichnet, wenn mindestens 80 Prozent aller Anwesenden diese Erfahrung schon einmal gemacht haben.

Universelle Erfahrungen sind zum Beispiel:

- Jeder war einmal ein Kind und war neugierig auf das Geburtstagsgeschenk.
- Jeder war schon mit einer Gruppe von Menschen beisammen.
- Jeder war schon mal alleine oder einsam.
- Jeder hat schon mal eine Reise gemacht, einen neuen Ort besucht.
- Jeder hat schon mal auf etwas warten müssen.
- Jeder hat schon mal bereut, etwas nicht getan zu haben.
- Jeder hat schon mal einen erstaunlichen Zufall erlebt.

● *Der Redner lässt sein Publikum sich etwas vorstellen:* Benötigt der Redner eine Erfahrung, die noch wenige im Raum gemacht haben könnten, dann kommt diese Möglichkeit zur Anwendung. Der Redner fordert sein Publikum auf, sich eine Situation in der Zukunft vorzustellen, in der die Zuhörer den gewünschten emotionalen Zustand haben werden. Eine tatsächlich erlebte Situation sollte einer in der Zukunft vorgestellten Situation bevorzugt werden. Tatsächlich erlebte erinnerte Situationen rufen eine stärkere Wirkung hervor.

- *Der Redner erzählt Geschichten und Metaphern:* Geschichten und Metaphern rufen emotionale Zustände hervor. Aus diesem Grund gehen Menschen gerne ins Theater oder ins Kino. Sie möchten mit den Helden mitfiebern. Geschichten und Metaphern erlauben einen Zugang zum Unbewussten, in dem Suggestionen und Ideen kritiklos übernommen werden können. Besonders gut wirken verschachtelte Metaphern, in denen die eigentliche Botschaft eingebettet wird.

Nonverbale Kommunikation wirkt

Nonverbale Kommunikation hat einen hohen Stellenwert in der Beurteilung der Glaubwürdigkeit des gesprochenen Wortes. Menschen vertrauen mehr ihrer Wahrnehmung des Nonverbalen als dem Gehörten.

Nur wenn nonverbale Kommunikation stimmig ist und das tatsächlich Gesagte dazu passt, nur dann wird das Gehörte, also der Inhalt, als glaubwürdig wahrgenommen. Glaubwürdigkeit ist ein Gefühl, ein innerer emotionaler Zustand, den der Redner bei seinen Zuhörern erreichen sollte. Das muss jedem Redner bewusst sein.

Energie

Gute Redner befinden sich in einem energetisch guten Zustand. Sie sind auf sich selbst und gleichzeitig auf ihr Publikum fokussiert. Sie sind frei von innerer und äußerer Ablenkung. Sie haben einen positiven inneren emotionalen Zustand und wissen, dass ihr Publikum hier ist, um sie zu erleben.

Ein guter Redner hat eine gute Erdverbundenheit und eine hohe Standfestigkeit. Glaubt ein Redner seinen eigenen Worten nicht zu 100 Prozent, dann sind Erdverbundenheit, Standfestigkeit und sein Energielevel eingeschränkt.

Unsere Energie folgt unserer Aufmerksamkeit, unserem Fokus. Wir bezeichnen jene Zeit, in der ein Redner mit 100 Prozent Aufmerksamkeit bei sich und gleichzeitig bei seinem Publikum ist, mit Redner-Uptime. Die hergestellte energetische Verbindung zwischen Redner und Publikum bezeichnen wir als Rapport.

Respekt – ein Geheimnis von Rapport

Meisterkommunikatoren haben ein gewisses Set an Überzeugungen, das ihnen meisterliche Kommunikation ermöglicht.

Wir alle haben unterschiedliche Lebenserfahrungen und eine andere Herkunftsfamilie. So unterschiedlich sind auch unsere Weltbilder. Jeder Mensch hat sein eigenes einzigartiges Weltbild. Da jeder Mensch seine neu gemachten Erfahrungen auf sein Weltbild projiziert und daraus seinen inneren emotionalen Zustand ableitet, reagiert jeder Mensch in einer ihm bestmöglichen Art und Weise. Nicht alle Reaktionen, die wir bekommen, sind adäquat und hilfreich, dennoch sind sie die besten, die die Person jetzt gerade zeigen kann.

Das Geheimnis von Rapport ist, das Weltbild der anderen Person zu respektieren. Respektieren heißt nicht akzeptieren. Es geht auch nicht darum, es als richtig oder falsch, gut oder böse zu bewerten. Es geht ausschließlich darum, es anzuerkennen, dass es da ist.

Eine weitere hilfreiche Überzeugung ist, dass die Bedeutung der Kommunikation die Reaktion ist, die sie hervorruft. Es geht einzig allein darum: Was hat der Empfänger der Botschaft verstanden? Hat der Empfänger die Botschaft nicht verstanden, dann liegt es am Redner, bei der nächsten Gelegenheit, das *Wie* seiner Rede zu adaptieren und an das Weltbild seines Publikums anzupassen.

Es gibt keine Fehler und Misserfolge, es gibt nur Feedback. Feedback ist die Reaktion des Publikums. Dieses mit einem »Danke« anzunehmen und gegebenenfalls Verständnisfragen zu stellen, ist die beste Art der Reaktion auf Feedback. Ein guter Redner probiert das nächste Mal andere Möglichkeiten aus seinem Verhaltensrepertoire aus.

Widerstand des Publikums ist ein Zeichen mangelnden Rapports. Interpretiert der Redner die Reaktion des Publikums wiederum als Widerstand, dann ist dies ebenfalls ein Zeichen für mangelnden Rapport. Der Aufbau von Rapport ist die einzige sinnvolle Konsequenz.

Den Raum nutzen, denn dazu ist er da

Zuhörer generalisieren ihre Erfahrungen, die sie mit dem Redner während der Rede machen. Wenn nun ein Redner stets vom gleichen Ort oder von der gleichen Position aus spricht, dann wird eine Verbindung zwischen dem Ort bzw. der Position und der Aktivität des Redners hergestellt. Ein guter Redner nutzt unterschiedliche Positionen auf dem Podium und verknüpft diese mit jeweils bestimmten emotionalen Zuständen oder mit Aktionen, die er setzt. Er kann von seinem Publikum verlangen, gewisse Dinge zu tun, oder er signalisiert dadurch seine Bereitschaft, Fragen zu beantworten. Diese räumlichen Ankerpunkte funktionieren, wenn sie im Zuge der Rede eindeutig definiert worden sind und immer gleichartig verwendet werden.

Bei der Verwendung von Rednerpulten ist zu beachten, dass diese vom Publikum als Barriere betrachtet werden. Außerdem haben schon zu viele Zuhörer zu viele schlechte Reden gehört, die von einem Rednerpult aus vorgetragen worden sind. Die Gefahr ist groß, dass die Verwendung des Rednerpults mit einer schlechten Rede assoziiert wird.

Gute Redner nehmen mit ihrer Ausstrahlung und Präsenz das Podium in Besitz.

Die Satir-Typen sprechen ohne Worte

Die amerikanische Psychotherapeutin Virginia Satir entwickelte ein System zur Beschreibung von Kommunikationsmustern. An diesen Kommunikationsmustern ist der ganze Körper einschließlich der Hände beteiligt. Sie beinhalten spezifische Haltungen und Gesten. Weiters ist ein bestimmter Stimmcharakter mit ihnen verbunden.

Jede dieser Kategorien ist die Verkörperung einer bestimmten Physiologie (Körperhaltung). Diese aktiviert sowohl beim Redner als auch beim Publikum einen bestimmten inneren emotionalen Zustand.

Diese Muster haben kulturübergreifende Gültigkeit. Im Folgenden stelle ich Ihnen diese fünf nonverbalen Kommunikationsmuster kurz vor, wobei der Leveler erst später dazu kam:

- *Der »Leveler« sagt die Wahrheit:* Der Leveler steht für Offenheit und Wahrheit. Die Physiologie ist symmetrisch und aufrecht, leicht nach vorne geneigt. Die Hände bewegen sich symmetrisch zur Körperachse, die Handflächen sind nach unten gerichtet, abwärts und nach außen. Typische Aussagen sind: »So liegen die Dinge.« Oder: »Das ist die Wahrheit.« Der Leveler strebt nach Glaubwürdigkeit.
- *Der »Beschwichtiger« bittet um Vergebung:* Er signalisiert Hilflosigkeit. Die Physiologie des Beschwichtigers ist ebenfalls symmetrisch und offen. Die Handflächen sind jedoch nach oben gerichtet, sie bewegen sich aufwärts und signalisieren: »Bitte hilf mir, ich möchte es dir recht machen.« Diese Rolle ist geeignet, um Ärger

zu vermeiden. Sie ist bei sehr kontroversiellen Aussagen eine gute Dämpfungsmethode.

- *Der »Ankläger« spricht schuldig:* Der Ankläger signalisiert Stärke und Dominanz. Er ist asymmetrisch nach vorne gebeugt. Der Zeigefinger jener Hand, der nach vorne gebeugten Körperhälfte zeigt auf jemanden mit den harschen lauten Worten: »Du bist schuld!« Es ist eine starke Methode, um Uneinigkeit zu zeigen.
- *Der »Rationalisierer« ist über alles erhaben:* Der Rationalisierer ist der gefühllose Intellektuelle. Die Physiologie ist asymmetrisch, eine Hand am Kinn, der andere Arm vor dem Körper. Es ist die Haltung des Denkers und des Abgesonderten. Er fühlt sich als ultimativer Beobachter, dem nichts zu nahekommt.
- *Der »Ablenker« weiß es nicht:* Der Ablenker zeigt in all seinen Bewegungen eine ganzkörperliche Asymmetrie. Er ist inkongruent, spricht unzusammenhängend. Er signalisiert, dass er es nicht weiß und es nicht kann. Das Gesagte macht keinen Sinn und ist irrelevant, egal was tatsächlich gesagt wird.

Die hier beschriebenen Satir-Typen sind in ihrer ausgeprägten Form dargestellt. In der Praxis sehen wir oft eine Mischform bzw. eine abgeschwächte Form unterschiedlicher Satir-Typen.

Hat der Redner jedoch die Verwendung der Satir-Typen in seiner Rede nicht bewusst eingesetzt, so wird er diese unbewusst zeigen. Er zeigt somit unbewusst Teile seiner inneren Haltung, die mit dem gesprochenen Wort nicht übereinstimmen müssen. Passen das gesprochene Wort und der gezeigte Satir-Typ nicht zusammen, so wird der Redner als nicht authentisch wahrgenommen. Ihm wird daher nicht oder nur sehr eingeschränkt geglaubt werden.

Sind Rednerinnen und Redner auf diesem Gebiet gut geschult, dann werden sie die Muster der Satir-Typen bewusst anwenden, trainieren und in ihre Reden einplanen. Menschen haben ohnehin Verhaltensweisen von wichtigen Bezugspersonen ihres Lebens angenommen und zeigen diese unbewusst und permanent. Sind jedoch diese Verhaltensweisen untauglich geworden, weil sie Ergebnisse produzieren, die nicht mehr gewollt werden, so dürfen sich Menschen verändern und verbessern. Das breite Feld der Persönlichkeitsentwicklung bis hin zur Verhaltenstherapie sind Beispiele dafür. Natürlich, man kann immer tricksen, seine Mimik mit Botox oder ähnlichen Substanzen verändern und beeinflussen. Es ist stets eine Frage ihrer Ethik, wie Menschen handeln, und auch eine Frage, welche Annahmen und Überzeugungen Menschen über sich selbst haben.

Gut geschulte Redner werden alle ihnen zur Verfügung stehenden Muster nonverbaler Kommunikation nutzen und bewusst einsetzen, idealerweise zum Vorteil für die Zuhörerinnen und Zuhörer. Können Redner manipulieren? Ja, wenn sie es können, können sie es tun. Ist das in Ordnung? Natürlich nicht, da es eine Form der Gewaltanwendung ist, anderen Menschen seine Denkmuster aufzuzwingen.

Ich werde auch immer wieder gefragt, ob NLPler nicht ununterbrochen Muster dieser Art, so wie zum Beispiel »Spiegeln« verwenden. In einem professionellen Setting, wie zum Beispiel in einer Coaching-Situation, ist es erforderlich, diese Muster als Coach bewusst anzuwenden, um den Klienten bestmöglich unterstützen zu können, sein Problem zu lösen. In allen anderen Situationen spiegeln wir andere Menschen sowieso, nur unbewusst. Unbewusst heißt, es fällt uns nicht mehr auf, wenn wir es machen. Schauen Sie doch, welche Gemeinsamkeiten Sie mit einem wichtigen Menschen ihres Lebens im Laufe der Jahre unbewusst entwickelt haben. Das beginnt mit den morgendlichen Tätigkeiten, den gemeinsamen Vorlieben und Hobbys, einem gemeinsamen Lächeln hin bis zum Zu-Bett-Gehen am Abend. Machen

Sie sich diese unbewussten Gemeinsamkeiten bewusst. Sie werden dadurch, und das verspreche ich Ihnen, in bewussten Rapport gehen und eine neue Qualität ihrer Beziehung entdecken.

Das Motivations-/ Informations-Inventory als Kommunikationsfilter

In einem vorhergehenden Kapitel haben wir uns bereits über die grundlegenden Filter der Tilgung, Generalisierung und Verzerrung unterhalten. Diese Filter lassen nur Teile der Gesamtheit unserer neurologischen Wahrnehmung in unser Bewusstes vor. Ein noch weiter davor liegender Filter sind die »Meta«-Programme.

Menschen kommunizieren durch diese Filtersysteme, die jeweils durch die persönliche Geschichte, das Identitätsgefühl, die eigenen Überzeugungen, was als wahr gilt, und durch die Wertvorstellungen bezüglich dessen, was richtig und wichtig ist, gegeben ist. Wenn wir mit jemandem kommunizieren oder auch eine Rede hören, so pressen wir alle unsere Wahrnehmungen, inklusive der Botschaft, durch dieses persönliche Filtersystem, um zu einem Verständnis zu gelangen. Dieses Verständnis ist gepaart mit einer Emotion, die wir als inneren emotionalen Zustand bezeichnen.

Menschen mit gleichen ethnischem, kulturellem, geschlechtlichem und nationalem Hintergrund und gleicher Generation haben einiges an gemeinsamer Geschichte und viele gemeinsame Überzeugungen. Das macht die Kommunikation innerhalb dieser Gruppe einfacher. Dennoch sind die Filtersysteme eines jeden Menschen sehr individuell.

Wir kennen an die 60 unterschiedlichen Meta-Programme. Rodger Bailey verringerte die Anzahl auf 15 Programme und entwickelte eine Reihe spezifischer Fragen, um das Erkennen und Anwenden dieser Muster zu vereinfachen. Er nannte es das Language & Behavior Profile® (LAB). Die 15 Programme des LAB sind Verhaltensmuster von Personen. Kennt man das Verhaltensmuster von einzelnen Personen oder einer Gruppe, so kann man seine Sprache, wenn man es kann, so abstimmen, dass sie maximale Wirkung für diese Personen hat.

Menschen, die die gleichen Sprachmuster verwenden, zeigen auch gleiches Verhalten. Das LAB-Profile bezieht sich auf das Verhältnis zwischen Sprache und Verhalten. Es ermöglicht, Verhalten von Personen vorherzusagen und zu beeinflussen. Dieses Verhalten ist jedoch vom Kontext, also vom Bezugsrahmen der Situation, abhängig. Menschen verhalten sich im Beruf, in der Freizeit und im Urlaub oft unterschiedlich.

Das LAB-Profile unterscheidet motivationale Merkmale und Merkmale der Informationsverarbeitung.

In diesem Buch habe ich die Muster des LAB-Profils um das Übereinstimmungs-Muster erweitert und es zu den Merkmalen der Informationsverarbeitung hinzugefügt. Es macht einen großen Unterschied, ob einer Person zunächst die Gleichheiten zwischen zwei Dingen auffallen oder zunächst die Unterschiede. Jedes Muster wird in seiner extremen Ausprägung beschrieben.

Was bringt uns zum Handeln – Motivationale Merkmale

Diese Merkmale bestimmen, wodurch das Interesse einer Person ausgelöst wird, wie sie zu motivieren ist und wie sie zum Handeln und Denken zu bewegen ist.

Andere in Bewegung versetzen – das Motivationsniveau

Menschen in Bewegung zu versetzen, ist die Kernaufgabe von Motivation. Diese Kategorie bestimmt, ob die Person selbst Initiative ergreift, oder ob sie auf andere wartet.

Hier gibt es zwei Muster, das proaktive und das reaktive:

- *Proaktiv:* Proaktive Menschen ergreifen Initiative. Sie handeln eher ohne Überlegung und neigen dazu, sich in Situationen zu stürzen, ohne nachzudenken. Sie glauben, dass sie die Kontrolle über die Welt haben. Die proaktive Satzstruktur ist klar und eindeutig. Die Sätze sind kurz. Die proaktive Körpersprache hat Anzeichen von Ungeduld, schnellem Reden und viel Bewegung. Effektive Sprachmuster, diese Personen zu erreichen, sind: »Legen Sie los!«; »Machen Sie einfach!«
- *Reaktiv:* Reaktive Menschen warten darauf, dass andere die Initiative ergreifen. Sie neigen dazu, zu analysieren und zu überlegen. Sie werden eher darauf warten, dass jemand anderer ihre Probleme löst. Die reaktive Satzstruktur ist eher passiv, die Sätze sind überwiegend unvollständig und enthalten zahlreiche Konjunktive. Die reaktive Körpersprache zeigt, dass die Person ohne Probleme lange ruhig sitzen oder stehen kann. Effektive Sprachmuster, diese Personen zu erreichen, sind: »Bedenken Sie Folgendes ...«; »Es wird Ihnen verdeutlichen ...«

Kriterien – Worte, die Reaktionen auslösen

Kriterien sind jene Worte und Wörter, die bei einer Person eine physische oder emotionale Reaktion auslösen. Es sind sowohl positive als auch negative Reizworte. Die jeweiligen Wörter werden mit ähnlichen Ereignissen emotional assoziiert, die die Person im Laufe ihres Lebens erlebt hat.

Typische Beispiele sind negative Reizwörter, die man nur zu verwenden braucht, um z.B. ein Familienmitglied an die Decke gehen zu lassen. Nach dem Motto: »Ich weiß, welchen Knopf ich zu drücken brauche.«

Fragen zur persönlichen Entdeckung von Kriterien, um diese an die Oberfläche zu bringen, sind:

- »Was erwarten Sie von …?«
- »Was ist Ihnen wichtig bei …?«
- »Wie wissen Sie, dass es … erfüllt ist?«
- »Woran erkennen Sie, dass … erfüllt ist?«
- »Was darf auf keinen Fall sein?«

Effektive Sprachmuster, diese Personen zu erreichen, verwenden die Kriterien einer Person, um ihr Interesse zu wecken und aufrecht zu erhalten. Wenn Personen ihre eigenen Kriterien hören, werden sie sofort Emotionen wachrufen, die mit diesen Worten verbunden sind.

Richtung der Motivation

Was bewegt eine Person zum Handeln? Bewegt sich die Person von etwas weg, oder auf etwas zu? Bewegt sie sich weg von Problemen und will diese verhindern oder bewegt sie sich auf Ziele zu und will diese erreichen?

- *Auf-etwas-zu:* Diese Menschen bleiben auf ihr Ziel fokussiert. Sie sind motiviert, etwas zu erreichen und etwas zu bekommen. Die Auf-etwas-zu-Satzstruktur spricht davon, was gewonnen und erreicht werden kann. Sie sagt, was sie will und wie es sein soll. Die Auf-etwas-zu-Körpersprache zeigt auf Dinge und macht Gesten der Einbeziehung. Effektive Sprachmuster, diese Personen zu erreichen, sind: »ermöglichen«, »Nutzen«, »Vorteile«.
- *Von-etwas-weg:* Diese Menschen sprechen von Dingen, die vermieden werden sollen. Sie verwenden häufig Verneinungen, »Ja-Aber«-Kombinationen und das

Wort »nicht«. Sie sind motiviert, Probleme und Nachteile zu vermeiden. Die Von-etwas-weg-Satzstruktur spricht von Vermeidung und von Problemen. Die Von-etwas-weg-Körpersprache zeigt Kopfschütteln und Gesten der Ausgrenzung. Effektive Sprachmuster, diese Personen zu erreichen, sind: »nicht mehr müssen«, »verhindern«, »vermeiden«.

Quelle der Motivation

Es stellt sich die Frage: Wird die Person durch das Urteil äußerer Quellen oder durch ihre eigenen Normen motiviert?

Hier gibt es zwei Muster, das internale und das externale:

- *Internal:* Personen, die ein internales Muster haben, finden ihre Motivation in sich selbst und sie beurteilen die Qualität ihrer Arbeit selbst. Sie brauchen wenig bis kein externes Feedback und neigen auch dazu, wenig bis kein Feedback zu geben. Die internale Satzstruktur spricht davon, es einfach zu wissen und Anweisungen anderer Personen werden lediglich als Information aufgefasst. Die internale Körpersprache zeigt eine aufrechte Haltung und minimale Gestik und Mimik. Effektive Sprachmuster, diese Personen zu erreichen, sind: »Nur Sie selbst wissen, was gut für Sie ist«; »Es liegt ganz an Ihnen, …«
- *External:* Personen, die ein externales Muster haben, benötigen die Meinung anderer Personen und Anleitung von außen. Sie brauchen Feedback, um motiviert zu bleiben. Sie haben wenig bis keine internen Bewertungskriterien, sie beziehen diese von außen. Die externale Satzstruktur verwendet gerne Checklisten und Quoten. Die externale Körpersprache zeigt eine nach vorne geneigte Körperhaltung und beobachtet die Reaktion des Gegenübers. Effektive Sprachmuster, diese Personen zu

erreichen, sind: »Sie werden gute Rückmeldungen erhalten«; »Die Experten meinen, …«

Grund der Motivation

Dieses Meta-Programm gibt Aufschluss darüber, wie der Denkprozess einer Person aussieht. Sucht die Person ständig nach Alternativen oder zieht sie es vor, bereits bestehende Prozeduren zu befolgen?

- *Optionen:* Optionsorientierte Personen sind motiviert, wenn sie Gelegenheiten und Möglichkeiten finden, etwas auf eine neue Art und Weise zu erledigen. Unbegrenzte Möglichkeiten und neue Ideen haben eine große Anziehungskraft. Regeln zu brechen und zu beugen ist fast unwiderstehlich. Die optionen-orientierte Satzstruktur spricht gerne von Listen, von Kriterien, Gelegenheiten und Wahlmöglichkeiten sowie deren Vermehrung. Effektive Sprachmuster, diese Personen zu erreichen, sind: »Gelegenheiten«, »Wahlmöglichkeiten«, »Optionen«, »Vielfalt, »nach oben hin unbegrenzt«.
- *Prozeduren:* Prozedural orientierte Personen halten sich gerne an vorgegebene Abläufe. Sie sind mehr daran interessiert, wie etwas gemacht wird. Regeln zu brechen oder zu umgehen, werten sie als persönlichen Angriff. Die prozedurale Satzstruktur spricht gerne von erprobten Verfahren und bewährten Vorgangsweisen. Effektive Sprachmuster, diese Personen zu erreichen, sind: »der richtige Weg«, »erprobt« und »bewährt«, »Step-by-Step«.

Entscheidungsfaktoren

Das Meta-Programm Entscheidungsfaktoren klärt, wie eine Person auf Veränderungen reagiert und wie häufig sie Veränderung braucht.

Hier gibt es vier Muster: Gleichheit, Gleichheit mit Ausnahmen, Unterschiedlichkeit sowie Unterschiedlichkeit und Gleichheit mit Ausnahmen.

- *Gleichheit:* Durch Gleichheit motivierte Personen wollen, dass ihre Situation gleichbleibt. Sie mögen keine Veränderung und weigern sich auch oft, sich anzupassen. Die Satzstruktur orientiert sich gerne an Phrasen wie: »inwiefern etwas gleich oder identisch ist«, »welche Gemeinsamkeiten bestehen« und »inwiefern sich etwas nicht verändert«. Effektive Sprachmuster, diese Personen zu erreichen, sind: »Wie Sie es schon immer gemacht haben«, »folgende Gemeinsamkeiten«, »wie vorher«, »unverändert«, »identisch«, ...
- *Gleichheit mit Ausnahmen:* Personen, die durch Gleichheit mit Ausnahmen motiviert werden, bevorzugen es, wenn ihr Kontext gleichbleibt, sie akzeptieren allerdings Veränderungen ungefähr einmal pro Jahr. Sie widersetzen sich größeren Veränderungen, außer sie finden schrittweise oder graduell statt. Die Satzstruktur beinhaltet Wortfolgen wie: »inwiefern sich etwas im Laufe der Zeit verändert oder entwickelt oder gleichbleibt und sich die Menge oder Intensität verändert hat. Effektive Sprachmuster, diese Personen zu erreichen, sind: »mehr«, »besser«, »das Gleiche mit einer Ausnahme«, »neue Version«, »Wachstum«.
- *Unterschiedlichkeit:* Diese Personen lieben Veränderung. Sie blühen dabei auf und wollen ständig und tiefgreifende Veränderungen. Sie brauchen alle ein bis zwei Jahre drastische Wechsel. Die Satzstruktur spricht gerne davon, inwiefern etwas »vollkommen verschieden« ist, verwendet gerne »verändert«, »verschieden«, »transfor-

miert«. Effektive Sprachmuster, diese Personen zu erreichen, sind: »Das ist neu und vollkommen anders«, »verändert«, »nicht wieder zu erkennen«, »eine vollständige Neuentwicklung«.

- *Unterschiedlichkeit und Gleichheit mit Ausnahmen (das Doppelmuster):* Diese Personen mögen Veränderungen. Sie sind aber auch damit zufrieden, wenn sich die Dinge entwickeln. Revolutionäre und evolutionäre Veränderungen sind für sie gleichermaßen in Ordnung. Sowohl die Satzstruktur als auch die effektiven Sprachmuster verwenden Muster sowohl der Unterschiedlichkeit als auch der Gleichheit mit Ausnahmen.

Was uns interessiert – Merkmale der Informationsverarbeitung

Die folgenden Kategorien zeigen, wie jemand mit Information umgeht. Es zeigt, welche Art von Aufgaben und Umgebung jemand benötigt, um in einem gegebenen Kontext maximal produktiv zu sein. Es zeigt auch, wie jemand von etwas überzeugt wird.

Detail oder Global? – die Informationsgröße

Sie gibt Auskunft darüber, ob Personen lieber mit der Gesamtschau oder mit spezifischen Details arbeiten. Es gibt zwei Muster: Detail und Global.

- *Detail:* Detailorientierte Personen kommen am besten mit kleinen Informationseinheiten zurecht. Sie tun sich oft schwer, sich einen Überblick zu verschaffen. Die Satzstruktur orientiert sich an: »Sequenzen« und »Schritt-für-Schritt-Anleitungen«, es gibt eine Fülle von

Modifikatoren, Adverbien und Adjektiven. Die Wahrnehmung eines Gesamtbildes ist sehr eingeschränkt. Effektive Sprachmuster, diese Personen zu erreichen, sind: »genau«, »präzise«, »spezifisch«, verwendet viele Sequenzen.

- *Global:* Personen mit diesem Muster ziehen es vor, in einem gegebenen Kontext am Überblick und auf der konzeptuellen Ebene zu arbeiten. Sie können sich auf Anhieb den Überblick verschaffen. Die Satzstruktur weist gerne folgende Wörter auf: »Überblick«, »Gesamtbild« und »Zusammenfassungen«. Es gibt einfache Sätze, wenig Modifikatoren oder Details. Effektive Sprachmuster, diese Personen zu erreichen, sind: die »Kerngedanken«, »im Wesentlichen«, »im Allgemeinen«.

Übereinstimmung – Matcher oder Mismatcher?

Die Kategorie zeigt, ob jemandem mehr die Übereinstimmungen zwischen zwei Dingen auffällt, also das, was gleich ist, oder ob dieser Person mehr die Unterschiede als Erstes auffallen.

Hier gibt es zwei Muster: Matcher und Mismatcher

- *Matcher:* Diese Personen konzentrieren sich auf Ähnlichkeiten. Sie sehen Gleichheiten und Übereinstimmungen innerhalb einer Situation. Sie sind tendenziell Optimisten und Visionäre, sie fühlen sich auf sicherem Boden. Sie gehen freudig auf ihre fantastische Zukunft zu, weil für sie eine positive Beziehung zwischen den positiven Erlebnissen von gestern und heute und der zu erwartenden Zukunft besteht. Effektive Sprachmuster, diese Personen zu erreichen, sind: »genauso«, »ähnlich«, »übereinstimmend«, »gleich«, »es war immer so und wird auch immer so sein«, ...

- *Mismatcher*: Diese Personen sehen zuerst die Ungleichheiten. Sie sehen viele Unterschiede und Unberechenbares. Daher sind sie oft unsicher, da ja die Zukunft unter Umständen vollkommen anders sein kann und wird als die Vergangenheit. Sie sind daher auch wenig begeisterungsfähig. Effektive Sprachmuster, diese Personen zu erreichen, sind: »anders«, »unterschiedlich«, »besonders«, »besondere Umstände«, »vollkommen verändert«, »es ist jetzt alles anders«, ...

Richtung der Aufmerksamkeit

Diese Kategorie zeigt, ob jemand die Körpersprache und Tonalität anderer Menschen automatisch wahrnimmt und auf sie reagiert oder ausschließlich auf die eigene internale Erfahrung achtet.

Hier gibt es zwei Muster: Selbst und Andere.

- *Selbst:* Selbstbezogene Personen zeigen kaum Gefühle, auch wenn sie sie erleben. Sie verhalten sich so, wie sie es für angemessen erachten. Sie werden durch Inhalte überzeugt und sie tun sich schwer, Rapport herzustellen. Sie werden eher als technische Experten wahrgenommen. Effektive Sprachmuster, diese Personen zu erreichen, sind die Konzentration auf den Inhalt und die Verwendung von Kriterien dieser Person.
- *Andere:* Personen, deren Verhalten dieser Kategorie zuzuordnen ist, reagieren automatisch und reflexartig auf das Verhalten anderer. Sie reagieren mit Körperhaltung, Mimik, Gestik und mit stimmlichen Veränderungen. Sie beurteilen die Qualität einer Kommunikation an den bewusst und unbewusst wahrgenommenen Reaktionen ihrer Gesprächspartner. Effektive Sprachmuster, diese Personen zu erreichen, sind dann gegeben, wenn Sie sich auf den Rapport zu dieser Person konzentrieren.

Reaktion auf Stress

Diese Kategorie bezieht sich darauf, wie jemand auf normale Belastungen reagiert, die im betreffenden Kontext typisch sind.

Es gibt hier drei verschiedene Reaktionsweisen: emotional, flexibel und kognitiv.

- *Emotional:* Personen mit diesem Muster reagieren emotional. Sie reagieren mit einem Gefühl und bleiben bei diesem Gefühl. Diese emotionale Reaktion ist erkennbar in der Körperhaltung, in Gestik und Mimik und in der Veränderung der Stimmlage, Geschwindigkeit und Lautstärke des Sprechens. Effektive Sprachmuster, diese Personen zu erreichen, sind die Verwendung von Ausdrücken für Gefühle wie »intensiv«, »aufregend«, »unglaublich« und »außergewöhnlich«.
- *Flexibel:* Personen mit diesem Muster reagieren zunächst mit einer Emotion und sie können dann entscheiden, ob sie zu einem emotional neutralen Zustand zurückkehren oder nicht. Effektive Sprachmuster, diese Personen zu erreichen, sind Mischung von emotionalen Wörtern und gleichzeitig von Fakten wie: »Es ist sinnvoll und ich habe ein gutes Gefühl.«
- *Kognitiv:* Personen mit diesem Muster reagieren in normalen Belastungssituationen nicht emotional. Effektive Sprachmuster, diese Personen zu erreichen, sind Darstellung von logischen Fakten und nackten Tatsachen.

Arbeitsstil – wie arbeiten wir am besten?

Diese Kategorie beschreibt, in welchem Setting eine Person am besten arbeiten kann.

- *Unabhängig:* Diese Personen möchten alleine arbeiten und Verantwortung tragen. Effektive Sprachmuster, diese Personen zu erreichen, sind: »alleine machen«,

»selbst«, »alleinige Verantwortung« und »Kontrolle haben«.

- *Beteiligung:* Personen mit diesem Muster möchten klare Verantwortlichkeiten und sie brauchen auch andere, die an ihren Aufgaben beteiligt sind. Effektive Sprachmuster, diese Personen zu erreichen, sind: »Sie haben das Sagen und andere werden mitarbeiten.«
- *Kooperativ:* Kooperative Personen möchten mit anderen arbeiten und Verantwortung teilen. Sie haben Schwierigkeiten damit, alleine arbeiten zu müssen. Effektive Sprachmuster, diese Personen zu erreichen, sind: »wir«, »zusammen«, »wir alle«, »das ganze Team«, »Verantwortung teilen«, »lass uns gemeinsam«, ...

Arbeitsorganisation – Gefühle oder Aufgabe?

Die Kategorie Arbeitsorganisation beschreibt, ob sich jemand vor allem auf Gefühle konzentriert oder darauf, Aufgaben zu erledigen. In dieser Kategorie gibt es zwei Muster: Personenbezug und Objektbezug.

- *Personenbezug:* Diese Personen achten auf Gefühle und Gedanken. Es fällt ihnen leicht, Rapport herzustellen. Sie sprechen über Menschen, Emotionen und Gefühle. Sie nennen Menschen beim Namen. Effektive Sprachmuster, diese Personen zu erreichen, sind die Verwendung persönlicher Pronomen, Namen von Personen, Gedanken und Gefühlen, »für Sie«, »für andere«, »für unser Team«.
- *Objektbezug:* Diese Personen konzentrieren sich auf Produkte, Werkzeuge, Aufgaben und Systeme. Sie sprechen über Prozesse und Systeme, Aufgaben und Ziele. Personen werden zu Objekten und Teilen von Prozessen. Effektive Sprachmuster, diese Personen zu erreichen, sind die Verwendung unpersönlicher Pronomen,

wie Dingen, Systemen, Objekten, Aufgaben, »Konzentrieren Sie sich auf die vor Ihnen liegende Aufgabe«, ...

Regelstruktur – welche Verhaltensregeln gelten?

Diese Kategorie beschreibt, welche Verhaltensregeln eine Person in Bezug auf sich und auf andere anwendet. Hier gibt es vier Kategorien:

- *Meine/Meine:* Meine Regeln gelten für mich und meine Regeln gelten für dich. Diese Personen glauben, dass das, was für sie gut ist, auch für andere gut ist. Sie glauben, dass alle Menschen ähnlich sind. Effektive Sprachmuster, diese Personen zu erreichen, sind: »Was würden Sie tun, wenn Sie an seiner Stelle wären?«
- *Meine/Egal:* Meine Regeln gelten für mich und die anderen interessieren mich nicht. Diese Personen haben Regeln für sich und kümmern sich nicht um andere. Das bedeutet nicht, dass sie böse Absichten haben. Es ist lediglich nicht ihr Problem und auch nicht ihre Sorge. Sie werden von anderen eher für selbstsüchtig gehalten. Effektive Sprachmuster, diese Personen zu erreichen, sind: »Ist es nicht egal, was die anderen tun?«
- *Keine/Meine:* Keine Regeln gelten für mich und meine Regeln gelten für dich. Diese Personen haben keine Regeln für sich oder sie sind sich dieser nicht bewusst. Sie geben aber gerne Regeln an andere weiter. Sie bleiben leicht stecken und wissen dann nicht, was sie zu tun haben oder tun sollen. Effektive Sprachmuster, diese Personen zu erreichen, sind: »Was sollten die anderen tun? Sagen Sie es ihnen.«
- *Meine/Deine:* Meine Regeln gelten für mich und deine Regeln gelten für dich. Diese Personen haben eine »Jedem das seine«-Perspektive. Sie glauben, jeder sei verschieden und sie würden es für arrogant halten, an-

deren zu sagen, was sie zu tun hätten. Manchmal führt das dazu, das sich die anderen über Erwartungshaltungen im Unklaren sind. Effektive Sprachmuster, diese Personen zu erreichen, sind: »Sie wissen, was zu tun ist, und die anderen wissen es ebenfalls, oder?«

Convincer Kanal – was überzeugt?

Diese Kategorie gibt Aufschluss darüber, welche Art von Information jemand benötigt, um überzeugt zu werden. Erst wenn jemand überzeugt ist, wird er die notwendigen Verhaltensweisen an den Tag legen.

- *Sehen:* Diese Personen müssen Beispiele sehen oder jemanden zuschauen, um überzeugt zu werden und zu sein. Effektive Sprachmuster, diese Personen zu erreichen, sind: »sehen«, »schauen«, »Perspektive«, »Bild«, »visualisieren«, »sich vorstellen«, »beobachten«, ...
- *Hören:* Diese Personen hören auf das, was ihnen gesagt wird, um überzeugt zu werden und zu sein. Effektive Sprachmuster, diese Personen zu erreichen, sind: »hören«, »reden«, »sich fragen«, »Dialog«, »klingen«, »harmonisch«, ...
- *Lesen:* Diese Personen müssen Berichte o. Ä. lesen, um überzeugt zu werden und zu sein. Effektive Sprachmuster, diese Personen zu erreichen, sind: »lesen«, »nachlesen«, »schriftlich«, »in Büchern«, »in Zeitschriften«, »gedruckt«, »schwarz auf weiß«, ...
- *Tun:* Diese Personen müssen etwas tun oder mit jemanden zusammenarbeiten, um überzeugt zu werden und zu sein. Effektive Sprachmuster, diese Personen zu erreichen, sind: »fühlen«, »spüren«, »erfassen«, »begreifen«, »probieren«, ...

Convincer Modus – wie schnell ist jemand überzeugt

Nachdem jemand in einem bestimmten Kanal Informationen gesammelt hat, wird diese Information auf bestimmte Art und Weise verarbeitet, um zu einer Entscheidung zu kommen. Dies geschieht im Convincer Modus. Hier gibt es vier Muster:

- *Mehrere Beispiele:* Diese Personen müssen die Informationen in einer bestimmten Anzahl an Wiederholungen präsentiert bekommen, um sich zu entscheiden. Dasselbe gilt auch, um etwas Neues zu lernen. Effektive Sprachmuster, diese Personen zu erreichen, sind, die Informationen so oft zu wiederholen, wie sie der Zuhörer benötigt.
- *Automatisch:* Personen mit einem automatischen Muster brauchen nur eine kleine Menge von Informationen. Sie entscheiden dann aufgrund dessen, was sie bezüglich der restlichen Information vermuten. Diese Menschen ziehen schnell Schlussfolgerungen und bleiben bei ihrer Meinung. Effektive Sprachmuster, diese Personen zu erreichen, sind: »Sie können annehmen«, »Sie können davon ausgehen«, »Im Zweifelsfall entscheiden Sie sich schnell«, »jetzt sofort«.
- *Konsistent:* Personen, die ein konsistentes Muster haben, sind nie vollkommen überzeugt. Für sie beginnt an jedem Tag alles von Neuem und sie müssen etwas jedes Mal neu beurteilen. Effektive Sprachmuster, diese Personen zu erreichen, sind: »Probieren Sie es«, »Wenn Sie es benutzen, werden Sie täglich bestätigt«, »Verlassen Sie sich nicht nur auf das, was ich Ihnen sage, …«
- *Zeit:* Personen mit einem Zeitmuster sammeln eine Zeit lang Informationen, bevor sie sich entscheiden oder überzeugt sind. Effektive Sprachmuster, diese Personen zu erreichen, sind es, die Person nach ihrem Zeitrahmen zu fragen und die Informationen dann genau in dieser Zeit zu präsentieren.

Sebastian Kurz ist absolut proaktiv. Er ergreift Initiative und geht die Dinge an. Ihm sind Respekt, Verantwortung und Vertrauen wichtig. Kurz ist, was die Richtung seiner Motivation betrifft, jemand, der auf etwas zugeht. Er ist auf ein Ziel fokussiert, er spricht davon, was gewonnen und erreicht werden kann. Als Quelle seiner Motivation sieht er seine internen Normen. Er beurteilt die Qualität seiner Arbeit mehr oder weniger selbst.

Kurz denkt in Optionen und Möglichkeiten, das hält ihn motiviert. Etwas auf eine neue Art und Weise zu erledigen und neue Ideen zu diskutieren, haben ein große Anziehungskraft auf ihn. Kurz' Entscheidungsfaktoren für Veränderung beruhen auf Unterschiedlichkeit. Er möchte tiefgreifende Veränderungen und sieht diese als notwendig an, um seine eigenen Werte zu erfüllen. Aus seinen Reden erkennen wir, dass er klare Vorstellungen hat, wie die Zukunft sein soll. Kurz zieht es vor, den Überblick zu haben und auf der konzeptuellen Ebene zu arbeiten. Er geht kaum ins Detail, sondern kümmert sich darum, dass alle Beteiligten in die gleiche Richtung gehen. Kurz konzentriert sich, wenn es um den Vergleich mehrere Dinge geht, auf Ähnlichkeiten und Übereinstimmungen. Er fühlt sich dadurch auf sicherem Boden, da er auf für ihn bekannte Tatsachen und Fakten aufbaut. Kurz' Richtung seiner Aufmerksamkeit ist auf die Menschen in seiner Umgebung gerichtet. Er schenkt seinen Gesprächspartnern ungeteilte Aufmerksamkeit. Er reagiert dabei mit seiner Mimik und Gestik automatisch auf das Verhalten anderer und nimmt deren Reaktionen wahr. Kurz reagiert auf normale berufliche Belastungen kognitiv und nicht emotional.

Sein Arbeitsstil basiert auf Beteiligung.

Personen mit diesem Muster möchten klare Verantwortungen und sie brauchen andere, die an ihren Aufgaben beteiligt sind und mitarbeiten. Kurz ist in Bezug auf seine Arbeitsorganisation personenbezogen. Er achtet auf Gefühle und Gedanken. Er spricht über Menschen und Emotionen. Wenn es um Verhaltensregeln geht, gesteht Kurz den Menschen die »Jedem das Seine«-Perspektive zu, gemäß des Mottos: »Meine Regeln gelten für mich und deine Regeln gelten für dich.« Kurz verwendet den Sinneskanal des Hörens, um überzeugt zu werden. Er hört auf das, was gesagt wird. Er sammelt diese Informationen eine Zeit lang, bevor er entscheidet.

Kommunikationsfilter von Pamela Rendi-Wagner

Pamela Rendi-Wagner scheint eher reaktiv zu sein. Sie analysiert und sie überlegt. Sie wartet eher darauf, dass jemand anderer Initiative ergreift, auf die sie dann gerne aufspringt. Ihre Kriterien sind Sicherheit, Freundschaft und Gemeinsamkeit. Rendi-Wagners Richtung der Motivation ist zu einem geringeren Anteil auf etwas zuzugehen und zu einem höheren Anteil, etwas zu vermeiden.

Einen großen Teil ihrer Redezeit verwendet sie zu erklären, was die Probleme sind und dass man endlich davon wegkommen muss. Sie spricht viel von Dingen, die vermieden werden sollen und weniger von Dingen, die erreicht werden sollen. Rendi-Wagner ist eher durch das Urteil äußerer Quellen motiviert. Sie benötigt das Urteil anderer und bezieht ihre Bewertungskriterien von außen.

Rendi-Wagner ist durch Prozeduren und Abläufe motiviert. Sie ist mehr daran interessiert, was genau und wie genau etwas gemacht wird. Werden Regeln infrage gestellt, umgestoßen oder erneuert, könnte sie dies als persönlichen Angriff werten. Rendi-Wagner bevorzugt, wenn es um Veränderung geht, eher Gleichheit mit nur wenigen, graduellen und schrittweisen Veränderungen. Rendi-Wagner bevorzugt die Detailebene. Sie sieht, wenn es um den Vergleich mehrerer Dinge geht, eher die Unterschiede zwischen den Dingen. In ihrem Blickfeld liegen zuerst die Ungleichheiten und das Unberechenbare. Das gibt ihr ein Gefühl der Unsicherheit. Rendi-Wagner hat ihre Aufmerksamkeit auf sich selbst gerichtet. Sie braucht Inhalte, um überzeugt zu sein und sie tut sich tendenziell schwer, Rapport aufzubauen. Rendi-Wagner reagiert in normalen beruflichen Belastungen im politischen Kontext emotional. Ob sie dieses Muster auch in ihrem Beruf als Medizinerin in dieser Form gezeigt hat, entzieht sich meiner Kenntnis. Sie reagiert mit einem Gefühl und bleibt während des gesamten Zeitraums bei diesem Gefühl. Dies ist erkennbar an Gestik, Mimik, Stimmlage, Tonlage und Geschwindigkeit des Sprechens.

Rendi-Wagners Arbeitsstil ist kooperativ. Sie möchte mit anderen arbeiten und Verantwortung teilen. Rendi-Wagner ist, was ihre Arbeitsorganisation betrifft, objektbezogen. Sie konzentriert sich auf Werkzeuge, Aufgaben und Systeme. Sie spricht über Prozesse und Ziele. Personen werden tendenziell zu Objekten und Teilen von Prozessen. Wenn es um Verhaltensregeln geht, zeigt Rendi-Wagner eher das Muster »Meine/Meine« – meine Regeln gelten für mich und meine Regeln gelten genauso für dich. Sie scheint davon auszugehen, dass das, was für sie gut ist, auch für andere gut ist. Sie agiert für Außenstehende in der Annahme, dass alle Menschen ähnlich sind. Rendi-Wagner muss etwas sehen, um überzeugt zu werden und zu sein. Sie braucht diese Informationen immer und immer wieder, praktisch jeden Tag neu.

Kommunikationsfilter von Herbert Kickl

Herbert Kickl ist proaktiv. Er ergreift Initiative und geht die Dinge an. Kickls Kriterien sind Ordnung, Klarheit und Struktur. Kickls Richtung seiner Motivation ist teils, auf etwas zuzugehen und teils zu vermeiden. Einen Teil seiner Redezeit verwendet er dazu, um auf Probleme aufmerksam zu machen, von denen man endlich wegkommen muss. Er spricht von Dingen, die vermieden werden sollen, und von Dingen, die erreicht werden sollen, gleichermaßen. Kickl sieht als Quelle seiner Motivation seine internen Normen. Er beurteilt die Qualität seiner Arbeit mehr oder weniger selbst.

Kickl ist durch Prozeduren und Abläufe motiviert. Er ist mehr daran interessiert, was genau und wie genau etwas gemacht wird. Werden Regeln infrage gestellt, umgestoßen oder erneuert, könnte er dies als persönlichen Angriff werten. Seine Entscheidungsfaktoren für Veränderung beruhen auf Unterschiedlichkeit. Er möchte tiefgreifende Veränderungen und sieht diese als notwendig an, um seine eigenen Werte zu erfüllen.

Kickl zieht es vor, den Überblick zu haben und auf der konzeptuellen Ebene zu arbeiten. Wenn es um den Vergleich mehrerer Dinge geht, dann wählt Kickl, ob er mehr auf Ähnlichkeiten und Übereinstimmungen oder auf Unterschiede und Ungleichheiten achten soll. Kickl hat seine Aufmerksamkeit auf sich selbst gerichtet. Er braucht Inhalte, um überzeugt zu sein und er tut sich tendenziell schwer, Rapport zu halten. Kick reagiert auf normale berufliche Belastungen kognitiv und nicht emotional.

Sein Arbeitsstil ist unabhängig. Er möchte alleine arbeiten und Verantwortung tragen. Kickl ist, was seine Arbeitsorganisation betrifft, objektbezogen. Er konzentriert sich auf Werkzeuge, Aufgaben und Systeme. Er spricht über Prozesse und Ziele. Personen werden tendenziell zu Objekten und Teilen von Prozessen. Wenn es um Verhaltensregeln geht, zeigt Kickl eher das Muster »Meine/Meine« – meine Regeln gelten für mich und meine Regeln gelten genauso für dich. Er glaubt, dass das, was für ihn gut ist, auch für andere gut ist. Er glaubt, dass alle Menschen ähnlich sind. Kickl muss etwas tun oder erleben, um überzeugt zu werden oder zu sein. Diese Informationen muss er eine bestimmte Anzahl wiederholt präsentiert bekommen.

Kommunikationsfilter von Norbert Hofer

Norbert Hofer erscheint eher reaktiv. Er analysiert und überlegt. Er wartet eher darauf, dass jemand anderer Initiative ergreift, auf die er dann gerne aufspringt. Seine Kriterien sind Sicherheit, Qualität und Anerkennung. Hofers Richtung seiner Motivation ist, teils auf etwas zuzugehen und teils zu vermeiden. Einen großen Teil seiner Redezeit verwendet er dazu, um auf Probleme aufmerksam zu machen, von denen man endlich wegkommen muss. Er spricht von Dingen, die vermieden werden sollen, und von Dingen, die erreicht werden sollen, gleichermaßen.

Hofer scheint eher durch das Urteil äußerer Quellen motiviert. Er benötigt das Urteil anderer und bezieht seine Bewertungskriterien von außen. Hofer ist durch Optionen und durch Prozeduren gleichermaßen motiviert und möchte Veränderung. Er ist allerdings auch zufrieden, wenn sich Dinge einfach entwickeln. Revolutionäre und evolutionäre Veränderungen sind in gleicher Weise in Ordnung.

Hofer zieht es vor, den Überblick zu haben und auf der konzeptuellen Ebene zu arbeiten. Dabei konzentriert er sich, wenn es um den Vergleich mehrere Dinge geht, auf Ähnlichkeiten und Übereinstimmungen. Er fühlt sich auf sicherem Boden. Hofer hat seine Aufmerksamkeit auf sich selbst gerichtet. Um überzeugt zu sein, braucht er Inhalte und er tut sich tendenziell eher schwer, Rapport aufzubauen und zu halten. Hofer reagiert in normalen beruflichen Belastungen kognitiv und nicht emotional, wie wir den Videoaufzeichnungen seiner politischen Auftritte entnehmen können.

Sein Arbeitsstil ist kooperativ. Er möchte mit anderen arbeiten und Verantwortung teilen. Hofer ist in Bezug auf seine Arbeitsorganisation personenbezogen. Er achtet auf Gefühle und Gedanken und spricht über Menschen und Emotionen. Wenn es um Verhaltensregeln geht, gesteht Hofer den Menschen die »Jedem das Seine«-Perspektive zu, gemäß dem Motto: »Meine Regeln gelten für mich und deine Regeln gelten für dich.« Hofer muss etwas tun oder erleben, um überzeugt zu werden oder zu sein. Er muss diese Informationen eine bestimmte Anzahl wiederholt präsentiert bekommen.

Kommunikationsfilter von Beate Meinl-Reisinger

Beate Meinl-Reisinger ist gleichermaßen proaktiv und reaktiv. Sie ergreift durchaus proaktiv Initiative und ist in der Durchführung eher reaktiv. Ihr Hauptkriterium ist Anerkennung. Meinl-Reisingers Richtung ihrer Motivation ist teils, auf etwas zuzugehen und teils zu vermeiden. Sie macht in ihren Reden auf Probleme aufmerksam, Probleme, von denen man endlich wegkommen muss. Dafür verwendet sie einen großen Teil ihrer Redezeit. Sie spricht von Dingen, die vermieden werden sollen, und von Dingen, die erreicht werden sollen, gleichermaßen.

Meinl-Reisinger sieht als Quelle ihrer Motivation ihre internen Normen. Sie beurteilt die Qualität ihrer Arbeit mehr oder weniger selbst. Meinl-Reisinger ist durch Optionen und durch Prozeduren gleichermaßen motiviert. Sie möchte Veränderung, ist aber ebenso zufrieden, wenn sich Dinge einfach entwickeln. Revolutionäre und evolutionäre Veränderungen sind in gleicher Weise in Ordnung. Meinl-Reisinger hat gerne einen Überblick und sie geht an für sie persönlich interessanten Stellen durchaus ins Detail. Meinl-Reisinger konzentriert sich, wenn es um den Vergleich mehrerer Dinge geht, auf die Unterschiede zwischen den Dingen. Sie sieht zuerst eher die Ungleichheiten und das Unberechenbare. Das gibt ihr ein Gefühl der Unsicherheit. Meinl-Reisinger hat ihre Aufmerksamkeit auf sich selbst gerichtet. Sie braucht Inhalte, um überzeugt zu sein und sie tut sich daher tendenziell schwer, Rapport aufzubauen und zu halten. Rapport ist ein Konzept emotionaler Beziehung zwischen Menschen. Meinl-Reisingers emotionales Verhalten, das sie in ihren Reden zeigt, äußert sich, im Gegensatz zu Rapport, in Gefühlen über eine Sache, über einen Inhalt oder über eine Beobachtung, die sie gemacht hat. Sie reagiert auf normale berufliche Belastungen flexibel. Sie entscheidet, wie emotional sie auftreten möchte.

Meinl-Reisingers Arbeitsstil ist kooperativ. Sie möchte mit anderen arbeiten und Verantwortung teilen. Meinl-Reisingers Arbeitsorganisation ist teils personen- und teils objektbezogen. Wenn es um Verhaltensregeln geht, zeigt Meinl-Reisinger eher das Muster Meine/Meine – meine Regeln gelten für mich und meine Regeln gelten genauso für dich. Sie demonstriert, dass das, was für sie gut ist, auch für andere gut ist. Sie geht davon aus, dass alle Menschen ähnlich sind. Meinl-Reisinger muss etwas sehen, um überzeugt zu werden und zu sein. Sie braucht diese Informationen wiederholt.

Spiral Dynamics – neu verstanden

Spiral Dynamics stellt einen neu verstandenen Rahmen dar, um die dynamischen Kräfte zu verstehen, die in Wirtschaft, Gesellschaft, persönlichem Leben und Politik am Werk sind.

Wie der Name »Spiral Dynamics« sagt, und vorne schon kurz angesprochen, handelt es sich um eine spiralförmige Anordnung eines Entwicklungssystems, auf dem dynamisch einiges los ist. So wie unsere menschlichen Gene, unser Erbgut, auf der spiralförmigen Doppelhelix der DNA angeordnet ist, so sind – im übertragenen Sinne – auf der Spiral Dynamics-Spirale »Meme« angeordnet. Unsere Gene repräsentieren das Programm, wie sich unser Körper in unterschiedlichen Lebensphasen verhält. Meme repräsentieren, wie sich unser bewusster und unbewusster Verstand in unseren unterschiedlichen Lebenszyklen verhält und welches Verhalten wir nach außen zeigen.

Es sind acht Meme, die als Wertekomplexe auf dieser, nach oben offenen, Spirale angeordnet sind. Menschen, Gesellschaften und Organisationen entwickeln sich die Spirale hinauf und hinunter durch die einzelnen Meme hindurch. Diese unterschiedlichen Meme stehen im Wettbewerb zueinander. Jede dieser Meme hat unterschiedliche Denkweisen, die sich mit den anderen Memen jeweils reiben. Ein Mem spiegelt eine Weltsicht, ein Wertesystem, ein Glaubenssystem, ein Organisationsprinzip, eine Denkweise und eine Form der Anpassung an die Umwelt wider. Es stellt eine Art Kernintelligenz dar, die Systeme bildet und menschliches Verhalten steuert. Es dient als Entscheidungsrahmen für Lebensentscheidungen und eine für sich stehende Denkstruktur.

Wir unterscheiden zwischen First-Tier und Second-Tier-Meme. Die ersten sechs Meme bilden die Wirtschafts-, Führungs-, Erziehungs- und Gemeinschaftsformen des alten Paradigmas dieser Welt. Diese sechs Meme haben die Eigenschaft, dass sie einander nicht bzw. nur sehr schwer verstehen. Sie sind die Meme der Überlebensebenen. Gemeinsam ist ihnen die Emotion der Ängstlichkeit. Die Meme zweiter Ordnung sind die Meme der Seinsebenen, es geht um Bewusstheit und Spiritualität.

Ein Mem ist, wenn wir so wollen, ein Container, der unsere Programme, wie wir uns in dieser Welt zurechtfinden, enthält. Wenn wir zu glauben beginnen, dass uns unser aktueller Container zu eng wird, wir beginnen, uns Fragen des Lebens zu stellen, auf die wir in unserem aktuellen Container keine Antworten mehr finden, dann können wir uns in das nächste Mem entwickeln, den nächsten Container »beziehen«. Doch auch dort werden wir möglicher-, aber nicht notwendigerweise auf Fragen stoßen, deren Antworten außerhalb liegen. In den Containern der ersten Ordnung sind es Ängste, die das Leben bestimmen. In den Containern zweiter Ordnung geht es um Bewusstsein und um Spiritualität.

Meme erster Ordnung

Das *beige Mem* – das überlebensorientierte Ich als Individuum – ist in lockeren Verbänden strukturiert. Es geht ums Überleben.

Das *purpurne Mem* – das clanische Wir – ist in stammesähnlichen Gruppen organisiert. Es funktioniert als Clan nach dem Prinzip der Reziprozität: Aug um Aug – Zahn um

Zahn und Heute helfe ich dir, morgen hilfst du mir. Man ist miteinander verbunden, um Sicherheit zu erlangen.

Das *rote Mem* – der mächtige Häuptling – ist in Großreichen organisiert. Er agiert auf machtorientierten Systemen. Der Häuptling steht als machtvoller Führer oder Gott im Mittelpunkt. Dieses Mem ist aggressionsorientiert. Um die Kontrolle zu behalten, wird gekämpft, egal um welchen Preis und egal mit welchen Konsequenzen.

Das *blaue Mem* – das rechthaberische Wir – ist in seiner Organisation pyramidenförmig aufgebaut. Zielbewusste Kontrollprozesse sind die Basis der Existenz. Diese können auch sehr autoritär sein. Die Menschen opfern sich auf, um später den versprochenen Lohn, wie das ewige Leben, zu erhalten. Es herrschen Prinzipien »richtigen« Lebens, es gibt den Menschen Bedeutung, Kraft und den Sinn ihres Lebens.

Das *orange Mem* – das strategische Selbst – ist in Formen der Delegation strukturiert. Es basiert auf leistungsorientierten strategischen Prozessen und Abläufen. Es ist materialistisch und es drückt sich durch materialistische Dinge und Ergebnisse aus. Es sucht nach dem guten Leben in Wohlstand. Eine Grundmaxime lautet: Spiele, um zu gewinnen. Es möchte das Leben durch den Einsatz moderner Technologie verbessern. Es ist das Mem des klassischen Unternehmertums.

Das *grüne Mem* – ein gemeinschaftliches Wir – ist auf egalitäre Weise strukturiert. Es basiert auf Erfahrungs- und Konsensprozessen. Menschliche Beziehungen, ein soziales Netzwerk, Harmonie und das Erkunden des inneren Selbst sind die Basis.

Meme zweiter Ordnung

Das *gelbe Mem* – ein integriertes Selbst – ist das erste »Second-Tier«-Mem, das erste Mem zweiter Ordnung. Es repräsentiert den Anfang eines neuen Paradigmas, der Ebene des bewussten Seins und der Spiritualität. Es ist flexibel und integrierend. Wissen ist die Basis, wenn es um Struktur und Prozesse geht. Es weiß, was es will, und es sagt es auch. Es äußert sich in einer Art und Weise, dass alle profitieren. Der Fokus liegt auf Funktionalität und Konsequenzen. Selbstinteresse, ohne die anderen zu beschränken, ist gewünscht. Es kann mit allen Levels erster Ordnung adäquat agieren und interagieren.

Das *türkise Mem* – globaler Flow – ist holistisch in seiner Struktur, es ist fließend und mehrdimensional in all seinen Ausprägungen. Es stellt ein gemischtes harmonisches Kollektiv dar. Es fokussiert auf das Gute für alle Ebenen. Es macht sich den ausgedehnten Gebrauch des menschlichen Gehirns und aller Geisteskräfte zu nutze. Das Selbst wird als Teil des größeren bewussten Ganzen gesehen. Ein globales Netzwerk ist Routine und der Fokus liegt auf dem Wir.

Das korallenfarbene Mem ist die neunte, noch unbekannte, Ebene. Manche Autoren bezeichnen es auch als die Ära des Denkens. Wann diese Mem unter welchen Implikationen auftauchen wird, werden wir sehen.

Die Dynamik der Spirale

Die Spirale ist von einem pendelartigen Wechsel zwischen, den das Selbst zum Ausdruck bringenden, innerlich kontrollierten, *Ich*-Memen (beige/Überleben, rot/Macht, orange/Leistung, gelb/Flexibilität) und den, das Selbst-aufopfernden, im außen verankerten, *Wir*-Memen (purpur/Clan, blau/Sinn & Zweck, grün/Konsens, türkis/Globalität) ausgebildet.

Die Meme der ersten Ordnung, jene des alten Paradigmas, basieren auf der Existenz von Angst. Angst vor dem Verhungern (beige), Angst vor Geistern (purpur), Angst vor Angreifern (rot), Angst vor dem Bruch der Gesetze und vor der Störung der Ordnung (blau), Angst vor Autonomieverlust (orange) und Angst vor gesellschaftlicher Ablehnung (grün).

Die Meme der zweiten Ordnung, jene des neuen Paradigmas, des »Seins«, sehen die Meme erster Ordnung aus einer neuen Perspektive. Sie anerkennen die Meme erster Ordnung als eine Quelle von Informationsreichtum und großer Mobilität und wertschätzen sie mehr, als die Meme erster Ordnung es jeweils für sich selbst tun.

Wir erleben gerade in der aktuellen politischen Diskussion und Lage in Österreich einen Kampf der unterschiedlichen Meme, die durch politische Parteien und deren Vertreter repräsentiert werden. Sie interagieren sowohl mit dem Volk als auch mit jedem Einzelnen entsprechend der jeweils vorhandenen Wertevorstellungen und des repräsentierten Mems.

Mit Spiral Dynamics eine Gruppe oder eine Gesellschaft zu führen, bedeutet dreierlei:

- Erstens, positive Beziehungen mittels folgender dreier universeller Prinzipien herzustellen, nämlich: Höflichkeit, Offenheit und Autokratie. Es ist das HOA-Prinzip.
- Zweitens, der Spiral-Dynamics-Experte anerkennt jedes einzelne Mem, er würdigt es auf der individuellen und auf der institutionellen Ebene.
- Drittens, führen mit Spiral Dynamics heißt, Menschen und Situationen an unterschiedliche, für sie fremde, Meme heranzuführen, zu gewöhnen und sie in Richtung dieser Meme zu entwickeln.

Höflichkeit, Offenheit und Autokratie (HOA)

- *H – der Faktor Höflichkeit ist hier definiert durch folgende Kriterien:* Höflichkeit meint hier, freundlich und herzlich, taktvoll, aufrichtig, standhaft und fair, zivilisiert und einfühlsam zu sein. Worte und Verhaltensweisen, wie: »roh«, »barsch«, »respektlos«, »negativ« und »herablassend«, lassen fehlende Höflichkeit erkennen. Man zeigt aufrichtiges Interesse an anderen Menschen. Die geltenden gesellschaftlichen Normen im sozialen Umgang und bei persönlicher und beruflicher Anerkennung werden befolgt. Man hält die Balance zwischen dem Interesse am eigenen Leben und am Leben anderer. Führungskräfte nehmen Anteil, ohne neugierig oder aufdringlich zu sein. Im Idealfall ist ihre Beteiligung angemessen, authentisch und aufrecht. Sie sind empathisch. Mit Höflichkeit hört man zu und man kann seine eigenen Anliegen artikulieren.
  Höflichkeit führt im purpurnen Mem dazu, dass sich die anderen sicher und zugehörig fühlen. Im roten Mem fühlen sich die Menschen respektiert und weniger vor den Kopf gestoßen. Im blauen Mem erkennen sie das Vorhandensein von grundlegender Güte und Anstand. Im orangen Mem fühlen sie sich nicht bedroht und auch nicht infrage gestellt. Im grünen Mem empfinden sie die Gegenwart eines mitfühlenden Menschen als sehr wohltuend. Im gelben Mem schätzen sie ein unaufdringliches freundliches Klima. Sie dürfen wissbegierig sein, und sich wundern. Im türkisen Mem können sie frei forschen und entdecken, ohne sich lächerlich zu machen.
- *O – der Faktor Offenheit ist hier definiert durch folgende Kriterien:* Offenheit drückt sich durch zwei Arten aus:
  – Erstens durch das Ausmaß, wie ein Mensch in einer Führungsposition authentisch, ehrlich und transpa-

rent ist, seine Gefühle und Gedanken mit anderen teilt und anderen zur Verfügung steht. Offenheit ist der Gradmesser des Vertrauens innerhalb einer sozialen Einheit.

- Zweitens fördert Offenheit ein Klima, das es anderen ermöglicht, ebenfalls offenherzig und geradlinig zu sein.
- Vertraulichkeit und Sicherheit sind genauso wichtig. Das Respektieren einer angemessenen Privatsphäre ist Teil der Offenheitsvereinbarung.
- Wenn Offenheit groß genug ist, fühlen sich die Menschen im purpurnen Mem sicher genug, ihre Ängste zu artikulieren. Im roten Mem können sie ihre Gedanken äußern, ohne dafür verurteilt oder bestraft zu werden. Im blauen Mem können sie moralische Positionen beziehen. Sie können bestehende Schwierigkeiten in klar definierten Bahnen diskutieren. Im orangen Mem können sie einen Standpunkt vertreten und diskutieren, ohne lästig zu sein. Im grünen Mem fühlen sie sich ermutigt, die Gefühle eines jeden anderen anzuerkennen. Im gelben Mem können sie sagen, was zu sagen ist. Sie wissen auch genauso, dass sie nicht zur Plauderei verpflichtet sind. Im türkisen Mem können sie sich an Erkenntnisquellen verbinden und es ist in Ordnung.

● *A – der Faktor Autokratie ist hier definiert durch folgende Kriterien:* Autokratie bedeutet, Führung und Verantwortung zu übernehmen. Es bedeutet, zu wissen, wer verantwortlich ist. Es bedeutet auch, für die Übernahme persönlichen Risikos bereit zu sein. Manager werden bezahlt, damit sie managen. Führungskräfte werden dafür bezahlt, mit Höflichkeit, Offenheit und Autokratie zu führen. Eine Autokratie und Kontrolle, die von Höflichkeit und Offenheit begleitet wird, sendet überwiegend positive Botschaften. Die Angst kann somit gehen. Autokratie, die angemessen ist, vermittelt ein gutes Gefühl. Es gibt eine Leitlinie, es wird etwas getan und es besteht eine klare Ausrichtung.

Autokratie kommt folgendermaßen zum Ausdruck: Menschen im purpurnen Mem haben gerne einen starken »Häuptling«, der aus dem Kreis ihres »Stammes« oder aus dem »Ältestenrat« kommt. Menschen im roten Mem respektieren sie nur durchsetzungsfähige Härte. Im blauen Mem möchten sie die Stimme der gerechten höheren Macht hören. Im orangen Mem blühen sie auf, sie zeigen beschleunigtes Handeln und persönliche Initiative. Im grünen Mem akzeptieren sie Autokratie dann, wenn alle daran Anteil haben und einen Nutzen gewinnen. Im gelben Mem fühlen sie sich in kompetent gesteuerten Systemen am wohlsten, die funktionale Flexibilität geben. Im türkisen Mem beginnen sie umfangreich zu erkunden, ob die Erfordernis vereinigter Kontrolle wirklich gegeben ist.

Gesunde Höflichkeit, Offenheit und Autokratie schaffen gesteigerte Effizienz und Funktionalität sowie einen für alle sehr angenehmen Aufenthaltsort.

Spiral Dynamics und moderne Politik

Politik hat die Aufgabe, die dynamischen Kräfte der Spirale zu steuern und auszurichten. Diese, zwischen den Mems wirkenden Kräfte, repräsentieren die Geisteshaltungen, Bewegungen und Strömungen in unserer Gesellschaft. Einzelne Menschen sowie deren Gruppierungen in allen Formen des Zusammenlebens in privatem und beruflichem Umfeld, sind auf der Spirale zu finden, entweder *in* einem Mem oder gerade *auf dem Weg* zu einem anderen Mem. Jedes Mem hat seine spezifischen Ansichten und Wertehaltungen. *Kein Mem ist besser oder schlechter als das andere.* Sie haben alle ihre Berechtigung und wir brauchen sie zur Entwicklung unserer Persönlichkeit.

- *Das türkise Mem ist holistisch*: Menschen und Organisationen sind durch spirituelle Bande verbunden. Arbeit ist so zu gestalten, dass sie der umfassenden Gesundheit des Lebens dienlich ist. Jeder ist für sich selbst und für die Folgen seines Handelns verantwortlich.
- *Das gelbe Mem ist spirituell*: Die Menschen genießen es, das zu tun, was ihrem Wesen entspricht. Menschen sind durch Lernen, Verstehen und Möglichkeiten motiviert.
- *Das grüne Mem stellt Beziehungen in den Fokus:* Die Menschen mögen gut miteinander auskommen. Sie möchten von ihresgleichen anerkannt werden. Sie lieben es, miteinander zu teilen und an etwas teilzunehmen. Zu kooperieren ist besser, als zu konkurrieren. Alle Ressourcen werden effektiv und effizient geteilt. Der Mensch an sich ist bedeutsam. Es wird eine fürsorgliche sozial verantwortliche Gesellschaft gelebt, in der Gefühle ihren Platz haben.
- *Das orange Mem nutzt das blaue System:* Menschen in Orange werden durch die Möglichkeit, etwas zu erreichen sowie durch materielle Belohnung, motiviert. Wettbewerb wird als Ansporn gesehen, es verbessert die Produkte und ermöglicht persönliches Wachstum. Erfolgssymbole werden zur Schau gestellt und sie dienen als Statussymbole zur Anerkennung individueller Leistungen. Sie sind gleichzeitig Herausforderung, Dinge zu verbessern.
- *Das blaue Mem gibt Sinn:* Die Menschen arbeiten am besten, wenn sie genaue Anweisungen bekommen und ihnen genau gesagt wird, was sie wie zu tun haben. Der Sinn des Lebens besteht darin, seine Pflicht zu erfüllen, sonst wird man bestraft. Die Erlösung liegt in der fer-

nen Zukunft, diesem Versprechen wird geglaubt. Persönliche Interessen werden dem System untergeordnet und Traditionen werden hochgehalten. Loyalität und langer Dienstdauer bestätigen dem System, dass es die Menschen gerecht behandelt.

- *Das rote Mem beherrscht den Clan:* Die Menschen müssen von einer starken Führung, dem Häuptling, beherrscht werden. Dieser belohnt oder bestraft sie. Die regelmäßige Befriedigung der Grundbedürfnisse der arbeitenden Menschen erlaubt es, ihnen eine Menge zumuten zu können. Sie kommen damit zurecht und akzeptieren es. Über die Helden des Landes oder des Unternehmens werden Geschichten erzählt. Sie feiern meisterhafte Eroberungen und Respektsbezeugungen regen sie an.
- *Das purpurne Mem gibt Sicherheit:* Die Menschen leben für den Clan und für ihre Gruppe. Vetternwirtschaft wird als normal und als gute Möglichkeit gesehen, für die Seinen zu sorgen. Die Menschen verdanken ihr Leben und ihre Seele einer elternähnlichen Organisation. Sie achten Rituale. Der Clan wird durch Vertrauen in den Clan genährt.
- *Das beige Mem sucht nach Überlebensmöglichkeiten:* Die Menschen benötigen die Befriedigung ihrer Existenzbedürfnisse, um am Leben zu bleiben.

Strategie für den Wandel

Bei der Ausarbeitung einer politischen Strategie und deren Kommunikation, z.B. in Form einer Rede, ist jedem Mem besondere Beachtung zu schenken:

- Purpur erwartet, dass Veränderungen in Rituale, Traditionen und Symbole gekleidet werden.

- Rot erfordert heldenhafte Führer sowie Geschichtenerzähler, die eine neue Mythologie schmieden.
- Blau erwartet eine festgelegte Mission und neue Regeln, die in Stein gemeißelt sind.
- Orange fordert und hält Ausschau nach besonderen Zeichen für »Wie bringt mich das weiter?«.
- Grün erwartet, dass Mittel und Zweck in ausgesprochen humanistischen Begriffen definiert sind.
- Gelb überlegt die Frage, wie die gesamte Spirale durch notwendige und richtig ausgerichtete Leistungen gesund erhalten werden kann.
- Türkis unterstützt und fördert den Wandel der darunter liegenden Ebenen.
- Koralle ist die neunte, noch nicht verstandene, Ebene, die eine Version der roten dritten Ebene sein wird. Sie wird ernsthafte Implikationen für die Weltpolitik, den Weltmarkt und jeden einzelnen Menschen haben.

»Auf jeder Stufe der menschlichen Existenz ist der erwachsene Mensch auf der Suche nach seinem Heiligen Gral, der Lebensweise, nach der er leben sollte. Auf der ersten Stufe ist er auf der Suche nach automatischer physiologischer Befriedigung. Auf der zweiten sucht er nach einer sicheren Lebensweise, daraufhin nach Heldenstatus, Macht und Ruhm und dann nach endgültigem Frieden. Es folgen eine Suche nach materiellem Genuss, eine nach herzlichen zwischenmenschlichen Beziehungen, eine nach dem Respekt des Selbst und eine nach Frieden in einer unverständlichen Welt. Wenn er dann zu dem Schluss kommt, er werde diesen Frieden nicht finden, wird er sich auf der neunten Ebene erneut auf die Suche begeben. Bei jeder Suche, die er beginnt, glaubt er, die Antwort auf seine Lebensfrage zu finden. Doch zu seiner Überraschung und zu seiner Bestürzung entdeckt er auf jeder Ebene, dass die gefundene Antwort diese Frage nicht beantwortet. Jede Stufe, die er erreicht, lässt ihn verwirrt und ratlos zurück. Durch jede Lösung eines Sets menschlicher Probleme findet er ein neues anstelle des alten. Die Suche, auf die er stößt, endet nie«, sagt der Begründer von Spiral Dynamic, Clare W. Graves

Was wäre wenn …?

Liebe Leserinnen und Leser, Sie haben nun ein mächtiges Instrument in der Hand. Gehen Sie verantwortungsvoll damit um. Alle Aspekte und Werkzeuge, die wir in diesem Buch behandelt haben, sind erlernbar. Sogar die Veränderung der eigenen Wertelandschaft, der eigenen Überzeugungen und Annahmen über die Welt und der eigenen Verhaltensweisen ist möglich. Ich bin sicher, auch Sebastian Kurz hat gelernt, seine Reden so zu halten, wie er es heute macht. Kurz vor Drucklegung habe ich mir noch die eine oder andere Rede von Pamela Rendi-Wagner angesehen. Ich darf sagen, ich bemerke deutliche Verbesserungen. Die Verständlichkeit ist gestiegen und die Körpersprache ist kontrollierter geworden.

Wie wir wissen, ist Wissen alleine zu wenig. Experte und Expertin zu werden, nimmt Zeit in Anspruch. Eine Zeit, sich mit der Materie intensiv auseinanderzusetzen und zu üben. Man sagt, dass man sich mit einem Thema mindestens 10.000 Stunden beschäftigen muss, um eine Expertise aufgebaut zu haben. 10.000 Stunden, das sind fast 417 Tage rund um die Uhr, 24 Stunden lang! Mit der Lektüre dieses Buches haben Sie bereits ein paar weitere Stunden in diese Richtung investiert. Dazu möchte ich Ihnen herzlich gratulieren. Sie gehören somit zu den wenigen Menschen, die, wenn es um Rhetorik geht, nun mitreden können.

Ich lade Sie ein, den Reden, die Sie im Laufe Ihres Lebens noch hören werden, kritisch gegenüberzustehen. Beobachten Sie genau, wie sich der Redner oder die Rednerin verhält, achten Sie auf Körpersprache und Sprachmuster – und auf den Inhalt. Das gilt nicht nur spezifisch für Reden, sondern genauso für alle Arten von Vorträgen, Seminaren, Führungen, Ansprachen und auch für persönliche Gespräche. Wie sich Menschen verhalten, verrät viel über ihr Innerstes. Nehmen Sie es wahr und begegnen Sie den Menschen auf eine Art, die deren Verhalten entspricht. „Behandle andere Menschen so, wie diese behandelt werden wollen", ist als Platin-Regel bekannt. Sie tun diesen Menschen einen großen Gefallen und zeigen ihnen Wertschätzung. Ihre Botschaft kann gleichzeitig beim Gegenüber ankommen und wird verstanden. Und noch eines: Sie werden als hervorragender Gesprächspartner und angenehme Gesprächspartnerin wahrgenommen. Ich erachte es als einen Akt der Nächstenliebe, Menschen so zu behandeln, wie es für sie, unsere Nächsten, am besten erscheint. Die Entscheidung, dies zu tun, darf ich, und dürfen Sie, jederzeit treffen.

Bleiben Sie mit mir in Kontakt und lernen Sie mich auf einer meiner zahlreichen Veranstaltungen persönlich kennen. Alle Termine erfahren Sie auf meiner Webseite:

mentale-innovation.com oder auf Facebook unter:

www.facebook.com/rhetoriksebastiankurz. Kontaktieren Sie mich gerne auf LinkedIn *www.linkedin.com/in/thomaswalbrecht*, so können wir in Verbindung sein. E-Mails an *thomas.w.albrecht@mentale-innovation.com* beantworte ich zeitnah, ebenso rufe ich Sie gerne persönlich zurück, sobald Sie mich unter *+43 720 310 660* kontaktiert haben.

Mögen Sie gut ankommen, das wünsche ich Ihnen von Herzen!

Ihr *Thomas W. Albrecht*

Quellen- und Literaturverzeichnis

Alessandra, Tony (1996) The Platinum Rule. Discover The Four Basic Business Personalities – And How They Can Lead You To Success. Warner Books

Anderson, Chris (2010) TED Talks. Die Kunst der öffentlichen Rede. Das offizielle Handbuch. Fischer Verlag

Aristoteles & Krapinger, Gernot (1999) Rhetorik. Reclams Universal Bibliothek

Bacher, Johann et.al. (2019): Sozialstruktur und Wertewandel in Österreich. Trends 1986 – 2016. Springer Fachmedien Wiesbaden GmbH

Bandler, Richard et.al. (2010) Kommunikation und Veränderung. Die Struktur der Magie II. Junfermann Verlag

Bandler, Richard et.al. (2011) Metasprache und Psychotherapie. Die Struktur der Magie I. Junfermann Verlag

Bandler, Richard et.al. (2015) Patterns. Muster der hypnotischen Techniken Milton H. Ericksons. Junfermann Verlag

Bandler, Richard et.at. (2010) Reframing. Neurolinguistisches Programmieren und die Transformation von Bedeutung. Junfermann Verlag

Beck, Don Edward et.al. (2006) Spiral Dynamics. Mastering Values, Leadership, and Change. Blackwell Publishing

Beck, Don et.al. (2018) Spiral Dynamics in Action. Humanity's Master Code. Wiley

Begley, Sharon (2007) Neue Gedanken Neues Gehirn. Die Wissenschaft der Neuroplastizität beweist, wie unser Bewusstsein das Gehirn verändert. Goldmann Arkana

Bien, Günther (1985) Aristoteles' Nikomachische Ethik. Felix Meiner Verlag Hamburg

Birkenbihl, Vera F. (1999) Stroh im Kopf? Gebrauchsanleitung fürs Gehirn. GABAL-Verlag

Braun, Roman (2018) Die Macht der Rhetorik. Besser reden – mehr erreichen. Redline Verlag

Burgess, Fran (2014) The Bumper Bundle Book Of Modelling. NLP Modelling Made Simple. Kilmonivaig Publications

Busch, Albert et.al. (2014) Germanistische Linguistik. Eine Einführung. Narr Verlag
Cameron-Bandler, Lesli et.al. (1985) The Emprint Method. A Giude To Reproducing Competence. Real People Press
Carey, Chris (2002) Getting To Know You. How You Can Solve Your «People Puzzles" And Increase Success In All Your Personal And Professional Relationships. Creative Communication Publications
Carnegie, Dale (1990) The Quick And Easy Way To Effective Speaking. Modern Techniques For Dynamic Communication. Simon & Schuster Inc.
Carnegie, Dale (2011) Wie man Freunde gewinnt. Die Kunst, beliebt und einflussreich zu werden. Fischer Taschenbuch
Caspary, Ralf (2006) Lernen und Gehirn. Der Weg zu einer neuen Pädagogik. Herder Spektrum
Charvet, Shelle Rose (2012) Wort sei Dank. Von der Anwendung und Wirkung effektiver Sprachmuster. Junfermann Verlag
Church, Dawson (2014) The Genie In Your Genes. Epigenetic Medicine And The New Biology of Intention. Energy Psychology Press
Covey, Stephen M.R. (2006) The Speed Of Trust. The One Thing That Changes Everthing. Simon & Schuster Inc.
Covey, Stephen R. (1989) The 7 Habits Of Highly Effective People. Powerful Lessons In Personal Change. Simon & Schuster Inc.
Damasio, Antonio R. (2007) Der Spinoza-Effekt. Wie Gefühle unser Leben bestimmen. List Verlag
Damasio, Antonio R. (2007) Descartes' Irrtum. Fühlen, Denken und das menschliche Gehirn. List Verlag
Dilts, Robert (1993) Skills For The Future. Managing Creativity And Innovation. Meta Publications
Dilts, Robert (1995) Strategies of Genius. Volume III. Sigmund Freud, Leonardo Da Vinci, Nikola Tesla. Meta Publications
Dilts, Robert (2013) NLP II – die neue Generation. Strukturen subjektiver Erfahrung – die Erforschung geht weiter. Junfermann Verlag

Dilts, Robert (2016) Die Magie der Sprache. Sleight of Mouth. Junfermann Verlag

Dilts, Robert et.al. (2002) Alpha Leadership. Tools For Leaders Who Want More From Life. John Wiley & Sons LTD

Dilts, Robert et.al. (2003) Strukturen subjektiver Erfahrung. Ihre Erforschung und Veränderung durch NLP. Junfermann Verlag

Dispenza, Joe (2007) Schöpfer der Wirklichkeit. Der Mensch und sein Gehirn – Wunderwerk der Evolution. Koha-Verlag GmbH Burgrain

Dispenza, Joe (2012) Ein neues Ich. Wie Sie Ihre gewohnte Persönlichkeit in vier Wochen verwandeln können. Koha-Verlag GmbH Burgrain

Dispenza, Joe (2014) Du bist das Placebo. Bewusstsein wird Materie. KOHA-Verlag

Dollinger, Manuela (2003) Wissen wirksam weitergeben. Die wichtigsten Instrumente für Referenten, Trainer und Moderatoren. Orell Füssli Verlag AG

Falk, Petra et.al. (2017) Gut gebrüllt und schon gewonnen. Was Ihre Stimme über Sie verrät und wie Sie ihre Kraft wirkungsvoll einsetzen. Goldegg Verlag GmbH

Fisher, Roger et.al. (2004) Das Harvard-Konzept. Der Klassiker der Verhandlungstechnik. Campus Verlag GmbH

Fox Cabane, Olivia (2018) Das Charisma-Geheimnis. Wie jeder die Kunst erlernen kann, andere Menschen in seinen Bann zu ziehen. mvg verlag

Gabriel, Markus (2013) Die Erkenntnis der Welt. Eine Einführung in die Erkenntnistheorie. Verlag Karl Alber

Gabriel, Markus (2013) Warum es die Welt nicht gibt. Ullstein Buchverlage GmbH

Glaser, Judith E. (2014) Conversational Intelligence. How Great Leaders Built Trust And Get Extraordinary Results. bibliomotion

Glasersfeld, Ernst von (1997) Radikaler Konstruktivismus. Ideen, Ergebnisse, Probleme. suhrkamp taschenbuch wissenschaft

Hall, Michael L. et.at. (2011) The Strukture of Personality. Modeling «Personality" Using NLP and Neuro-Semantics. Crown House Publishing
Häusel, Hans-Georg (2012) Brain View. Warum Kunden kaufen. Haufe Verlag
Hinterhuber, Hans H. (2004) Leadership. Strategisches Denken systematisch schulen von Sokrates bis Jack Welch. Frankfurter Allgemeine Buch
Hinterhuber, Hans H. et.at. (2001) Leadership – mehr als Management. Was Führungskräfte nicht delegieren dürfen. Gabler Verlag
Huber, Johannes (2017) Der holistische Mensch. Wir sind mehr als die Summer unserer Organe. edition a
Husserl, Edmund (1986) Die Idee der Phänomenologie. Fünf Vorlesungen. Felix Meiner Verlag Hamburg
Hüther, Gerald (2006) Die Macht der inneren Bilder. Wie Visionen das Gehirn, den Menschen und die Welt verändern. Vandenhoeck & Ruprecht
Hüther, Gerald (2007) Bedienungsanleitung für ein menschliches Gehirn. Vandenhoeck & Ruprecht
Hüther, Gerald et.al. (2008) Das Geheimnis der ersten neun Monate. Unsere frühesten Prägungen. Beltz Verlag
James, Tad (2005) Die Magie gekonnter Präsentation. Wie Sie mit Hilfe von NLP Ihr Auftreten optimieren können. Junfermann Verlag
James, William (1918) The Principles of Psychology. Pantiano Classics
Jung, C.G. (2001) Archetypen. Deutscher Taschenbuch Verlag
Jung, C.G. (2017) Gesammelte Werke. Edition C.G. Jung
Kegel, Berhard (2017) Epigenetik. Wie unsere Erfahrungen vererbt werden. DuMont Buchverlag Köln
Krumm, Rainer et.al. (2014) Clare W. Graves. Sein Leben Sein Werk. Die Theorie menschlicher Entwicklung. werdewelt Verlags- und Medienhaus GmbH
Lakoff, George et.al. (2018) Leben in Metaphern. Konstruktion und Gebrauch von Sprachbildern. Carl-Auer-Systeme Verlag

Lipton, Bruce H. (2015) The Biology of Belief. Unleashing the Power of Consciousness, Matter & Miracles. Hay House
Lörsch, Thomas (2015) Kunden gewinnen mit Meta-Selling. So steigern Sie Ihre Abschlussquote radikal. Springer Gabler
McCarthy, Bernice (2000) 4Mat About Teaching. Format In The Classroom. About Learning Inc.
Milgram, Stanley (2003) Das Milgram-Experiment. Zur Gehorsamsbereitschaft gegenüber Autorität. Rowohlt Taschenbuch Verlag
Nasher, Jack (2015) Entlarvt! Wie Sie in jedem Gespräch an die ganze Wahrheit kommen. Campus Verlag
Navarro, Joe (2010) Menschen lesen. Ein FBI-Agent erklärt, wie man Körpersprache entschlüsselt. mvg verlag
Pearsall, Paul (1998) The Heart's Code. Tapping the Wisdom and Power of Our Heart Energy. Broadway Books New York
Prechtl, Peter (1999) Sprachphilosophie. Lehrbuch Philosophie. Verlag J. B. Metzler
Prinz, Wolfgang et.al. (2014) Experimentelle Handlungsforschung. Kognitive Grundlagen der Wahrnehmung und Steuerung von Handlungen. Kohlhammer Standards Psychologie
Robbins, Anthony (1986) Das Powerprinzip. Grenzenlose Energie. Wie Sie Ihrer persönlichen Schwächen in positive Energie verwandeln. Heyne Business
Robbins, Tony (1991) Awakening The Giant Within. How to take immediate control of your mental, emotional, physical, and finanical destiny! Simon & Schuster Inc.
Ronzheimer, Paul (2018) Sebastian Kurz. Die Biografie. Verlag Herder GmbH
Rosen, Sidney (2015) Die Lehrgeschichten von Milton H. Erickson. iskopress Salzhausen
Roth, Gerhard (2003) Fühlen, Denken, Handeln. Wie das Gehirn unser Verhalten steuert. suhrkamp taschenbuch wirtschaft

Roth, Gerhard (2007) Persönlichkeit, Entscheidung und Verhalten. Warum es so schwierig ist, sich und andere zu verändern. Klett-Cotta

Rupp, Miriam (2016) Story Telling für Unternehmen. Mit Geschichten zum Erfolg in Content Marketing, PR, Social Media, Employer Branding und Leadership. mitp Verlags GmbH & Co KG

Satir, Virginia (2009) Your Many Faces. The First Step To Being Loved. Celestial Arts Berkeley

Schoemen, Jürgen (2015) Evolution der Persönlichkeit. Die Grundlagen der Biostruktur-Analyse. Structogramm International

Schulz von Thun, Friedemann et.al. (2008) Miteinander Reden: Kommunikationspsychologie für Führungskräfte. Rowohlt Taschenbuch Verlag

Spaemann, Robert (1999) Moralische Grundbegriffe. Verlag C.H.Beck

Spaemann, Robert et.al. (2005) Natürliche Ziele. Geschichte und Wiederentdeckung des teleologischen Denkens. Klett-Cotta

Spitzer, Manfred (2006) Nervenkitzel. Neue Geschichten vom Gehirn. Suhrkamp medizinHuman

Sprenger, Reinhard K. (2002) Das Prinzip Selbstverantwortung. Wege zur Motivation. Campus Verlag GmbH

Tetens, Holm (2006) Philosophische Argumentieren. Eine Einführung. Verlag C.H.Beck

The Arbinger Institute (2006) Leadership And Self-Deception. Change The Way You Deal With Other People – And Transform Your Life. Penguin Books

Thompson, Richard (2016) Das Gehirn. Von der Nervenzelle zur Verhaltenssteuerung. Springer-Verlag

Vester, Frederic (1978) Denken, Lernen, Vergessen. Was geht in unserem Kopf vor, wie lernt das Gehirn, und wann läßt es uns im Stich? dtv Deutscher Taschenbuch Verlag

Watzlawick, Paul (1995) Vom Unsinn des Sinns, oder Vom Sinn des Unsinns. Piper Verlag GmbH

Watzlawick, Paul (2003) Wie wirklich ist die Wirklichkeit? Wahn-Täuschung-Verstehen. Piper Verlag GmbH

Weitzenhofer, Andrè M. (1957): General Techniques of Hypnotism. Grune & Stratton, Inc.

Zapke-Schauer, Gerhard (2003) The Art of Leadership. Reflexionen und Inspirationen für wirkungsvolle Führung. Gabler Verlag

Zapke-Schauer, Gerhard (2005) Management-Inspirationen 2005. So verstärken Sie Ihre Wirkung als Führungskraft. Gabler Verlag

Zeig, Jeffrey K. (2016) Einzelunterreicht bei Erickson. Hypnotherapeutische Lektionen bei Milton H. Erickson. Carl-Auer-Systeme Verlag